易學典籍選刊

六十四卦經解

〔清〕朱駿聲　著

中華書局

圖書在版編目(CIP)數據

六十四卦經解/(清)朱駿聲著.—北京:中華書局,
1953.6(2024.12重印)
(易學典籍選刊)
ISBN 978-7-101-00352-9

Ⅰ.六… Ⅱ.朱… Ⅲ.①周易-研究②八卦-研究
Ⅳ.①B221.5②B992.2

中國版本圖書館CIP數據核字(2008)第199521號

封面設計:王銘基
責任印製:陳麗娜

易學典籍選刊
六十四卦經解
〔清〕朱駿聲 著
*
中華書局出版發行
(北京市豐臺區太平橋西里38號 100073)
http://www.zhbc.com.cn
E-mail:zhbc@zhbc.com.cn
河北博文科技印務有限公司印刷
*
850×1168毫米 1/32 · 9⅛印張 · 2插頁 · 194千字
1953年6月第1版 2024年12月第18次印刷
印數:109001-111000冊 定價:38.00元

ISBN 978-7-101-00352-9

易例發揮

元和朱駿聲

易例。右前左後。右陽左陰。師四左次。明夷四左腹。豐三右肱。

蒙九二。取象三。師也。夫也。子也。可見易之不可爲典要。一爻有數象。不必强合。乾爲郊。需。同人。小畜。言之。

屯作君。蒙作師。需以養民。訟以刑政。師武。比文。小畜富。履禮。而泰運成矣。

中爻互六畫卦之說。愚謂無理。重卦必六畫而後成。四畫不可命也。削之。

虞氏納甲。愚亦不取。

二五之應。莫著于泰卦。尙與歸妹合。二爻詞中行。五象傳中行。甚明。泰初四。彚對鄰。拔對翩。否初四。彚對疇。小象志在君。與志行應。

比之匪人。否之匪人。匪非同。比言非其人。否言非由人。

宋人說易。皆作文之體。非解經之體。

說易。先要分別一爻中。有爻象。有占詞。不可牽混亂講。

觀二五正應。何至可醜。同人二五亦正應。何至吝道。則虞氏旣濟之說。終有難通。

孔子惟于乾坤泰否四卦。言陰陽。餘皆言剛柔而已。

彖曰。象曰。鄭康成所加。文言曰。王弼所加。

二至四爲互體。三至五爲約象。內卦爲貞。外卦爲悔。

三四　二五

初二爲比。初四爲應。乘陰加陽。

五上　三上　承陰下陽。

比如兄弟。又如甲乙。皆木。應如夫婦。又如甲己合土。

彖言全卦。以不變言。爻言一爻。以已變言。亦不盡然。

說卦。孔子言象。泰五歸妹。周公言互體。睽五噬膚。周公用變爻。

王恆齋曰。凡卦次序相連者。每言膚。剝艮七坤八。睽兌二離三。噬嗑離三震四。

卦以半體取象。如小畜上得坎半體。故不雨之類。取逕太寬。易于巧切。愚不謂然。

咸二少夫婦之始。恆二長夫婦之終。姤遇之不正。漸女歸之正。

比有孚比之。作教初六者言。此尚可。小畜既雨既處。作上九言。此可笑。頤舍爾靈龜。作初九言。凶不作占詞。欠通。中孚好爵爾靡。作九五言。此尚可。遵述之說。自以爲未嘗艸艸。極費籌酌。

旁通爲錯卦。又爲正對。反對爲綜卦。又爲倒卦。上下兩象易爲交對。

蹇五之來。非自上而下。睽上之往。非自下而上。則之內之外之說。亦有未盡然。

屯難初起。蹇難在中。困難終極。

重卦者。或言伏羲。或言神農。夏禹。文王。有四說。又連山氏得河圖。夏人因之。曰連山。歸藏氏得河圖。商人因之。曰歸藏。伏羲得河圖。周因之。

又易于文爲勿象目彩之散著。
爻辰六十四卦皆同。
乾　初九子。九二寅。九三辰。九四午。九五申。上九戌。
坤　初六未。六二酉。六三亥。六四丑。六五卯。上六巳。
日之明止能及地。不能及天。故夜非無日光。而天暗然也。愚謂凡星光。亦借日之光。星有質之物。若天蒼蒼者。氣無可麗而爲光。
邵以巽爲月窟。震爲天根。
朔文从屰。月與日會。月退就日。爲逆度也。故日不云朔。月乃云朔。（愚按詩坊本朔日辛卯。日乃月之譌。）南不云朔。北乃云朔。說卦曰。易逆數也。堯典亦曰平在朔易。理實同也。雷齊賢說。
鄭氏曰。河龍圖發。路史野王符瑞圖曰。河龍負圖。龍魚河圖曰。黃龍負圖。又言黃帝云。予夢兩龍授圖。挺輔佐曰。大鱸負圖。以授帝蘭葉前。河圖曰。有鯉魚長三丈。世紀曰。大魚流而得圖書。以上皆言黃帝。論語比考曰。赤龍銜玉苞。書中候握河紀曰。龍馬銜甲。孫氏圖瑞曰。神龍赤色負圖而至。以上皆言堯。圖瑞又曰。周公踐阼時。靑龍銜玄甲。中候曰。周成王舉堯舜之禮。沈璧于河。有蒼龍負圖。

近時說易家

雕菰樓易學。揚州焦循里堂著。

周易遵述。毘陵蔣木根庵著。乾隆人。

大旨宗宋人。而兼取漢人之象。取變易不取交易。以應比爲主。

河上易注。黎襄勤公世序著。

本日月爲易之義。專取爻位爲坎離。而於周流之義則失。且因離交媾之義。而視爻象爲男女之事居多。

葉佩蓀以移易爲宗旨。而不取變易。

蘇秉國以變易爲宗旨。而不取爻位。

連斗山兼取交易移易變易。而于不易之義則失。

晏斯盛不取圖書之說。並互體而廢之。

任啓運以河圖之五十爲全易之要。

李璘全刪卦炁之類。而專主互體。

孫宗彝引易歸禮。於易之中。無專主。反專主於易之外。

目次

卷六

卷七

卷八

六十四卦經解卷一

元和朱駿聲集注

伏羲得河圖而重卦。重卦者。或言伏羲。或言神農。夏禹。文王。有四說。周禮太卜掌三易之灋。夏曰連山。商曰歸藏。周曰周易。周者言易道翎普。无所不備也。三易之易。讀若覡。周易之昜。讀若陽。易有三義。易簡。變易。不易。是也。又日月爲易。又連山氏得河圖。夏人因之。曰連山。歸藏氏得河圖。商人因之。曰歸藏。伏羲得河圖。周因之。又易于文爲勿。象日彩之散著。又曰。蜥蜴能十二時變色。易文象形。舊說文王羑里作卦辭。周公作爻辭。孔子作彖上下傳。象上下傳。繫上下傳。文言。說卦。序卦。雜卦傳。謂之十翼。彖之義出于豕。茅犀也。豨神也。一角。象之義出于象。說卦本有三篇。漢初河內女子獻書時。已亡其中下篇。後人以序卦雜卦當之。孔子十翼。本無序卦雜卦。此一說也。

繫辭傳曰。天尊地卑。乾坤定矣。　乾道成男。坤道成女。乾知大始。坤作成物。乾以易知。坤以簡能。　成象之謂乾。效法之謂坤。　夫乾其靜也專。其動也直。是以大生焉。夫坤其靜也翕。其動也闢。是以廣生焉。　闔戶謂之坤。闢戶謂之乾。　乾坤其易之緼耶。乾坤成列。而易立乎其中矣。乾坤毀則无以見易。易不可見。則乾坤或幾乎息矣。　夫乾確然示人易矣。夫坤隤然示人簡矣。　黃帝堯舜垂衣裳而天下治。蓋取諸乾坤。　乾坤其易之門邪。乾陽物也。坤陰物也。　夫乾天下之至健也。德行恆易以知險。夫坤天下之至順也。德行恆簡以知阻。

說卦傳曰。天地定位。　乾以君之。坤以藏之。　戰乎乾。乾西北之卦也。言陰陽相薄也。　乾健也。　乾爲馬。乾爲首。　乾。天也。故稱乎父。坤地也。故稱乎母。　乾爲天。爲圜。爲君。爲父。爲玉。爲金。爲寒。爲冰。爲大赤。爲良馬。

爲老馬。爲瘠馬。爲駁馬。爲木果。王引之曰。駁讀爲駮。駮白馬也。駮赤色。愚按駁馬木名。梓榆也。

序卦傳曰。有天地然後萬物生焉。

雜卦傳曰。乾剛坤柔。又爲龍。爲衣。爲禾。爲圭。爲頂。爲神。爲甲。爲高。爲直。爲四月。爲巳。爲玄。

☰☰乾。元亨利貞。

彖曰。大哉乾元。萬物資始。乃統天。雲行雨施。品物流形。大明終始。六位時成。時乘六龍以御天。乾道變化。各正性命。保合太和。乃利貞。首出庶物。萬國咸寧。

象曰。天行健。君子以自強不息。

文言曰。元者。善之長也。亨者。嘉之會也。利者。義之和也。貞者。事之幹也。君子體仁足以長人。嘉會足以合禮。利物足以和義。貞固足以幹事。君子行此四德者。故曰乾元亨利貞。　乾元者。始而亨者也。利貞者。性情也。乾始能以美利利天下。不言所利。大矣哉。大哉乾乎。剛健中正。純粹精也。六爻發揮。旁通情也。時乘六龍。以御天也。雲行雨施。天下平也。王念孫曰。乾元者。元下者上。當脫亨字。

乾上出也。从乙。物之達也。从倝。光明之意。積陽爲天。故轉訓乾爲溼之反。按卦名實借爲健。上人爲元。上从一。始也。春木。仁也。亨享同字。百嘉會聚而通也。夏火。禮也。利。和也。如刀刈禾。順而使之也。秋金。義也。貞。正也。冬水。智也。孔子曰。智者樂水。貞又楨幹也。又于文从卜貝。以貝卜問也。又貞古鼎字。重固而正也。始萬物爲元。遂萬物爲亨。益萬物爲利。不私萬物爲貞。○彖。斷也。統斷一卦之材也。夫子爲彖。凡十有二體。發首歎美。如乾坤德大是也。有先疊文解義而後歎者。如豫之類是也。有先釋卦名之義。後以卦名結之者。如大有之類是也。有特疊

卦名而稱其卦者。如同人是也。陽稱大。乾純陽。衆卦所生。天之象也。元者。氣之始也。分六十四卦。萬有一千
五百二十策。皆受始于乾策。猶萬物之生稟于天。資取也。統本也。乾德統繼天道。與天合化也。巳成旣濟。上坎
爲雲。下坎爲雨。坤爲形。乾以雲雨流坤之形。萬物化成也。乾起坎而終于離。坤起離而終于坎。離坎者。乾坤之家。而陰陽
之府。故曰大明終始。大明。日也。月亦受日之光。六位。天地四時也。六爻效彼而作。大明以晝夜爲終始。六位
以相揭爲時成。言乾乘六氣。而陶冶變化。運四時而統御天也。時之元氣。以王而行。履涉衆爻。是乘六龍也。
又離爲明。乾爲大明。日月得天而能久照。日月之明。皆天明也。終上爻也。非謂貞。始初爻也。非謂元。繫詞傳曰。原始要終。又曰。初辭擬之。卒成
之終。舉終始以包六位也。又乾爲馬。馬八尺以上爲龍。天子駕六。以乾通坤曰變。以坤凝乾曰化。性者。天生之質。若剛柔遲
速之則。命者。人所稟受。若貴賤夭壽之屬。又乾爲性。巽爲命。陽氣爲萬物所始。故曰首出。乾爲首。又震爲出。立君
而天下皆安。故曰咸寧。坤爲衆。爲國。爲安。僞古本。大明三句。在乃利貞下。○象。像也。取其法象卦爻之德。凡象辭有
實象。有假象。天行晝夜不懈。以健詳其名。餘卦各當名。不假于詳矣。人一晝夜一萬三千五百息。每息宗動
天行十萬里。又陽出震爲行。言君子。通之于賢也。又君子謂三。凡勉强以進德。不必須在位也。堯舜一日萬幾。文
日昃不暇。孔終夜不寢。顔欲罷不能。自此以下。莫可淫心舍力也。老子曰。自勝者强。○釋文王之言。故曰文
言。乾坤爲門戶。特于此著之。六十二卦皆放焉。又文謂文飾。以乾坤德大。故特文飾之以爲文言。又依文而言其理曰文言。又
曰。文言。是文王所制。乾者君卦。六爻皆當爲君。始而大通。君德會合。故元爲善長。又乾爲積善。初息震。震爲諸侯。又善。一作
體。通者。謂陽合而爲乾。衆善相繼。故曰嘉會。陽稱嘉。陰陽相和。各得其宜。然後爲利。幹。舉也。陰陽正而位當。
則可以幹舉萬事。體。生也。初息震。震爲仁。又仁一作信。五禮有吉凶軍賓嘉。故以嘉合于禮也。嘉會。一作嘉德。又坤爲禮。

利。裁成也。物一作之。又陽稱物。坤爲義。貞配智。又坤爲智。又貞。信也。孔子曰。敬事而信。信爲土。居中央。猶人君居所而建極。卽乾爲君之象也。又坤爲事。四德猶春秋之備五始也。文王行此所以興。商紂反此所以亡。○乾始開通。以陽通陰。故始而亨。以施化利萬物之性。以純一正萬物之情。性情一作情性。情利性貞也。雲行雨施。能以利物。天何言哉。故大也。能一作而。按古能耐字通。而耐文之半也。不雜曰純。不變曰粹。粹一作睟。乾是純粹之精。故有剛健中正之四德。揮。散也。一作輝。光輝也。乾六爻發動揮變。旁通于坤。坤來入乾。以成六十四卦。故曰旁通情也。王引之曰。旁。溥也。徧也。旁溥徧一聲之轉。御。行也。陰升陽降。天道行也。坤升于乾曰雲行。乾降于坤曰雨施。陰陽和均而得其正。故天下平。又剛健以下爲七德。卦性也。當爻交錯爲發揮。全卦對易爲旁通。卦情也。又周語。晉成公筮自周歸國。得乾之否。單襄公曰。配而不終。拼決悼公之歸國爲君。謂當乾之君。反坤之國。又唐天寶間。沈七筮王諸入解。得乾之觀。曰巳及賓王。而大人未見。果遇祿山變而還。又齊文宣筮位。得乾之離。宋景業曰。乾君也。天也。變離。當五月受命。

初九。潛龍勿用。

象曰。潛龍勿用。陽在下也。

文言曰。潛龍勿用。何謂也。子曰。龍德而隱者也。不易乎世。不成乎名。遯世无悶。不見是而无悶。樂則行之。憂則違之。確乎其不可拔。潛龍也。　潛龍勿用。下也。　潛龍勿用。陽氣潛藏。　君子以成德爲行。日可見之行也。潛之爲言也。隱而未見。行而未成。是以君子弗用也。

位始。故稱初。九者老陽之數。動所占也。陽在初稱初九。去初之二。稱九二。則初復七。陰在初稱初六。去初之二。稱六二。則初復八。凡卦成于三。三其三爲九。此參天也。兩其三爲六。此兩地也。又陽三連。三三自乘得九。故稱九。

陰六斷。六六自乘得三十六。故稱六。天一生水。龍八十一鱗。具九九之數。故以象陽。龍春分而登天。秋分而潛淵。陽在初九。周正月之時。甲子天正之位。陽氣動于黃泉。旣未萌芽。猶是潛伏。如聖德在愚俗之中。此舜側陋。文王羑里之爻也。故勿用。用者施行也。凡師頤坎旣濟言勿用。皆占辭。與此同。按太皡以龍紀。爲龍師而龍名。故公之爻詞。首以龍言。又卦之姤。爻變巽爲伏。故曰潛。又潛龍能入而不能出。故不可爲也。卦之姤。姤彖辭亦曰勿用。又 爻辰在子。子爲元枵虛中藏物。潛之象也。○此復卦也。氣微位卑。雖有陽德。藏在下。故勿用。陽之名立。於此始見。○不易言當潛之時。不爲見躍飛也。震爲世。從乎世俗。不自殊異。無所成名。陽爲名。又不易二句。一本無兩乎字。世人雖不已是而已知不違道。故无悶。又悶憂也。坎爲憂。消息无坎。故无悶。又陰初出震爲樂爲行。坤死稱憂。隱在坤中。確剛皃。又堅高之皃。一作隺。拔移也。乾剛潛初。坤亂于上。君子弗用。隱在下位也。拔下。一本有者字。○文言第二章。以人事明之也。下同。○文言第三章。以天道明之也。下同。○君子之行。動靜可觀。進退可度。動以成德。無所苟行也。 又德出于己。身內之物。故曰成。行被于人。在外之事。故曰爲。又乾稱君子。陽出上爲成德。雲行雨施則成離。日新之謂盛德。故可見。又初上居无位之地。故稱言。又 行而未成。謂行之坤四。陽居陰位。未成爲君也。又明英宗北狩。仝寅筮得此爻。曰庚午中秋還則必幽。龍潛而躍。必以秋也。勿用。故幽。丁丑歲。壬寅月。壬午日。當必復辟。

九二。見龍在田。利見大人。

象曰。見龍在田。德施普也。

文言曰。九二曰。見龍在田。利見大人。何謂也。子曰。龍德而正中者也。庸言之信。庸行之謹。閑邪存其誠。善世而不伐。德博而化。易曰。見龍在田。利見大人。君德也。 見龍在田。時舍也。 見龍在田。天下文明。 君子學以聚之。問以辨之。寬以居之。仁以行之。易曰。見龍在田。利見大人。君德也。

二于三才爲地道。地上爲田。陽在九二。丑月之時。陽氣將施。聖人將顯。此舜嬀汭。文王免囚。孔子設敎之爻也。故利見大人。按大人太卜之屬。卜筮之官也。詩太人占之。陽稱大。又地二生火。爻變離。爲文明。爲見。卦之同人。爻變互巽。爲長。爲高。卦之同人。所謂利涉大川。利君子貞也。易有周人五號。帝天稱也。王美稱也。天子。爵號也。大君者。興感行異也。大人者。聖明德備也。大人謂五。九二利見之田之耕稼利益。及于萬物。猶聖人利益萬物也。又爻辰在寅。斗旁天田九星。爲田。又天市垣帝座一星。爲大人。○此臨卦也。見者居其位。田謂坤也。二當升坤五。大人謂天子。見據尊位。臨長羣陰。德施于下也。又陽爲德。○二非陽位。故明言能正中。二之正。體震爲言。爲行。爲常。三息體坎。爲孚信也。爲法。謹也。處和應坤。故曰信。陽居陰位。故曰謹。庸常也。常信常謹也。閑防也。二非其位。故曰閑邪。能處中和。故言存誠。陽爻中實爲誠。陰爻中虛爲敬。一本存上有以字。陽升居五。始以美德利天下。不言所利。卽是不伐。老子曰。上德不德。是以有德。又乾善震世。不居乾。故不伐。陽始觸陰。當升五爲君。震寬仁。地道廣博。乾交坤。故化也。又處五據坤。故德博。羣陰順從。故化。又時舍于二。宜利天下。直方而大。德无不利。明言君德。地數始二。故稱易曰。變易始此爻也。○二非君位。時暫舍也。又舍稅駕也。讀爲田舍東郊之舍。時舍對時行時乘。非同于潛。又舍息也。去聲。與井卦時舍也。上聲。不同。○寅月百艸萌芽孚甲。故文明。又坤爲文。離爲明。○陽在二。兌爲口。震爲言。爲講論。坤爲文。兌象君子以朋友講習。辨一作辯。又震爲寬。爲仁。爲行。

九三。君子終日乾乾。夕惕若。夤厲。无咎。

象曰。終日乾乾。反復道也。

文言曰。九三。君子終日乾乾。夕惕若。厲。无咎。何謂也。子曰。君子進德脩業。忠信所以進德也。脩辭立其誠。所以居業也。知至至之。可與幾也。知終終之。可與存義也。是故居上位而不驕。在下位而不憂。故乾乾因其時而惕。

雖危无咎矣。 終日乾乾。行事也。 終日乾乾。與時偕行。 九三。重剛而不中。上不在天。下不在田。故乾乾因其時而惕。雖危无咎矣。

陽在九三。寅月之時。陽氣始出地上而接物。物以人爲靈。故以人事成天地之功。在此爻焉。三于三才爲人道。有乾德而在人道。君子之象。又爻以氣表。繇以龍興。嫌其不關人事。故著君子焉。此舜元德升聞。文王反國。大釐其政之日也。日以喻君。三居下體之上而爲之君。二爲地。日將至地。故終日。兩乾相接。承乾行乾。故乾乾。又乾乾蹇蹇。猶肅肅雝雝。重乾之說。何以通夬夬乎。夕以喻臣。謂三又臣于五。惕懼也。又陽息在三。二變成離。離爲日。坤爲夕。體坎爲惕。爻變卦之履。履彖詞。履虎尾。亦惕厲之象。惠氏周易述。據訛本說文。謂惕若下本有夤字。夕敬也。非是。 厲。危也。疾脩柔順。危言危行。天屈西北爲无。无。無奇字。凡言无咎者。憂中之喜。補過者也。如文王早耀文明之德。以蒙大難。故增脩柔順。勤于日昃。以懷多福。大禹惜寸陰。周公坐以待旦。亦此義也。復卦亦曰厲无咎。人皆生于憂患也。又卦之履。不處也。履危故惕若。下卦變兌爲健而說。故无眚。此泰卦也。息至三。成泰體復。故反其復道。謂否泰反其類也。一本復下有之字。 三爲三公。君子處公位。忠于五。所以脩德也。業事也。又巽爲進。乾爲德。坤爲業。以乾通坤爲進脩。離中爲忠。坎孚爲信。 日脩辭。夕立誠。居業。謂居三也。居三脩教令。立誠信。民敬而從之也。又震言爲辭。坎孚爲誠。泰反否。三反復。體謙艮爲居。又兌口爲辭。 至極也。知五可至而至之。故可與行幾微之事也。與許也。幾上一有言字。又離爲知。始條理者智之事。 知終者可以知始。終謂三也。下卦之極。義者宜也。 又否將至三。至之。泰將終三。終之。地靜而理曰義。終條理者聖之事。 此喻文王進德脩業。所以貽厥武王至于九五。知至也。三分有二。以服事殷。終于臣道。知終存義也。以內卦分三才。一乾而至三乾成。故爲上。夕惕。故不驕。下位爲初。憂則違之。故不憂。○文王爲西伯之時。處人臣之極。必事上接下。又坤爲事。○辰月陽氣浸長。

○以乾接乾。故曰重剛。

九四。或躍在淵。无咎。

象曰。或躍在淵。進无咎也。

文言曰。九四或躍在淵。无咎。何謂也。子曰。上下无常。非爲邪也。進退无恆。非離羣也。君子進德脩業。欲及時也。故无咎。　或躍在淵。自試也。　或躍在淵。乾道乃革。　九四。重剛而不中。上不在天。下不在田。中不在人。故或之。或之者。疑之也。故无咎。

陽氣在四。卯月之時。四。虛中也。躍者暫起之言。既不安于地。而未飛于天也。四應初。淵爲初九。龍之所由升也。又四失位。之正承五。體坎爲淵。震足動爲躍。又爻變巽爲進退。爲不果。互兌爲澤。離爲麗。卦之小畜。畜彖詞。密雲不雨。躍而未飛之象。健而巽。止健也。此舜歷試時也。又武王舉兵孟津。觀釁而退之時也。守柔順。則逆天人之應。通權變。則違經常之敎。聖人不得已而爲之。故其詞疑也。○此大壯卦也。○乾君卦。四臣位。故欲上躍居五。下者。當下居坤初。得陽正位。故非爲邪。又上謂承五。下謂應初。二四不正。故皆言邪。進謂居五。退謂居三。故非離羣。又上未變體巽爲進退。陽稱羣。上卦三爻也。又恆體乾。故言恆。爻變體離。故言離。上下言位。進退言爻。至公欲及時濟人。故无咎。一本無欲也二字。○欲進猶復疑惑。試觀物情也。○午月微陰初起。陽將改變。又革卦中爻互乾。故言革。又乾成革。而旁通于蒙泉。故曰躍淵。曰革。○以乾接乾。故曰重剛。三居下卦之上。四處上卦之下。俱不中。四必兼三。乃全人道。不正。非其位。故疑之。又或。一本作惑。譌字。

九五。飛龍在天。利見大人。

象曰。飛龍在天。大人造也。

文言曰。九五曰。飛龍在天。利見大人。何謂也。子曰。同聲相應。同氣相求。水流溼。火就燥。雲從龍。風從虎。聖人作而萬物覩。本乎天者親上。本乎地者親下。則各從其類也。　飛龍在天。上治也。　飛龍在天。乃位乎天德。　夫大人者。與天地合其德。與日月合其明。與四時合其序。與鬼神合其吉凶。先天而天弗違。後天而奉天時。天且弗違。而況于人乎。況于鬼神乎。

陽在九五。辰月之時。五于三才爲天道。五在天位。此舜陟位。武王克紂正位之爻也。聖功既就。萬物既覩。故利見大人矣。又四巳變。則五體離。離爲飛。五在天。謂若庖犧觀象于天。造作八卦。備物致用。以利天下。天下所利見也。又龍飛者堯舜。虎變者湯武。又飛一作蜚。又龍飛曰讟。音荅。又爻變離爲目。萬物皆相見。又爲飛。互兌。萬物之所說也。卦之大有。大有彖辭曰元亨。所謂應乎天而時行也。又 爻辰在申。畢上天街二星。又井下老人一星爲大人。天子無遺壽耇之義。○飛者喻無所拘。天者首事造制。大人造法。造。爲也。作禮樂也。造。又音糙。就也。至也。又一本作聚。○此夬卦也。○蕤賓躍鐵。同聲之應。方諸與月。同有陰氣。相感則水生。陽燧與日。同有陽氣。相感則火生。同氣之求。 又庚震辛巽。雷風相薄。合金故應。丙艮丁兌。山澤通氣。合火故求。已離上戊坎下。水火不相射。合土。又雷風天之聲。號令君之聲。言君與天地相應。合德同化也。又陽動之坤而爲坎。坤純陰故溼。陰動之陽而成離。乾純陽故燥。龍喻王者。謂乾二之坤五爲坎也。虎喻國君。謂坤五之坤二爲巽而從三也。三者。下體之君也。乾爲龍。坤爲虎。坎爲雲。巽爲風。從。一作去聲。亦通。聖人謂庖犧合德乾五。作八卦以類萬物之情。五動成離。日出照物。皆相見也。作。起也。作一作起。覩。見也。陽氣至五。萬物茂盛。 乾九二本出乎乾。故本乎天。升居坤五。則親上。坤六五本出于坤。故本乎地。降居乾二。故親下。方以類聚。物以羣分。故各從其類。徐季龍以龍爲大火。虎爲參星。火出則雲應。參出則風到。此陰陽之盛化也。天產動物。首在上。地產植物。首在下。○此堯舜冕旒之日。○申月萬物盛長。天功大成。○五與天合德。二與地合德。離爲日。坎爲月。照臨光于四方。賞以春夏。刑以秋冬。合其序也。又乾坤有消息。從四時來也。乾神合吉。坤鬼合凶。以乾之坤。故合。福善禍淫也。乾爲天。爲先。大人在乾五。乾五之坤五。天象在先也。在天時之先行事。天乃在後不違。是天合大人也。奉。承行也。乾二之坤二成震。震爲後。在天時之後行事。能奉順上天。是大人合天也。震春兌秋。坎冬離夏。成既濟定。四時象具也。又人謂三。神謂天。鬼謂地。又魏趙輔和爲人筮父。得乾之晉。曰父爲游魂。能无死乎。

上九。亢龍有悔。

象曰。亢龍有悔。盈不可久也。孔子時久字。巳如今音。

文言曰。上九曰。亢龍有悔。何謂也。子曰。貴而无位。高而无民。賢人在下位而无輔。是以動而有悔也。　亢龍有悔。窮之災也。　亢龍有悔。與時偕極。　亢之爲言也。知進而不知退。知存而不知亡。知得而不知喪。其惟聖人乎。知進退存亡而不失其正者。其惟聖人乎。

陽在上九。巳月之時。亢人頸喉也。骨剛而高。故窮高曰亢。極也。過也。爻變兌爲毀折。過剛必折。又爲口舌。喉吭之象。故稱亢。卦之夬。夬彖辭孚號有厲。亦悔。象乾金兌金。故稱亢金。又亢一作忼。又四巳變。體巽爲高。　乾體既備。上位既終。天之鼓物。寒暑相報。聖人治世。威德相濟。武功既成。義在止戈。盈而不反。必陷于悔。又凡悔皆變也。以人事言之。若放桀之後。湯曰有慙德是也。又堯之末年。四凶在朝。舜髦期倦于勤。亦是有悔。又如堯禪而作游宮于陶。舜禪而居鳴條以老。○此乾本卦也。陽當居五。今乃居上。故曰盈。亢極失位。當下之坤三。故不可久也。下之坤三。屈爲諸侯。故悔。○在上。故貴高失位无陰。故无位无民。上應三。三陽得正。故稱賢人。又乾爲賢人。別體在下。故下位。兩陽无應。故无輔。乾盈動傾。升極當降。故有悔。如文王居三。紂亢極上。以爲戒也。○此桀紂失位之時。之一作志。○戌月。陽氣大衰將盡。○進退據心。陽位在五。今居上。存亡據身。在上當陰。今反陽。得喪據位。得謂陽。喪謂陰。若商辛招牧野之災。太康遘洛水之怨也。進存得。謂乾。退亡喪。謂坤。聖人卽大人。大而化之之謂聖。又再稱聖人者。上聖人謂五。下聖人謂二。所謂羣龍也。又上聖人之聖一作愚。則此句當屬知得而不知喪之下。失正如五霸專恃征伐。失揖讓之正。又燕噲讓國子之。失君臣之正。不失其正。如伊尹放甲周公負扆。雖一意孤行。疑于亢悔。然知進存亦知退亡。故寵利不居。我其明農。所謂用九也。

用九。見羣龍无首吉。

象曰。用九天德不可爲首也。

文言曰。乾元用九。天下治也。　乾元用九。乃見天則。王引之云。則。常也。震之後有則。同人困而反則。謙不違則。明夷順以則。失則。諸則字皆同。非法則之謂。

總六爻純陽之義。故曰用九。六爻皆體乾。羣龍之象。舜既受禪。禹稷契咎繇之屬。並在朝。見衆聖人無自尊之意。則可以統御羣才矣。又用九則變成既濟。離爲見。坤爲羣。乾爲龍。爲首。乾坤交離。乾象不見。故无首。老子。隨而不見其後。迎而不見其首。艮爲背。爲後。行其庭。不見其人。是隨不見後也。乾爲龍。爲首。見羣龍無首。是迎而不見其首也。又无首。猶言循環无端。又 左傳昭十二。蔡墨謂乾之坤曰。見羣龍无首吉。筮易論變。故爻不稱七八。凡曰九者。皆指變陰言。曰六者。皆指變陽言。六十四卦皆然。特于首卦發其例。非謂六爻一時同變也。蔡墨之曰之坤。據羣龍无首羣字言。恐非易旨。又用九節。或云當合上九爻辭爲一節。唐長慶中有王庭湊占事。○用九。六位皆九。純陽則天德也。萬物之始。莫能先之。先之者凶。隨之者吉。故不可爲首也。又用九則反于坤不爲首也。○此三皇五帝禮讓之時。无爲而天下治。又此謂既濟定也。○陽消者。天氣之常。天象法則。自然可見。又離爲見。坎爲則。○此歎美用九之君。如三皇五帝。保合太和。天下自治。無以尙之也。

說卦傳曰。坤也者地也。萬物皆致養焉。故曰致役乎坤。　坤其于地也爲黑。爲牧。爲迷。爲方。爲囊。爲裳。爲黃。爲帛。爲漿。爲虎。

䷁ 坤。元亨。利牝馬之貞。君子有攸往。先迷。後得主。利。西南得朋。東北喪朋。安貞吉。

彖曰。至哉坤元。萬物資生。乃順承天。坤厚載物。德合无疆。含弘光大。品物咸亨。牝馬地類。行地无疆。柔順利貞。君子攸行。先迷失道。後順得常。西南得朋。乃與類行。東北喪朋。乃終有慶。安貞之吉。應地无疆。

象曰。地勢坤。君子以厚德載物。豐按。勢說文作埶。種也。地之功在樹埶。以厚載物。故君子法之。與天行字相對。王伯申訓天行爲天道。以對地勢。恐非。

文言曰。坤至柔而動也剛。至靜而德方。後得主而有常。含萬物而化光。坤道其順乎。承天而時行。

坤从土从申。陰起于午。至申三陰成也。土位在申。故坤位西南。古作巛。蓋假借川字爲之。歸藏作奭。或作㚲。陰氣之始。婦德之常。故稱元。與乾合德。故稱亨。又陰極陽生。乾流坤形。坤含光大。凝乾之元。終于坤亥。出乾初子。品物咸亨。故元亨。坤爲牝。震爲馬。初動得正。故利牝馬之貞。行天者莫若龍。行地者莫若馬。故乾以龍繇。坤以馬象。又牝既配牡。他牡欲犯之。輒踶齧不可近。北地馬羣。每十牝隨一牡而行。所謂貞也。又君子謂初。乾往上息也。乾爲先。坤爲迷。陰性迷也。君子攸往。言臣道也。陰道惡先宜後。震爲後。爲主。主字屬上句。利字屬下二句。主如左傳豐氏故主韓氏。孟子主顏讎由。主司城貞子之主。與明夷睽豐言主者皆同。又主謂乾。先迷句。後得主利句。　王引之曰。西南坤也。東北艮也。當與蹇卦象詞荀注同。西方坤兌。南方離巽。二方皆陰。與坤同類。故曰朋。東方艮震。北方坎乾。二方皆陽。與坤非類。故喪朋。此言妻道也。喻在室得姊妹之朋。猶迷于失道。于歸喪姊妹之朋。乃順而得常。陰貴從陽。故利失朋而得朋。女既適。降父之服。臣既仕。先公後私。又朋盍簪。朋至。以其鄰。皆得朋也。朋亡。渙其羣。皆喪朋也。皆利也。又朋者比黨之意。故曰天下惟朋字未正。西南三女之位。坤之朋也。東北三男之位。失坤之朋也。言牝牡相須。兩陰不生。從陽乃慶也。又曰。此言易道。陰陽消息之大要也。月三日生明。成震出庚。至八日上弦。成兌見丁。庚西丁南。故得朋。謂二陽爲朋。故兌君子以朋友講習。二十九日晦。消乙入坤。滅藏于癸。乙東癸北。故喪朋。謂之以坤滅乾。坤爲喪故也。按虞氏以納甲立說。庚與丁西南。癸東北。似矣。而乙方亦東南。不合。若必云庚西丁南。乙東癸北。則甲獨非東乎。十五日乾象盈甲。正可謂得朋。況甲實東北方也。且但言東。安定其爲甲爲乙也。須知月在天。亦是左旋。並非由西而南。由東而北。但月行甚遲。其似乎右旋者。爲宗動天帶轉。測天者不得不就退度立算耳。竊謂仲翔之意。本以朋字爲明字之譌。因出此新說。既得其說。恰與朋字義不悖。故不欲再改經文耳。不知坤爲地。其方鄉正以大地言。不必專指太陰。而太陰朔望弦之理。自無不貫。夫中國人物所居之面。以大地全球。絜之天體。祇在東北一小隅。約全地百分之三耳。此外之地。有在赤道下一周者。晝夜適平。寒暑適均。終歲如今春秋分。得朋者與太陽之行正對。其地乃與天體相類。彖辭所謂乃與類行也。自中國人視日。雖有高卑遠近之不類。而四時相代。仍見萬物資生。雖喪不喪。故彖辭又曰。乃終有慶也。終。謂太陽之一周天。天所以應地无疆也。无疆字。正發明西北東南之理。凡易言天。皆指日天言。不指恆星天言。又孟秋之月。陰氣始著于申。坤之位同類相得。故西南得朋。孟春之月。陽氣始著于寅。陰始從陽。失其黨類。故東北喪朋。荀爽曰。陰起于午。至申三陰。得坤一體故得朋。否卦也陽起于子。至寅三陽。喪坤一體。故喪朋。泰卦也。又古朋鳳同文。莊子曰。老子曰。吾聞南方有鳥。其名爲鳳。山海經曰。南禺之山有鳳。十洲記曰。鳳麟洲在西海之中。其上多鳳麟。禮斗威儀曰。君乘土而王。其政太平。鳳巢于苑林。論語摘衰聖曰。知我惟黃持竹實來。故子欲居九夷從鳳嬉。宋均注曰。黃黃中通理也。鳳遇亂世。則潛居九夷。山海經曰。鳳首文曰德。翼文曰順。坤順也。又爻辰初在未。未西南陰位。四在丑。丑東北陽位。見劉歆三統曆。〇至。極也。又凝一之意。又至者。行而到之之謂。乾飛坤行。馬之行地。無不至也。始者氣之始。生者形之始。坤純陰。配乾生物。亦善之始也。萬有一千五百二十策。受始于乾。由坤而生。自無出有也。天有无疆之德。而坤合之。乾二居坤五爲含。坤五居乾二爲弘。弘擴也。坤初居乾四爲光。乾四居坤初爲大。坤爻本在柔順陰位。則利貞。之乾則陽爻來據之。故曰君子攸行。陽稱道。震爲常。陰陽和而萬物得。又月朔至望。从震至乾。與時偕行。陽得其類。故與類行。陽喪滅坤。坤終復生。謂月三日震象出庚。故終有慶。復初得正。故貞吉。震爲應。陽正于初。以承坤陰。地道應。故應地无疆。坤道至靜。故安。○地形圓而德方。以古八寸之尺計之。其厚二萬八千六百三十六里有奇。地有上下九等之差。故以形勢言。又勢力也。君子謂乾。陽爲德。動在坤下。君子之德車。故厚德載物。老子曰。勝人者有力。○坤一變而成震。故動也。剛震爲主。爲常。方闢也。光。大也。含藏萬物。順承天施。因四時而行之。德下一有也字。順乎承。一作順承乎。又晉成公筮自周歸國。得乾之否。單襄公並決悼公之歸國爲君。謂當三乾之君反坤之國也。

初六。履霜堅冰至。

象曰。履霜堅冰。陰始凝也。馴致其道。致堅冰也。

文言曰。積善之家。必有餘慶。積不善之家。必有餘殃。臣弑其君。子弑其父。非一朝一夕之故。其所由來者漸矣。由辨之不早辨也。易曰。履霜堅冰至。蓋言順也。

陰氣在初。午月之時。陰始動于三泉之下。防禍之原。欲其先幾也。履。一讀爲禮。又初爻變震。爲足。故履。坤爲地。地爲人所履。霜者。乾之命令也。堅冰。陰功成也。謂坤初六之乾四。履乾命令而成堅冰也。又乾在西北爲堅冰。坤爲暑。純坤在亥。微陽入凝。則露爲霜。馴。如獸之馴狎。順也。從也。言陽順陰之性。成堅冰。又卦之復。陰受陽而凝。故子月雖陽復而寒。月令。仲冬冰始壯。復彖辭反復其道。消爲人所履。故曰履。象之馴致其道。此其義也。又履之三。即坤之初。又陽稱道。書危微。學庸謹獨。春秋名分之防。此其義也。象辭履霜堅冰。一作初六履霜。○積善之家。一作積善三家。殃。禍惡也。乾爲積善。以坤牝陽。滅出復震。爲餘慶。坤積不善。以成弑君。以乾通坤。

極姤生巽爲餘殃。坤消至二。艮子弑父。至三成否。坤臣弑君。剛爻爲朝。柔爻爲夕。乾爲寒。坤爲暑。寒暑相推成歲。又 漸卦。否之三四動也。初體坤。故言漸。辨。別也。一作變。又坤下有伏乾。乾炁加之。霜性乃堅。象臣順君命而成之。順。馴也。

六二。直方大不習无不利。

象曰。六二之動。直以方也。不習无不利。地道光也。

文言曰。直其正也。方其義也。君子敬以直內。義以方外。敬義立而德不孤。直方大不習无不利。則不疑其所行也。

陰氣在二。未有之時。徑行曰直行。横行曰方行。大者陽也。二應五。五下動之則應陽出直布陽于四方也。又爻變坎。剛中而直。又體臨。故大也。爻得中氣。而在地上。自然之性。廣生萬物。故生動直而且方。臣道貴直。妻道貴方。地體其大。故曰直方大。士該九德。然後可從王事。女躬四教。然後可配君子。道先具于己。故不妨以仕學爲政。不妨以嫁學爲婦也。士德光于國。女德光于夫。物倡乃和。不敢先有所習。陽之所倡。陰從而和之。无不利也。又習重也。與襲通。傳曰。卜不襲吉。表記曰。卜筮不相襲。坎爲習。又坤以簡能。故不習。又卦之師。師象容民畜衆。亦光義。又一本無大字。方叶霜章囊裳黃韻。按象傳文言。皆不及大。大當爲无字之譌。陰耦故无不習。陰主義。故无不利。凡事惟習乃利也。故文言曰。不疑其所行。〇直方上。一有易曰二字。又正一作敬。禮記深夜直其正。敬誤政。政又誤正耳。陽稱直。乾靜專動直。故直其正。方謂闢。陰開爲方。坤靜翕動闢。故方其義。陽息在二。故敬以直內。乾爲敬。坤位在外。故義以方外。陽見兌丁。西南得朋。故德不孤。孔子曰。必有鄰也。又坎爲疑。乾二言誠言仁。坤二言敬言義。德之剛柔也。虺誥曰寬仁。丹書曰敬義。

六三。含章可貞。或從王事。无成有終。

象曰。含章可貞。以時發也。或從王事。知光大也。

文言曰。陰雖有美含之。以從王事。弗敢成也。地道也。妻道也。臣道也。地道无成而代有終也。

陰炁在三。申月之時。剛柔雜而成文曰章。坤爲文。以陰包陽。故含章。章美也。坤三索而得兌。兌爲口。故含。又貞正也。三失位。發得位。故可貞。三已發成泰。乾爲王。坤爲事。震爲從。又陽降在四。三公位也。陰升在三。三公事也。　上失其權。位在諸侯。坤體既具。陰黨成羣。君弱臣强。戒在二國。唯文德之臣。然後可以遭此運而不失柔順之正。此蓋平襄之王。賴晉鄭之輔也。遷都誅親。疑于專命。故或之。戒其無失後順之節。故曰无成。成質也。終于濟國安民。故曰有終。三爲下卦之終。故言終。凡卦三位而成。睽六三无初有終。謙九三君子有終。皆是。一曰有終二字衍。叶韻自見。蓋誤從文言增入。而文言代有終。正釋无成也。又乾爲知。又爻變艮。艮成終知止。卦之謙。卑以自牧。謙彖君子有終。又柔變剛故大。○陽稱美。六三陽位。下有伏陽。坤陰卦也。雖有伏陽。含藏不顯。要待乾命。不敢自成也。如地出雲爲雨。起氣爲風。必上之于天。不敢有其功名也。如臣子雖有才美。含藏以從其上。不敢有成名也。地得終天功。臣得終君事。婦得終夫業。

又含之二字。一屬下句讀。

六四。括囊。无咎无譽。

象曰。括囊无咎。慎不害也。

文言曰。天地變化。艸木蕃。天地閉。賢人隱。易曰。括囊无咎无譽。蓋言謹也。

陰氣在四。酉月之時。括結也。坤爲布。小曰槖。大曰囊。無底曰槖。有底曰囊。見漢書注。說文有底曰槖。無底曰囊。偏考經傳。殆是通名。囊之口在中。兩頭著底。如今被囊。凡一頭著底者爲直囊。四居中。如囊之口。陰柔結縮爲括。萬物囊括于地中。萬事囊括于心中。四在外多懼。此懷智苟容。以觀時變。如甯戚蘧瑗。與時卷舒之義也。龔勝之有名。不如申屠蟠之无譽。又謂泰反成否。否坤爲囊。艮爲手。巽爲繩。故括囊。四得位承五。繫于包桑。故无咎。二多譽。而遠在四。故无譽。不艱其身。故无咎。功業不建。故无譽。四爲否泰之交。天地變化。泰也。天地閉。否也。當謹焉。又坤爲害。艮爲愼。又爻變震。有震主之嫌。卦之豫。有逸豫之戒。又大過九五爻亦曰无咎无譽。又爻辰在丑。織女主絲。婺女主布帛裁制。故言括囊。○陽息坤成泰。天地交。以乾變坤。坤化升乾。萬物出震。故天地變化。艸木蕃。四爻泰反成否。乾稱賢人。隱藏坤中。以儉德避難。故隱。洪範庶徵。一曰庶艸蕃廡。一曰俊民用微。又蕃下一有茂字。又六四陰位。迫近于五。雖有成德。當括而囊之。謹愼畏敬也。

六五。黃裳元吉。

象曰。黃裳元吉。文在中也。

文言曰。君子黃中通理。正位居體。美在其中。而暢于四支。發于事業。美之至也。

陰氣在五。戌月之時。黃裳。元端服之裳。自人君至命士。皆服之。下士則雜裳矣。坤畫偶。象裳之兩開。又黃裳喻夫人王后六服。四曰鞠衣。黃衣也。詩。綠衣黃裳 陰居尊位。如舜試天子。又如周霍之臣。當總己之任。處疑僭之間。言必忠信。行必篤敬。然後可取信于神明。无尤于四海。而終元吉之福。又五動體觀。坤爲帛。巽爲股。帛在股爲裳。黃帝堯舜。垂裳而天下治。蓋取諸坤。卦之比。比彖亦曰吉曰元。 坤爲文。五在中。凡衣上掩裳際。復有韍佩帶紳加其上。是裳藏內。故曰在中。 又爻變坎。剛在中也。坎爲通。象曰黃中通理。又左傳昭十二。南蒯枚筮。遇坤之比。以爲大吉。示子服惠伯。惠伯曰。忠信之事則可。外强內溫。忠也。和以率貞。信也。故曰黃裳元吉。黃。中之色也。裳。下之飾也。元。善之長也。中不忠。不得其色。下不共。不得其飾。事不善。不得其極。且夫易不可以占險。將何事也。且可飾乎。中美能黃。上美爲元。下美則裳。參成可筮。猶有闕也。筮雖吉。未也。又東漢永建三年。立梁商之女爲貴人。筮得此爻。後有兄冀擅政之禍。○理者有條不紊也。坤息體觀，地色黃。坤爲理。以乾通坤。故稱通理。五正陽位。故曰正位。艮爲居。體謂四支也。觀艮爲兩肱。觀巽爲兩股。故曰居體。陽稱美。五在中。又陽德潛藏變則發見。五動爲比乃事業之盛。

上六。龍戰于野。其血玄黃。

象曰。龍戰于野。其道窮也。

文言曰。陰疑于陽必戰。爲其嫌于无陽也。故稱龍焉。猶未離其類也。故稱血焉。夫玄黃者。天地之雜也。天玄而地黃。

陰在上六。亥月之時。戰鬥也。君子喻蛇。聖人喻龍。戌亥爲乾之都。郭外曰郊。郊外曰野。坤位未申之維。而氣溢酉戌之間。故于野。血喻陰。玄黃乾坤合居之色。又震爲玄黃。坤在亥月。下有伏乾。坤位西南。爻終于酉而卦成于乾。乾位西北。陰窮于亥。窮陰薄陽。所以戰也。爲其嗛于陽。故稱龍。又戰之爲言接也。陰陽交接和會。大生廣生。乾鑿度曰。乾坤氣合戌亥。奄受二子之節。陽生秀白之州。卽野之謂也。又衆心不安。厥妖龍鬥。文王抑三二之强以事紂。蓋欲彌縫其闕。匡救其災。以祈殷命。以濟生民。紂遂長惡不悛。天命殛之。至于武王。遂有坶野之事。是其義也。天道窮。至于陰陽相薄。君德窮。至于攻戰受誅。然天子有征無戰。故不曰戰龍。而曰龍戰。不以戰予陰。明其分也。又爻變艮。地道窮也。卦之剝。陰數盡也。爻變艮。艮爲山。爲徑路。野象。爲黔喙之屬。戰象。卦之剝。剝彖不利攸往。○陰上薄。疑似于陽。必與陽戰。疑一作擬。檀弓疑汝于夫子。同義。一作凝。嫌一作濂。一作嗛。一作慊。讀如羣公慊之慊。雜也。又快也。一作兼于陽。陰陽合居故曰兼。無无字。又六加于六。乘之得老陽之數。坤居然爲乾數。故疑陽而稱龍。又坤體二乾對峙。戰象。又乾坤交會。乾爲大赤。伏陰柔之。故稱血。天者陽。始于東北。故色玄。地者陰。始于西南。故色黃。又雜下一有色字。攷工記云。天謂之玄。地謂之黃。震者乾坤之交也。

用六。利永貞。

象曰。用六永貞。以大終也。

永。長也。陽稱大。陰體其順。臣守其柔。所以秉義之和。履貞之幹。雖有推變。終歸于正。是周公始于負扆南面。終于復子明辟也。臣道妻道。利在長正。不長正。則不能大終陽事。又坤爲永。又曰言既變之後。當永正不變也。又或云。此亦當合上六爲一節。

序卦傳曰。有天地然後萬物生焉。盈天地之間者。惟萬物。故受之以屯。屯者盈也。屯物之始生也。

雜卦傳曰。屯見而不失其居。

䷂ 屯。元亨。利貞。勿用有攸往。利建侯。

彖曰。屯剛柔始交而難生。動乎險中。大亨貞。雷雨之動滿盈。天造屮昧。宜建侯而不寧

象曰。雲雷屯。君子以經綸。

屯从屮貫一。一地象。屮木初生。勾而未舒。盈也。又厚也。又難也。震四升五。四爲諸侯。五在上。四正位。分民而治。又臨二之五。又坎二之初。剛柔交震。故元亨。之初得正。故利貞。之外稱往。初震得正。起欲之應。動而失位。故勿用。又互艮爲止。故勿用。震爲侯。初剛難拔。故利建侯。老子曰。善建者不拔。又利貞有二義。有利守貞者。不動。有利之正者。貴動。按利貞連文者。當爲四德之二。平對利建侯利行師之類。可作宜義解。此卦上言利貞。下又言利建侯。是也。　此文王爲西伯之象也。天大地大君大。故屯侯繼乾坤。晉語。重耳筮得貞屯悔豫。皆八。司空季子曰。吉。在易皆利建侯。震。車也。坎。水也。坤。土也。屯。厚也。豫。樂也。車班內外。順以訓之。泉原資之。土厚而樂實。

不有晉國。何以當之。震。雷也。車也。坎。勞也。水也。衆也。主雷與車。而尚水與衆。車有震武。衆順文也。文武具。厚之至也。故曰屯。坤。母也。震。長男也。母老子强。故豫。○此本坎卦。二交初。確乎難拔。故難生。卦炁內卦當冬至。陽始浸長而交于陰。萬物萌芽生于地中。有寒冰之難。雷伏地中未得出。故不易也。物難在始生。又而一讀曰能。能猶安也。又盈一作形。坤爲形。謂三巳反正。成既濟。坎水流坤。故滿形。所謂雷動雨施。品物流形也。造。成也。生也。草。草刱昧。昧爽也。天地初開。世尚屯難。震位承乾。故宜建侯。古封諸侯。不過百里。雷聞百里。故取象震也。動而遇險。故不寧。又震一索得男。初生母難。驚而且險。故生詩曰載震。夙其副坼也。險。漢劉脩碑作儉。又震于稼爲反生。故曰艸。又坤冥爲昧。成既濟定。故曰不寧言寧也。又坎爲元冥。昧也。坎爲月。天未明。則昧也。又坎水內景。不明于外。亦昧象。坎勞卦。爲加憂。爲不寧。

此于人事爲運季業初之際也。殷周之間。水運將終。木德將始。百姓盈盈。非君子不寧。天下既遭屯險之難。後王宜蕩之以雷雨之政。故卦諸侯以寧之。○雷雨興養萬物。今言屯者。密雲不雨。雲陰雷陽。二氣相激而未通。感情而不相得。經。常也。綸。理也。經綸謂匡濟也。又綸。綱也。一作論。謂論撰書禮樂。施政事也。又綸緯也。屯自臨變。離爲絲。坎爲輪。艮爲手。又君子謂乾初。坎爲經。震爲講論。又國語。晉重耳筮得國。貞屯悔豫。皆八。初四五三爻動也。

初九。磐桓。利居貞。利建侯。

象曰。雖磐桓。志行正也。以貴下賤。大得民也。

磐大石之平者。桓。杙也。植兩木交相午貫。檀弓所謂桓楹也。震爲陽木。又爲大塗。亭郵表所在。磐爲仰盂。桓爲雙木。俱象震。此安貞建立之象。又艮爲石。又磐一作盤。一作槃。磐桓旋也。又雷聲盤回也。震起觸艮而止。又動險中。故盤桓。又爻變坤而靜。故盤桓。又艮爲宮。坤爲闔戶。謂君子居其室。愼密而不出也。又磐桓者。動而退也。陽從二動而退居初。雖退得正也。坎爲志。震爲行。

又禹貢因桓。鄭注。桓是隴坂名。其道盤桓旋曲而上。今其下民謂坂曲爲盤。蜀中僰道至險難。初九爲險中。

斂德之時也。震爲諸侯。震而有坤土。有坤衆。建侯之象。又卦之比。下順從也。比象。建萬國。親諸侯。陽爲貴。陰爲賤。又坤爲民。又得民如周官師以賢得民。儒以道得民者。此爻當之。又爻辰在子。虛主邑居。旁司祿二星。建侯象。又左閔元。畢萬筮仕。遇屯之比。辛廖曰。吉。屯固比入。吉孰大焉。其必蕃昌。震爲土。車从馬。足居之。兄長之。母覆之。衆歸之。六體不易。合而能固。安而能殺。公侯之卦也。又昭七。衞襄公庶子孟縶與元。孔成子以周易筮之。曰元尚享衞國。遇屯。又曰予尚立縶。遇屯之比。史朝曰。元亨。又何疑焉。成子曰。非長之謂乎。曰繇曰利建侯。嗣吉何建。建非嗣也。二卦皆云子其建之。弱足者居。侯主社稷。臨祭祀。從會朝。又焉得居。各以所利。不亦可乎。

六二。屯如邅如。乘馬班如。匪寇婚媾。女子貞不字。十年乃字。

象曰。六二之難。乘剛也。十年乃字。反常也。

陽動而止。故屯如。陰乘于陽。故邅如。邅一作亶。一作驙。如。辭也。邅如難行不進之皃。又屯邅謂初也。牛農易說云。驙誤爲班。說文驙者馬載難行。震馬屬足。一其足曰馵。二其足曰驛。言有絆之者也。坎馬爲曳。故四上皆有驙如之象。又難。難生也。震爲馬作足。二乘初。故乘馬。互坤爲牝馬。又馬牝牡曰乘。又去聲。四馬也。馬相別而鳴曰班。四馬相別而行。稅駕之象。卦四陰爲四馬。或從初。或從五。上下異需。故二四上皆言班馬。班如。相牽不進皃。班一作般。般旋也。又此句義連下文。言乘馬者非寇也。乃婚媾也。賁卦翰如同。屯指五。賁指初。晉人以女得壻爲乘龍。龍馬同也。匪。非也。寇謂五。坎爲寇盜。應在坎。故匪求此寇。婚媾謂三。三動。陰陽得正。承之故婚媾。婚一作昏。媾一作冓。猶會也。一作構。又重昏曰媾。又寇謂初。无初之難。則與五婚矣。志在于五。不从初。故貞不字也。爻變兌爲動而說。又賁四睽上。亦曰匪寇昏媾。字。妊娠也。乳也。宋耿南仲曰。女子許嫁則稱字非。陸績曰。愛也。虞氏曰。三失位。變體離。爲女子。爲大腹。故曰字。今失位爲坤。離象不見。故貞不字。又卦之節。苦節不可貞。故十年乃字。坤地也。癸也。其數十。三動成離。故反常乃字。謂成既濟定也。陽正位爲常。陰从陽爲常也。然按乾鑿度。坤法亦爲人腹。又乾再索而得坎。今變震。中有坤體。陰出于坤。今還爲坤。故曰反常。二从初。卽逆。應五爲順。去逆就順。陰陽道正。乃能長養。故十年乃字。時通則道亨。合正匹也。此太公海濱。伊尹莘野。諸葛南陽之時也。

六三。卽鹿无虞。惟入于林中。君子幾不如舍。往吝。

象曰。卽鹿无虞。以從禽也。君子舍之。往吝窮也。

卽就也。從也。鹿當作麓。山足也。艮爲山。坤爲平地。虞。虞人。掌禽獸者。周書大武解。有五虞。一鼓走疑。二備從來。三佐軍舉旗。四采虞人謀。五後動撚之。撚蹂也。是從禽之必有虞人也。故曰无競惟害。有功无敗。謂競思害。功思敗。是爲虞人謀。无虞亦无謀矣。禽。鳥獸之總名。爲人所禽制。書。外作禽荒。平地有竹木曰林。震爲蒼筤竹。又爲麋鹿。爲驚走。坤爲兕虎。艮木堅多節。又爲狐狼。舍。置也。艮爲舍止。君子之微也。又三變體坎。坎爲叢木。又爲隱伏。三變。故兕虎麋鹿狐狼。走入林中。唯思也。坎爲思。君子謂陽。己正位。幾近也。吝。疵也。之外曰往。三應于上。之應歷險。不可以往。動而失位。故不如舍。又爻變離。麗也。卦之既濟。思患預防。又鹿如字。澤獸爲麋。林獸爲鹿。五爲鹿。四爲虞人。與三不應。又虞度也。又幾音祈。辭也。一作機。弩牙也。速也。又舍。一音赦。又舍者舍拔也。又吝恨也。又吝當作遴。行難也。又以從禽也上。一本有何字。又爻辰在亥。奎上王良五星。策一星。壁上天廄十星。田獵从禽之象。又明正德中。筮得此爻。李夢陽占之。

六四。乘馬班如。求婚媾。往吉。无不利。

象曰。求而往。明也。

震爲馬。四乘之。初雖應四。班如不進。既比于五。五來求婚。男求女。往吉也。之外稱往。屯蒙言取女。納婦。需訟言酒食。食舊德。飲食男女。人之大欲存焉。又侯有同姓異姓庶姓。異姓者。婚媾甥舅。重婚曰媾。如齊太公。周之元舅。世爲婚姻也。又乘三也。三已變。坎爲馬。馬在險中。故班如。或曰。乘初也。三變體離。故明。又爻變兌。川壅澤不行也。卦之隨。婚媾吉也。婚一作昏。又爻辰在丑。

河圖緯。女昏嬪象。

九五。屯其膏。小貞吉。大貞凶。

象曰。屯其膏。施未光也。

坎雨稱膏。詩。陰雨膏之。陽陷陰中。故未光。互艮爲止。屯象。又四小陰正。謂與四爲昏媾。大正指三。君膏屯而臣滿形。非五之光。故凶。又大正。謂冒難赴二之應也。又小謂四。大謂五。又貞。卜問也。从卜貝會意。握粟出卜也。周禮有大貞。謂大卜。如遷國立君之事。則猶言作內吉。作外凶也。又威權已去。而欲驟正之。求凶之道。魯昭公高貴鄉公是也。若盤庚周宣。爲之不驟。則吉。至唐之僖昭。恬然不爲。則又常屯矣。又新國用輕典之意。又漢書谷永傳。孟康注曰。膏者所以潤人肌膚。爵祿亦所以養人者也。大貞君也。小貞臣也。遭屯難饑荒。君當開倉廩。振百姓。而反吝則凶。臣吝則吉。此所謂出納之吝。謂之有司也。若陳氏厚施。非齊之福也。又屯鼎旁通。故鼎亦曰雉膏。又卦之復。雷在地下。未奮也。

又辰在申。畢雨師。爲膏澤。

上六。乘馬班如。泣血漣如。

象曰。泣血漣如。何可長也。

乘五也。坎爲馬。二與四雖乘陽。皆更得承五。憂解難除。今上无所承。憂難不釋。故泣血也。坎爲血卦。爲水。爲加憂。無聲出涕曰泣。殷憂啓聖。多難興邦。亦濟屯之一道。又三變時。震爲行。艮爲止。馬行而止。故班如。離爲目。坎爲血。震爲出。流血出目也。三不應上。故上泣。柔乘剛。故不可長。又坎爲水。伏離爲目。互艮爲手。掩目流血。泣象。又爻變巽。爲多白眼。血一作涕。漣一作㶌。

序卦傳曰。物生必蒙。故受之以蒙。蒙者物之穉也。

雜卦傳曰。蒙雜而著。雜一作稚。

䷃蒙亨。非我求童蒙。童蒙求我。初筮告。再三瀆。瀆則不告。利貞。

彖曰。蒙。山下有險。險而止。蒙。蒙亨。以亨行。時中也。匪我求童蒙。童蒙求我。志應也。初筮告。以剛中也。再三瀆。瀆則不告。瀆蒙也。蒙以養正。聖功也。

象曰。山下出泉。蒙。君子以果行育德。

坎上之五。又觀五之二。又艮三之二。剛柔得中。故能通發童蒙。令得時中也。方言。蒙。萌也。蔓艸加于艸木之上曰蒙。詩。葛生蒙楚。爾雅。蒙玉女。卽女蘿菟絲也。附艸而蒙其上。故曰蒙。喻童子弱昧。必依附先生以強立。故曰童蒙。字當作冢。覆也。作蒙者叚借。又蒙者。蒙蒙物初生形。是其未開著之名也。又洪範卜五。一雨二霽三蒙。蒙于靈龜爲卜兆之象。筮占也。亦告人者也。童未冠之稱。按當作僮。六五陰爻在蒙暗。又體艮。少男爲童。坎隱伏爲蒙。　又蒙于世爲酉月。於消息爲寅月。酉月之時。降陽布德。薺麥並生。而息來在寅。寅月陽炁上達。爲物之穉。施之于人。則童蒙也。　亨謂二。又震剛柔接故亨。我謂二。二體震而得中。嘉會禮通。陽自動其中。德施地道之上。萬物應之而萌芽生。教授之師取象焉。禮有來學。無往教。故脩道藝于其室。而童蒙者。求爲之弟子。非己手求之也。又艮爲童蒙。震爲動起。嫌求之五。故曰匪也。艮爲求。二體師象。坎爲經。　筮。問也。初筮。謂六五求決于九二。二則告之。再三瀆。謂三與上應。四與二隔。於二爲瀆。故二不告也。瀆。古黷字。褻也。初筮坎爲通。再則坤爲迷。三則艮爲止。又三四。皆乘陽不敬。故瀆。　又初筮。謂初問于二。弟子初問。則告之以事義。不思其三隅。相況以反解者。此師勤而功寡。學者之災也。不復告者。欲令思而得之。亦所以利義而幹事也。求師同于求神。詩曰。我龜旣厭。不我告猶。少儀曰。毋瀆神。又儀禮曰。筮者三人。公羊曰。求吉之道三。故有初筮原筮。又震爲言。巽爲命。初發成兌。爲口說。坎爲瀆。初發。師象不見。故不告也。又初筮統言下卦。謂初得三畫成卦也。又初筮者。言童之蒙尚淺。可告。欲至再三。年已壯大。則蒙如瀆之深。不可敎。又二五失位。利變之正。故利貞。又時中之中。張仲反。和也。彖傳內。一作童蒙來求我。又一作以亨行。得時中也。又以亨行絕句。又一本止上有能字。蒙亨下無以亨二字。又志謂二。坎爲志。體頤故養。聖謂二。二志應五。五多功。變得正而亡其蒙。故聖功也。　天地君繼以師。故次蒙。又此以寄成王之遭周公也。武王之崩。年九十三矣。而成王八歲。言天後成王之年。將以養公正之道。而成三聖之功。〇果行者。初筮之義。育德者。養正之功。又蒙小水也。故曰泉。喻童。又震爲出。坎象流出也。君子謂二。艮謂果。震爲行。育養也。二至上體頤象。又二爻消剝。故取碩果。〇王引之曰。坎爲德行。艮以成之。果成也。育亦成也。

初六。發蒙。利用刑人。用說桎梏。以往吝。

象曰。利用刑人。以正法也。

說解也。一音稅。木在足曰桎。在手曰梏。夏楚收威。扑作敎刑之象。發動也。變也。初爲蒙始。而失位。發蒙之正以成兌。兌爲刑人。坤爲用。二用之。坎爲穿木。震足艮手。互與坎連。桎梏象。初發成兌。兌爲說。坎象毀壞。故曰用說。之應歷險。故德吝。吝。小疵也。又小歉也。一作遴。行難也。又爻變兌見也。說也。發之象。坎而爲兌。川壅澤不行。正法之時。又兌爲毀折。說桎梏之象。兌說。故脫桎梏。卦之損。發蒙者。損己以益人者也。又用說下六字句。謂一于嚴者。又刑儀刑也。用說二字句。說音悅。下五字句。謂一于寬者。又初六戊寅。平明之時。天光始照。故曰發蒙。此成王始覺周公至誠之象也。坎爲法律。寅爲貞廉。以貞用刑也。此成王將正四國之象也。正四國之罪。宜釋周公之黨。故用說。既感金縢。追恨昭德之晚。故曰以往吝。往昔日也。初二失位。吝之由也。謂歉。以。用也。用正法刑人也。辟以止辟。刑期無刑。故曰說。

九二。包蒙吉。納婦吉。子克家。

象曰。子克家。剛柔接也。

應五據初。初與三四同體師。包養四陰。故吉。五陰爲婦。二納之。震長男。居下位能任上事。子克家之象。坤爲包。一作彪。彪文也。一作苞。震剛爲夫。伏巽爲婦。二以剛接柔。故納婦吉。剛柔接。謂互震而上下卦接也。以坎陽接坤陰而爲震。震長子主世者。納婦成家。故有子克家也。二爲大夫。大夫稱家。又艮爲門庭。家象。又互震爲剛柔接。又爻變坤爲含弘。有教無類之義。坤又妻道也。又爻辰在寅。尾爲後宮之場。納婦之地。

六三。勿用取女。見金夫。不有躬。无攸利。

象曰。勿用取女。行不順也。

女謂三。誡上勿取也。金夫謂二。初發成兌。爲少女。爲見。乾陽稱金。震爲夫。三逆乘二陽。所行不順。爲二所淫。上來之三。涉坤陰。故曰勿用取女見金夫。坤身稱躬。三爲二所乘。兌澤動下。不得之應。故不有躬。失位乘剛。不順多凶。故无利。又兌爲金。艮者金之夫。又爻變巽。剛中失守。卦之蠱。女惑男。又順。一曰當作愼。古通。又爻辰在亥。危上人五星。下天錢十星。金夫之象。

六四。困蒙。吝。

象曰。困蒙之吝。獨遠實也。

陽稱實。四獨遠于陽也。困而不學。民斯爲下。故吝。吝一作吿。又爻變離。火焚山。敗其實也。卦之未濟。男之窮也。又洪範吿徵。曰蒙恆風若。又困與蒙。皆貞坎。

六五。童蒙。吉。

象曰。童蒙之吉。順以巽也。

順于上。巽于二。如成王任用周召。學焉而後臣之。艮少男爲童蒙。處貴承上。有應于二。坤爲順。又動而成巽。故吉。又巽一作遜。又爻變爲巽。順也。卦之渙。渙然冰釋。怡然理順之時。又大人者。不失其赤子之心。

上九。擊蒙。不利爲寇。利禦寇。

象曰。利用禦寇。上下順也。

擊治也。艮爲手故擊。謂五已變。上動成坎。稱寇。而逆乘陽。故不利爲寇。禦寇之寇。謂二坎。巽謂高。艮爲山。登山備之。自上禦下。故順。又互師。故禦寇。又爻變坤。卦之師。以順用衆。又擊一作繫。又爲去聲。助也。一作利用禦寇。禦止也。艮爲止。擊者兵刑所以弼教。不利爲寇者。敷教在寬。與初同義。舜于三苗。公于三監。爲禦寇。秦皇漢武。窮兵誅伐。爲爲寇。舉兵攻入曰寇。非盜之謂。孟子齊寇越寇是也。欲寇盜。豈待蒙之上九始不利哉。又蒙正月之卦。月令曰。兵戎不起。不可从我始。

序卦傳曰。物稺不可不養也。故受之以需。需者飲食之道也。

雜卦傳曰。需不進也。需晉旁通。晉進也。

䷄需有孚。光亨。貞吉。利涉大川。易言孚者二十五卦。彖八卦。爻三十。孚。卵孚也。从爪从子。覆手曰爪。鳥裒恆以爪反覆其卵。乃之孚卵。皆如其期不失。故轉訓爲信。又孚古文從系。系即保。故襁褓保抱从此。巽爲鷄。又伏也。小正曰。鷄孚粥。然坎未濟解晉比。有坎無巽。損夬泰大有。有兌无巽。需睽。有坎兌无巽。是坎中實。兌口舌。亦皆言孚也。爻辭初言孚者。比晉萃姤四卦。上言孚者。家人井未濟三卦。餘皆中爻。王引之曰。光讀爲廣。凡坤泰咸渙之光大。謙之尊而光。夬其危乃光。坤地道光化光。頤上施光。屯噬嗑震兌晉夬萃之未光。皆同。惟觀未濟大畜履四卦之光。訓明。

彖曰。需須也。險在前也。剛健而不陷。其義不困窮矣。需有孚。光亨。貞吉。位乎天位。以正中也。利涉大川。往有功也。

象曰。雲上于天需。君子以飲食宴樂。

大壯四之五。需从雨。从而。而者須也。須者額也。會意。又雨下天。不从而。又讀爲秀。陽氣秀而不直前者。畏上坎也。歸藏作溽孚一作數。數光絕句。孚謂五。坎爲孚。離日爲光。四之五。得位正中。故光亨貞吉。謂壯于大轝之腹也。又二變。則孚光亨貞吉。又三上易。爲中孚卦。大川大難坎也。二失位。變而涉坎。坎爲大川。乾爲利涉。得位應五。故利涉。五多功。故曰往有功之外稱德。所謂忠信涉波濤也。需之待時。本欲涉難。既能以信。故利涉。須當作頿。从立須聲。待也。詩曰。卬須我友。乾德行恆易以知險。位天位。四升五也。位乎之位。一作涖。位乎之乎。一作于。苗格。需之舞階。崇降。需之因壘。俟天休命。需之十三年以後。孔子曰。無欲速。曰必世後仁。亦此意。傳曰。需事之下也。曰需德之賊也。義各有當。〇雲之升天。須時而降。象傳一作雲在天上。坎爲飲。兌爲食。乾陽舒爲宴樂。又乾爲穀實。而水氣上蒸。亦有釀酒釁食象。又君子謂乾。坎水流入兌口爲飲。二失位。變體噬嗑爲食。陽在內。稱宴。安也。大壯震爲樂。又宴。享宴也。

初九。需于郊。利用恆。无咎。

象曰。需于郊。不犯難行也。利用恆无咎。未失常也。

郊。乾坎之際也。距國百里爲郊。詩。我出我車。于彼郊矣。戰于乾。既已受命。進道北郊。知難而退。故需郊。又南郊北郊。皆乾也。處不避汙。出不辭難。臣之常節也。得位有應。故利用恆。雖小稽留。終于必達。故无咎。又初需四。郊謂四也。乾爲野。坎爲邦險。城隍也。乾之前。故于郊。恆久也。乾爲久。二變坤爲用。五用之也。初之應。險而遠。宜久需二變。而後應之。又爻變巽爲伏。

爲進退。其究爲躁卦。故戒之。又卦之井。无喪无得。恆之象也。又初既變。四五易爲恆。象傳內。一無无告二字。此如太公待天下之清

九二。需于沙。小有言。終吉。

象曰。需于沙。衍在中也。雖小有言。以吉終也。王念孫曰。衍當是行字之譌。與以中行也行中之謂也。正同。

二應五。互兌于地爲剛鹵。故稱沙。水中之剛。故曰沙。知前有沙漠。而不進。二需五也。一作沚。接水者。體乾處和。美德優衍在中而不進也。水朝宗曰衍。从水行。流也。寬也。又衍字絕句。穆天子傳天子東征。南絕沙衍。郭注。水中有沙者。又爻變離。剛而虛。沙象。又中謂五。二四同功。而三據之。故小有言。二雖在下。終當升居五。故終吉。又二變之陰稱小。大壯震爲言。兌爲口。四之五。二未變。震象半見。故小有言。二變應之。故吉。又困成需。賁成明夷。則有言不信。以賁之小而合困之有言。爲小有言。需旁通晉。明夷旁通訟。則雖小有言而終吉。故需訟稱小有言。明夷稱主人有言。又爻變離。于人爲言。卦之既濟爲吉。此猶匡章禦秦。而蜚語聞于齊王。又郭有道不爲危激取禍。狄梁公事僞周。來俊臣輩以反誣之。雖有言而終吉也。

九三。需于泥。致寇至。

象曰。需于泥。災在外也。自我致寇。敬慎不敗也。

親與坎接。故稱泥。泥近乎外者也。又爻互兌。澤爲泥。須止不進。不取于四。不致寇害。坎爲寇盜。寇。一作戎。三需上。上入坎深爲泥。坎爲災。又豐四之井。初成需。故井亦曰井泥。不食。豐成明夷。需二之明夷五。成兩既濟。爲致寇至。傳云。災在外。即豐過旬災之災。大壯四失位。五上傷陽。不需則反遯而臣弑君。四上之五。折坤爲坎。折三入離。則不反遯。離爲戎。上爲戎首致之者。謂上入于穴。故敬慎不敗也。乾爲敬。又三以上爲寇。又離爲大。災象。爲禮文。恭敬象。卦之節。慎象。此東漢陳蕃竇武之戒。又范滂互相標榜。所以致災。

六四。需于血。出自穴。

象曰。需于血。順以聽也。

雲从地出。凡自地出者。莫不由穴。坎爲血卦。喻陰。順以聽五也。坎爲耳。又四需初也。二巳變。初在重坎下。故于血。四在兩坎中爲穴。本大壯震爲出。重坎爲耳。聽聽。又爻互兌。爲毀折。血也。爲見出也。爲說。順以聽也。卦之夬。小人退也。又冬狩于野。需其出自穴者。不盡殺。仁也。此舜之出井。文之出囚。忠臣孝子。行乎患難。雖歛血而實順也。又此爻有置之死地而後生之義。如淮陰之背水陣。其見如此。

九五。需于酒食。貞吉。

象曰。酒食貞吉。以中正也。

五互離。坎水在火上。酒食象。坎在需象爲飲食之道。禮速客之詞曰。主人須矣。沈湎則凶。中正則吉。又雲須時欲降。二須時當升。升五則以剛德處中居正。故能帥羣陰。舉坎以降陽。能正居其所。則吉也。又二之應成噬嗑。酒食象。貞謂二也。又爻變坤。萬物皆致養焉。卦之泰。上下交泰。承筐是將之時。故曰酒食。天子享元侯。訓恭儉而示慈惠。故曰中正。又曰。飲至策勳之爻也。又象傳。酒食上一本有需字。又爻辰在中。井旁天罇三星。下雉一星。酒食之所資用也。

上六。入于穴。有不速之客三人來。敬之終吉。

象曰。不速之客來。敬之終吉。雖不當位。未大失也。王念孫曰。終吉下。當有也字。吉失爲韻。唐石經已脫。

坎爲穴。須道已終。雲當下入穴。雲上升極。則降而爲雨。雨還入地。詩。朝隮于西。崇朝其雨。速召也。又不速者。所謂需也。自初至三。三人皆于郊于沙于泥者。若速客之速。當作宿。或作肅。見儀禮。今俗以再請曰速。是迫促之詞。不恭莫甚矣。三人謂下三陽也。須時當升。非有召者。乾升在上。君位以定。坎降居下。當循臣職。故敬之終吉。又上以三爲客。上降居三。雖不當位。承陽有實。故終吉。无大失也。此上就三也。伏入坎下。故入穴。自外爲來。客謂坤體三爻也。上爲戎主。故率率坤爻以就三。大壯盈陽。坤既就乾。則終息乾體。乾爲敬。誠三當敬之也。陽稱大。終乾則二四上失位。然陽體盈。故未大失也。又坎變巽。巽爲入。卦之小畜。畜極而亨之時。又當字。一云平聲。需待之道在敬。三上皆言之。

序卦傳曰。飲食必有訟。故受之以訟。

雜卦傳曰。訟不親也。

䷅訟。有孚。窒惕。中吉。終凶。利見大人。不利涉大川。

彖曰。訟上剛下險。險而健訟。訟有孚。窒惕中吉。剛來而得中也。終凶。訟不可成也。利見大人。尚中正也。不利涉大川。入于淵也。

象曰。天與水違行。訟。君子以作事謀始。

訟。反爭也。言之于公也。又辯財曰訟。遯三之二。陽來居二。而孚于初。坎爲孚。又遯一變訟。三變中孚。故曰孚。又訟爲離之遊魂卦。離爲戈兵。天氣將刑殺。聖人將用師之卦也。訟不親也。兆民未識天命不回之意。窒。塞止也。有忍意。一作咥。覺悔皃。又讀爲躓。止也。又一讀窒字句。坎爲加憂。爲心病。爲陷。故惕。中吉。不永所事也。終凶。終朝三褫也。又惕。懼二也。二失位。故不言貞。遯將成否。則子弑父。臣弑君。三來之二。得中。弑不得行。故中吉。中一作丁仲反。又二終止不變。則凶也。大人謂五。二應之。斷決必中。故利見也。如仲由爲之辨明。直不疑不與之校。卓茂爲之和解。王烈使其心化。皆是。訟是陰事。以陰涉險。故不利涉大川。又二與四訟。利見于五。五以中正之道。解其訟也。陽來居二。坎在下。爲淵。爲入。又互巽爲木。爲風。爲入。覆舟象。與人相爭。必被襲謀。如見墜于深淵也。乾餱以愆。豕酒生禍。故訟繼需。王制侀者成也。史以獄成告于正。三公以其成告于王。虞芮質成。利見文王。鼠牙雀角。利見召伯。入淵。如晉邢侯之爭鄐田。又爻辭皆窒惕意。○天積氣。地涵流。故水與地爲比。天與火爲同人。天與水爲訟。又天自西轉。水自東流。上下違行也。又風屬天。如風與水逆。故卦辭不利涉。省民之情以制作。故武王先觀兵孟津。以卜天下之心也。又女子爭桑。吳楚連兵。羊斟爭羊。宋師敗績。曹劉共飯。地分于匕箸之間。蘇史滅宗。忿起于笑談之頃。故曰謀始。又論語必也使無訟乎。亦謀始意。又君子謂乾。三來變坤爲作事。坎爲謀。乾知大始。

初六。不永所事。小有言。終吉。

象曰。不永所事。訟不可長也。雖小有言。其辯明也。

永。長也。坤爲事。初失位而爲訟始。故不永。小有言。謂三。初四易位。成震言。三食舊德。震象半見。故小有言。初變得正。故終吉。又爻變兌爲口。陰稱小。卦之履。不處也。不永之象。反離爲明。又初欲應四。而二據之。故有小訟而暫。

九二。不克訟。歸而逋。其邑人三百戶。无眚。

象曰。不克訟。歸逋竄也。自下訟上。患至掇也。

謂與四訟。坎爲隱伏。故逋。乾位剛在上。坎濡弱失正。故不克也。又三不克訟。故逋而歸。坤稱邑。二者邑中之陽人。逋。逃也。謂逃失邑中之陽人。又爻變坤順。知險而逃。坤爲土。爲衆。邑也。卦已否。上下不交。訟象。又逃亡而負人之物曰逋。眚。災也。又過也。妖。祥也。坎爲眚。謂二變應五。乾爲百。坤爲戶。三爻故三百。坎化坤。故无眚。小國之下大夫采地。方一成。其定稅三百家。故三百戶也。又不易之田。歲種之。一易之田。休一歲乃種。再易之田。休二歲乃種。言至薄也。苟自藏隱。不敢與五爲敵。則无災眚。又據邑以叛，武仲以防之象。又歸字句。邑字句。恐其恃衆憑險。故逋其邑。不株連以要衆。故三百戶无眚。又坎勞卦。萬物之所歸也。故稱歸。又三取離數。此爻言惕中之狀如此。故无眚也。又二訟五。元咺當之。又二者下體之君。君不爭。則百姓无害。故曰无眚。下與上爭。卽取患害。如手拾掇小物而不失。掇一作惙。憂也。下謂陰。上謂陽。遯二陰上之三。訟陽。二憂患至。坎爲憂也。此文王被譖周公流言之時。又九二之象。在小雅巧言之卒章。

六三。食舊德。貞厲。終吉。或从王事。无成。

象曰。食舊德。從上吉也。

雖失位而專心應上。故能保全舊恩。食舊德者也。又乾爲舊德。食謂初四。二已變之正。三動得位。體噬嗑食。四變食乾。故食舊德。三變在坎。正危。故貞厲。得位。故終吉。乾爲王。二變否時。坤爲事。或從王事无成。與坤同義。震爲從。上謂五。三變陽爲吉。又爻互巽。變亦巽。爲不果。故曰或。又食如史食墨書食言之食。噬沒之義。故食蝕同。又吐而後吞曰食。左後雖悔之。不可食已。言不報德也。又訟明夷旁通。明夷曰。三日不食。又爻辰在亥。象與坤同。

九四。不克訟。復卽命渝。安貞吉。王引之曰。九四巽之中畫。巽者順也。施命者也。復猶歸也。卽就也。歸就初六而命之以剛就柔。以順化險。則在下者亦變而不訟矣。渝者初爻受命而變其志也。與否九四有命于初六同。金縢。卽命于元龜。洛誥。今王卽命曰。記功宗。立文正相似。

象曰。復卽命渝。安貞。不失也。

初既辯明。四訟妄也。訟既不克。當反就前理。變其訟命。則安靜貞吉而不失初也。復反也。卽就也。渝變也。失位故不克訟。之正成巽。巽爲命令。故復卽命渝。動而得位。故安貞吉。謂二已變坤爲安也。又命天命也。又渝一作俞。然也。又爻互巽。變亦巽。處健之始而不失其順。又巽爲不果。不克訟也。互震爲變動。曰渝。卦之渙散也。又四爻爲乾初。卽復初也。故稱復也。此文獻洛西。公啓金滕之時。

九五。訟元吉。

象曰。訟元吉。以中正也。

以中正之德。齊乖爭之俗。元吉也。又爻變離。大明照幽。卦之未濟。是以有訟。五以中正聽之。濟其未濟也。又元字。疑无字之譌。卽使無訟之意。所謂大畏民志也。又君子自訟。則內省不疚。五亦兼之。獄訟歸舜。虞芮質成之象。

上九。或錫之鞶帶。終朝三褫之。

象曰。以訟受服。亦不足敬也。

或疑詞。錫賜也。謂王之錫命。爻變兌。兌爲口。爲澤。錫命象。鞶大也。鞶帶大帶。凡命服。先繫革帶。使可懸珮。然後加以拖紳之帶。爲懸鞸之大帶。與內則鞶袠。左鞶鑑。束飾鞶纓不同。三與上應。離爲牛。乾爲衣。爲圓。牛革帶。加乾衣鞶帶于上也。正月至四月爲歲之朝。上旬爲月之朝。自旦至食時爲日之朝。褫奪衣也。又離爲股。乾爲衣。加衣于股上。則帶也。又鞶帶宗廟之服。上爲宗廟。三應之。衣乾衣。入宗廟。是爲鞶帶。又男子鞶革。初四已易位。二之正。巽柔爲繫帶也。又鞶帶。大帶衣也。又鞶帶。佩鞶之帶也。又一作鞶帑。又二四爭三。三本下體。取之有緣。爭競之世。分理未明。故或以錫二。終朝者。君道明。三者陽成功也。君明則奪二與四。故終朝三褫之。又位終乾上。二變時。三坤爲終。離爲日。乾爲甲。日出甲上。爲早。故稱朝。應在三。三變時。艮爲手。故三褫之。使變應己。則去其鞶帶。體坎乘陽。乾象毀壞。乾爲敬。故象曰不足敬。又三爲離數。又此爻如漢唐之告密告變。酷吏治獄。而受爵命之賞。又上以六三。錫下二陽。羣剛交爭。得不以讓。故終朝各一奪之。爲三褫。又褫解也。乾爲衣。爲言。故以訟受服。又爻變兌。爲毀折。故褫。又褫一作搋。一作拕。加也。謂三加之也。又拖之也。初二三四皆不正。以不正相訟而得其服。兌命曰爵無及惡德。故不足敬。又三拕。猶束而解。解而束。如是者三。此以訟受服者。矜喜不自持之意。所謂一日三摩挱。矜喜之極也。爻變兌爲說。故象辭不曰以訟奪服。而曰以訟受服。又卦之困。倘口乃窮。故不足敬。西伯己專征。崇侯服何在。所謂終凶也。

六十四卦經解卷二

元和朱駿聲集注

序卦傳曰。訟必有衆起。故受之以師。師者衆也。

雜卦傳曰。師憂。

☷☵師。貞丈人吉。无咎。

彖曰。師衆也。貞正也。能以衆正。可以王矣。剛中而應。行險而順。以此毒天下。而民從之。吉又何咎矣。

象曰。地中有水師。君子以容民畜衆。

師从𠂤。小阜也。从帀。周也。軍旅之名。周禮二千五百人曰師。軍多旅少。師者舉中而言。八政不廢兵。五材不去金。訟蠿以師。兵刑國之大政也。民無事爲比閭。故比卦衆在內。五爲主。君也。有事爲師旅。故師卦衆在外。

二爲主將帥也。丈之言長。能御衆爲天子諸侯主軍者。師爲衆首。法長而行。五人爲伍。至于師軍。以五起數。

卦一陽統五陰象之。又丈人聖人也。帥師未必皆聖人。若漢高光武應此義也。又丈人嚴莊之稱也。域中有四大。王居一焉。豈以丈人而爲王哉。又丈者度數所自出。師行以法令節制爲主。是以丈人吉。又人以一丈爲正。故男子爲丈夫。又老人扶杖爲丈。詩。方叔元老。維師尚父。其丈人之謂乎。又丈人一作大人。司馬穰苴初以衆心未服。請莊賈爲將。後誅莊而衆心畏服。韓信驟起爲將。亦然。

剝上之二。故剛中應。行險順。又謙三之二。二有中和之德。而據羣陰。二失位。變之五爲比。故貞丈人吉。象曰。能以衆正。可以王也。坤爲衆。震爲行。坎爲毒。毒荼苦也。又凡藥之攻疾者謂之毒。兵革凶器。行師危事。五刑之用。斬刺肌體。六軍之鋒。殘破城邑。皆所以險民。又荼毒姦兇之人。使服王法。毒民于險而得順道者。聖王之所難也。又亨毒天下。人皆歸法。是亨畜之義。凡師能左右之曰以。毒治也。又役也。成湯東征西怨。南征北怨。能以此也。〇坤中衆者。莫過于水。樂利之意多。故曰容不曰治。窮黷之戒深。故曰畜不曰用。又寓兵于農。師井田法也。比爲封建。 又君子謂二。容寬也。坤爲民。爲衆。畜養也。陽在二。寬以居之。震爲寬仁。五變執言時。有頤養象。又師與小畜皆辟乾。

初六。師出以律。否臧凶。

象曰。師出以律。失律凶也。

師出非義。師行無節制。皆失律。 又惠氏用史記索隱正義之說。曰黃鐘爲律本。而位乎坎。周禮大師。執同律以聽軍聲。而詔吉凶。如師曠歌南風不競是也。史遷作律書。以十二律與兵事並言。亦此意。坎爲耳。又卦互豫。作樂崇德。故言律。失其時。則凶。又坎爲法律。二降初息復。震爲出。初不正。二之五。坎象不見。是失律。否惡也。一作不。又方有反。又爻變兌。法壅而不行也。 又左宣十二。晉楚邲之戰。知莊子曰。執事順成爲臧。逆爲否。衆散爲弱。川壅爲澤。有律以如己也。故曰律。否臧且律竭也。盈而以竭。天且不整。所以凶也。不行之謂臨。有帥而不從。臨孰甚焉。

九二。在師中。吉。无咎。王三錫命。

象曰。在師中吉。承天寵也。王三錫命。懷萬邦也。

在師中。所謂中軍也。周禮。一命受職。再命受服。三命受位。曲禮。一命受爵。再命受服。三命受車馬。所謂三錫也。二體震。震本數三。又坎數一。坤數二。合爲三。又錫一作賜。又二雖當爲王。尚在師中。爲天所寵。事克功成。故吉无咎。二非其位。蓋謂武王受命。而未卽位也。受命爲王。定天下以師。故吉。寵。光耀也。王謂二也。三者陽德成也。德純道盛。故能上居王位而行錫命。羣陰歸之也。又同人乾五爲王。巽爲命。五至二三爻。故三錫。坤爲邦。奉行天討。故不言王言天。弔民伐罪。故不言威言懷。又爻變坤。普天之下。莫非王土。

六三。師或輿尸。凶。

象曰。師或輿尸。大无功也。

三多凶。輿車也。一輿有七十五人。故輿人有衆多義。尸主也。命不專一。則无功。又爻變巽。柔弱之將。巽爲進退。爲不果。衆令紛繁之象。卦之升不來也。故无功。又凡輿人輿皂祗指下役。無衆義。又師之進退。以輿爲主。凡帥師者謂之帥賦輿。故曰輿尸。尸从人臥形。陳也。故死人稱陳人。詩。誰其尸之。亦陳義。左氏傳。間有作主訓者。又坤爲尸。坎爲車多眚。同人離爲戈兵。爲折首。失位乘剛无應。尸在車上。故輿尸凶。功謂五。五使不當。故大无功。任將不專。而衆主其事。如荀林父邲之敗。郭子儀相州之敗。

六四。師左次。无咎。

象曰。左次无咎。未失常也。

一宿曰宿。再宿曰信。過信曰次。兵禮尚右。偏將軍居左。左次常備師也。詩。宛然左避。是左爲後也。董子曰。木居左。金居右。管子曰。春生于左。秋殺于右。震爲春爲木。故稱左。又兵法。前左下。後右高。高者任後。據險以結屯。下者在前。馳野而趨利。前左不行。則後右皆止。又四无應。進取不可。次舍无咎。得位故也。體震曰左。同人在巽。亦左也。震爲常。豫備。師之常也。又左。謂二也。陽稱左。二與四同功。四承五。二无陽。故呼二舍于五。四得承之。故无咎。又乾右坤左。明夷六四曰左股。豐九三曰右肱。與乾先坤後同義。又爻變震。東方爲左。卦之解。動而免于險。故无咎。此量敵而後進。慮勝而後會者。

六五。田有禽。利執言。无咎。長子帥師。弟子輿尸。貞凶。王引之曰。凡與本文相對之爻。則占失禽无禽。比恆升是也。爲陽爻。則占有禽。按執言之言。當作之。

象曰。長子帥師。以中行也。弟子輿尸。使不當也。

五居坤土之中。故稱田。田獵也。禽獸也。師爲衆。大田之禮。所以簡衆也。又田謂二。二體乾。二在田。陽稱禽。獲也。震爲言。五失位。變之正。艮爲手執。執言。執訊也。又言。一作之。長子謂二。震爲長子。弟子謂三。三體坎。坎震之弟而乾之子也。失位乘陽。逆也。震又爲行。又謂二帥師禽五也。五利度二之命。執行其言。故无咎。禽一作擒。六五居尊失位。如紂被武王禽于鹿臺也。以臣伐君。假言田獵。又五處中應二。二受任帥師。當上升五。故以中行。失位乘陽。處非所據。師敗績死亡。謂使不當其職也。又六五離爻體坤。離爲戈兵。又爻變坎勞卦也。坎爲豕。犯稼害田者。喻寇。又執言。聲罪之義。又當平聲。弟子。如魏豹之任柏直。漢祖謂之乳臭。又唐以宦官監軍。皆是。又長子如晉申生伐戎。然非中行。又爻辰在卯。氐房下天輻車騎諸星。從禽也。積卒是爲輿尸象。

上六。大君有命。開國承家。小人勿用。此與大有九三言小人弗克。同義占辭也。

象曰。大君有命。以正功也。小人勿用。必亂邦也。

軍將皆命卿。故開國。封諸侯。師帥皆中大夫。旅帥皆下大夫。故承家。立都邑采地。同人乾爲大君。巽爲有命。坤爲國。承受也。二稱家。謂變乾爲坤。欲令二居五爲比也。陰稱小人。坤虛无君。體迷復凶。坤成乾滅。以弑君。故小人勿用。五多功。五動正位。故正功。坤反君道。故亂邦。小人謂上。坤爲死喪。坎流血。復之上六以其國君凶也。又大君聖人也。有命天命也。五常爲王位。至師之家而變其例者。上爲郊也。故易位。以見武王親征。與師衆同處于野也。離上九言王用出征。上六爲宗廟。武王以文王木主行。故正開國之詞于宗廟之爻。明已之受命。文王之德也。陽當之五。處坤之中。故開國。陰下之二。在二承五。故承家。大君謂二。師旅已息。既上居五。當封賞有功也。又爻變艮。爲封植建立之象。又艮爲門闕。稱家。損艮變坤。故曰无家。師坤變艮。故曰承家。又同人四之師初。同人成家人。故稱家。此湯武之事。武王封周召。是也。漢光武定天下後。一例論功行賞。其用之在左右者。則鄧禹耿弇賈復數人而已。又亂邦。如楚靈齊閔。窮兵之禍。又解既濟。皆戒小人勿用。又爻辰在巳。張圭賞賚。大君之命。

序卦傳曰。衆必有所比。故受之以比。比者比也。

雜卦傳曰。比樂。

䷇比吉。原筮元永貞无咎。不寧方來。後夫凶。

彖曰。比吉也。比輔也。下順從也。原筮元永貞无咎。以剛中也。不寧方來。上下應也。後夫凶。其道窮也。比吉也。與漸女歸吉也之例同。

象曰。地上有水比。先王以建萬國。親諸侯。

比密也。二人爲从。反从爲比。又五家爲比。比長統之。原再也。卽戴記。末有原。周禮。原蠶。漢志。原廟之原。又原卜也。周禮三卜。三曰原兆。龜坼如原田之紋也。原田之原。當从遼。坤德變化。反歸其所。四方既同。萬國既親。故曰比吉。考之蓍龜。以謀王業。大相東土。卜惟洛食。遂乃定鼎郟鄏。卜世三十。卜年七百。德善長于兆民。戩祿永于被業。故曰原筮元永貞。逆取順守。居安如危。故曰无咎。天下歸德。不惟一方。故曰不寧方來。後服之人。違天失人。必災其身。故曰後夫凶。復初之五。一陽五陰。少者爲貴。衆之所尊也。上美爲元。師以一人之心懷天下。比以天下之心歸一人。故次師。又師二之五。得位。衆陰順從。比而輔之。與大有旁通。大有乾爲蓍。兌爲口說。比艮爲手。水性流動。故不寧。坤陰爲方。上下應。故方來。後謂上。夫謂五。艮爲夫。大有離爲婦。坎爲後。艮爲背。上位在背後。無應乘陽。故後夫凶。又大司馬建太常。比軍衆。誅後至者。蓋三代之法皆然也。又師二五易。剛往得中爲主。故能原究筮道。以求長正而无咎。後夫謂上六。逆禮乘陽。不比聖王。其義當誅也。 地得水而柔。水得地而流。親比故吉。不寧方。猶詩不庭方。攷工記。不寧侯。言志不定也。屯亦言建侯不寧。夫者剛立男子之美稱。左傳曰。子南夫也。又曰。非夫也。後夫凶。所謂天下後服者先亡也。禹會裔山。防風後至。齊合諸侯。譚子不來。後夫也。先比如竇融錢俶。後夫如隗囂公孫述。又所謂夫者。雖死猶丈夫也。如田橫自以與漢高俱南面稱孤。寧刎頸而不屈夫也。 又不寧。寧也。猶不頸。頸也。又五體坎。坎爲勞卦。爲加憂。故不曰寧。 坎與坤皆有車象。故曰比輔也。 一本無吉也二字。〇民之歸仁。猶水之就下。既比而畫州分野。以爲封建。又使諸侯相親。遞相朝聘。又先王謂五。初陽已復。震爲建。爲諸侯。坤爲萬國。爲腹。腹心親比之象。詩。公侯腹心。

初六。有孚比之。无咎。有孚盈缶。終來有它吉。

象曰。比之初六有它吉也。

初在應外。以諭殊俗。聖王之信。先被四表。絕域殊俗。皆未親比。故无咎。相比以信爲先。積之既久。昔所未比者。皆自外至。又有孚比之。謂比二也。有孚盈缶謂五也。終來謂五應二也。有他吉。謂因二以比五也。初不能比五。故因二。孚謂五。坎爲孚。初失位。變得正。故无咎。坤器爲缶。坎水流坤。初動成屯。屯者盈也。故盈缶。終變得正。故終來有它吉。在內稱來。又非應稱它。大過有它吝。中孚有它不燕。又缶土煨成器。初爻變。初至五。體長離象。又爻變震。母从長子。比之孚者也。卦之屯。屯固比合。合而能固。比之善者。又坤爲土爲腹。震爲足。土爲腹而足居之。缶象。此祭祀之器。震長男。主祭者也。又漢司徒魯恭引有孚盈缶。謂甘雨滿我缶。坎爲雨也。又比與中孚。皆體艮。故言孚也。又此爻謹于始。論語所謂因不失其親。亦可宗也。 又爻辰在未。上值東井。井之水人所汲。缶汲器也。缶者應內。以喻中國。孚既盈滿中國。終來及初非應。故曰它也。謂信及非應。然後吉也。按井旁天罇三星。缶類。

六二。比之自內。貞吉。

象曰。比之自內。不自失也。

二在坤中。坤土爲國。得位應五。而體寬大。君樂。民人自得之象也。又二謂初。稱內。又爻變坎。有剛中之德。正吉自內也。又伊尹必待三聘。武侯必待三顧。不自失也。

六三。比之匪人。

象曰。比之匪人。不亦傷乎。

匪非也。失位无應。三又多凶。爻辭。一作比之匪人凶。三體剝象。弒父弒君。故曰匪人。又二四雖近。情不相得。又柔弱非己所親。故匪人也。又匪人謂上六也。又六三乙卯。坤之鬼吏。在比之家。有土之君也。周爲木德。卯爲木辰。同姓之國也。爻失位。辰體陰賊。管蔡之象。比建萬國。惟去此人。故曰比之匪人。不亦傷王政乎。又比坤之歸魂。與否六三同義。鬼故非人。又爻變艮。互坎爲血卦。傷也。卦之蹇。亦傷也。孟子斥樂正子從王驩。以其比匪人也。又爻辰亥。危上人五星爲匪人。

六四。外比之。貞吉。

象曰。外比于賢。以從上也。

在外體。故稱外。得位比五賢君。故貞吉。從上謂從五也。內比以專其應爲比。外比以非其應爲比。又四爲三公。在比之家而得其位。上比聖主。下御列國。方伯之象也。能外親九服賢德之君。務宜上志。綏萬邦也。又爻變兌。說也。卦之萃。聚也。

九五。顯比。王用三驅。失前禽。邑人不誡。吉。

象曰。顯比之吉。外正中也。舍逆所順。失前禽也。邑人不誡。上使中也。

顯古作㬎。从日中視絲。王因天下。顯習兵于蒐狩焉。田獵之禮。置旃以爲門。刈艸以爲長圍。田獵者自門而入禽向我而出者皆免。惟被驅而入者皆獲。田立三表。三驅而止。不合圍。詩。悉率左右。以燕天子。是也。驅通作阹。省作去。春秋傳曰。千乘三去。三去之餘。獲其雄狐。上林賦。江河爲阹。又驅禽而射之。三則已。法軍禮也。失前禽者。謂禽在前者。不逆而射之。旁去又不射。惟背走者。順而射之。故面傷者勿獻。自膘達肩者爲上殺。射時不中則已。是其所以失也。用兵之法亦如之。降者不殺。奔者不禁。背者不殺。加以仁恩養成之道。又三驅者。三度驅禽而射之也。三度則已。又三驅者。三面著人驅禽。必知三面者。禽惟有背已向已趨已。故左右及于後。皆有驅之。又三驅者。一爲乾豆。二爲賓客。三爲君庖。又五貴多功。得位正中。初三已變。體重明離。故顯比。謂顯諸仁也。坎五稱王。三驅一作敺。謂驅下三陰。不及于初。故失前禽。謂初已變成震。震爲鹿。爲驚走。鹿斯之奔。則失也。坎爲馬。爲豕。爲弓弧矢。坤爲輿。爲衆。互艮爲黔喙之屬。皆其象也。又坤爲邑。師震爲人。師時坤虛无君。使師二上居五中。故不誡告也。離象明。正上中也。背上六。故舍逆。據三陰。故取順。又舍上一陰。取下四陰。在上曰前。又爻變坤。卦之坤。爲衆。爲致役。勞衆以徒役之事。田獵也。坎數一。坤數二。爲三。坤爲土。爲衆。邑人象。陰而順。不誡也。誡一作戒。或作誡。叶韻。三驅如湯之祝網。不誡。如歸市者不止。耕者不變。谷永曰。大路所過。黎元不知。是也。師貴執比。貴失民心。罔中。惟爾之中。故曰上使中也。又爻辰在申。畢圭弋獵。觜三星。參三星。井下弧矢九星射天狼。軍市星爲邑人。又東漢永建二年。立梁商女爲貴人。筮得坤之比。此爻也。

上六。比之无首。凶。

象曰。比之无首。无所終也。

乾无首吉。比无首凶。陽欲无首。陰以大終。陰而无首。不以大終。凶之道也。又首始也。陰道无成而代有終。无首凶。迷後失道。故无所終也。又爻變巽伏也。卦之觀。當大觀在上也。寶融錢俶知此義。故免于難。

序卦傳曰。比必有所畜。故受之以小畜。

雜卦傳曰。小畜寡也。

䷈小畜。亨。密雲不雨。自我西郊。

彖曰。小畜。柔得位而上下應之。曰小畜。健而巽。剛中而志行。乃亨。密雲不雨。尚往也。自我西郊。施未行也。

象曰。風行天上。小畜。君子以懿文德。

玄田爲畜。養也。積也。聚也。又止也。巽爲入。爲近利。爲長女。乾爲金玉。金玉入於長女之手。畜亦无幾。故雜卦傳曰。小畜寡也。一作蓄。歸藏作小毒畜。 夬上之四。四爲畜主。陰稱小。九三被畜。下剛皆通。是以亨也。雲雨陰氣也。一陰既微。陰陽未和。故未雨。體兌位秋。西郊之象。 又坎爲雨。二不變。上不變。皆不成坎。故不雨也。 凡雲自東而西則雨。自西而東則不雨。按小過五易小畜上。小畜成需。故密雲。至上爻就坎言。故曰既雨。小過失大坎之象而不雨。故五象曰。已上也。又姤初之四。又需上變巽。與豫旁通。豫四之坤初爲復。復小陽潛。所畜者少也。二失位。五剛中正。二變應之。故志行乃亨。密小也。兌爲密。需坎升天爲雲。墜地稱雨。上變爲陽。坎象半見。故不雨。上往也。豫坤爲自我。兌爲西。乾爲郊。雨生于西。故自我西郊。九二未變。故施未行。又大衍之數。四九在西。故四爲西郊。又兌澤之氣上升爲雲。巽爲不果而風以散之。且互見離日。故不雨。小過同義。而彖取艮止。又小畜上易豫三。則豫成小過。小畜成需。中孚三之上。則亦成需。以小過爲豫之比例。以中孚爲小畜之比例。故小過同辭。但按小過則五爻。不在三爻。故牽强難通。此文王之德。將欲東行三州而未得之象。兌秋時當收斂。臣不專賞。故施未行也。 又畜君者好君。豈文王諫紂時耶。文王演易于羑里。視岐周爲西方。 ○風者。地氣而天之命令。今行天上。是令未下行也。懿美也。又君子謂乾。豫坤爲文。乾爲德。離爲明。初至四體夬爲書契。乾離照坤。故懿文德。又懿或讀爲抑。古懿抑通。抑。密也。又遏也。詩懿戒。卽抑。詩曰。

矢其文德。洽此四國。文王之懿也。

初九。復自道。何其咎。吉。

象曰。復自道。其義吉也。

此卽乾之反復道也。初九震爻。震爲大塗。故稱道。立文與出自穴。告自邑。納約自牖。有隕自天同。又謂从豫四之初成復卦。出入无疾。朋來无咎。乾稱道。又初與四易爲姤。而旁通于復。又爻變巽卦之巽。爲進退。健而順也。又何擔也。負也。从人从可。人所可勝之任。則擔負以行也。讀如錁。又如賀。其借爲誰何者。乃負物而來。詰問其所何者何物也。又乾德欲行。爲六四之陰所阻。則不能无咎。然初德在潛。以不進爲道。獨任其咎。不以累二五。是過則歸己之義。故吉。又樂其道而忘人之勢者。

九二。牽復。吉。

象曰。牽復在中。亦不自失也。

四柔得位。羣剛所應。二以中和牽復自守。不失于行也。承初爻。故曰亦。又倡予和汝。伏龍鳳雛之所冠冕南州也。又變應五。故不自失。與比二同義。復忽至二。失位。五引之。則變而應五。二在豫艮爲手。五攣如。謂牽二也。得正故吉。又兌爲羊。巽爲繩。又乾爲老馬。又爻變離。有所麗也。卦之家人。利女正。

九三。輿說輻。夫妻反目。按牽復。說輹。反目。爲韻。輻非韻矣。

象曰。夫妻反目。不能正室也。

輻當作輹。伏菟也。謂輿下縛木。與軸相連。鉤心之木是也。輻車劇也。車轑也。輪中直木。所以榱轂揩輪者。輻無脫理。又乾圜爲輪輻。兌爲毀折。故說。又輿一作車。輻一作腹。又豫坤爲車爲輹。至三成乾。坤象不見。故說輻。豫震爲夫爲反。巽爲妻。離爲目。今夫妻共在四。

離火動上。目象不正。巽多白眼。夫妻反目。妻當在內。夫當在外。今妻乘夫而出在外。三體變離。需飲食必有訟。故爭。又乾爲車輿。兌爲毀折。卦變中孚。外强中弱。皆說輹象。又離既不正。五引而上。三引而下。故反目。輿以輪成車。夫以妻成室。今妻乘夫。道逆。故不能正室。眅多白眼也。

反目合爲眅。巽多白眼。故反目。孟子。身不行道。不行于妻子。大畜九三。則日閑輿衛。又辰在辰。軫主任載。有左右轄。氐下天輻二星。角宿能觧平道二星。夫婦象。

六四。有孚血去惕出无咎。

象曰。有孚惕出。上合志也。

血以喻陰。四陰臣象。有信順五。惕疾也。四當去初。疾出從五。故曰上合志。上謂五也。血一作恤。憂也。孚謂五。豫坎爲血爲惕。惕憂也。震爲出。變成小畜。坎象不見。故血去惕出。得位承五。故无咎。又爻坎象半見。變而純乾。陰血去矣。又中孚小畜。皆體巽。三消成中孚。故曰有孚。九五同。又三稱妻。上稱婦。皆象四。故四上合志。文王羑里脫囚之時也。

九五。有孚攣如。富以其鄰。

象曰。有孚攣如。不獨富也。

有孚。下卦三爻也。體巽。故攣如。如謂連接其鄰。鄰謂四也。五以四陰作財。與下三陽共之也。巽近利市三倍。故稱富。　又孚五謂二也。攣引也。巽爲繩。豫艮爲手。二先位。五欲其變。故曰攣如。以及也。古以與二字通。五貴稱富。鄰謂三。三兌西。五豫震東。稱鄰。二變承上。故富以其鄰。二變成既濟。與東西鄰同義。又五處尊位。富貴不獨己有。而與鄰。鄰謂二也。是與賢者共天祿之意。又鄰謂四也。書。臣哉鄰哉。又爻變艮止。卦之大畜。能止健。又忠信重祿。所以勸士。故孚攣。又齊景公說晏子之言。與發補不足。仁人之言。其利溥也。　又爻辰在申。觜傒參中。觜爲參畜。有錮攣象。

上九。既雨既處。尚得載。婦貞厲。月幾望。君子征凶。

象曰。既雨既處。德積載也。君子征凶。有所疑也。

既盡也。盡雨澤。則物安而處之。此上畜德能積載。與三陽同志。而无私應也。又既已也。應在三。坎水雩爲雨。巽爲處。謂二已變。三體坎雨。故既雨既處。坎雲復天。坎爲車。積載在坎上。故上得積載。巽爲婦。坎成巽壞。故貞厲。幾近也。一作近。坎月離日。上已正。需時成坎。與離相望于兌西震東。日月象對。故月幾望。上變。陽消之坎爲疑。故君子征有所疑矣。君子謂三。與歸妹中孚義同。坎習爲積。坎爲盜。故疑。尙得載。一作尙德載。一作尙德積載。幾一作既。謂十六日也。巽象退年。又巽進退不果。變坎爲陷。卦之需。上六入穴。既處象。險在前。故征凶。又爻變坎爲水爲雨。又爲月。離爲日。日在下。月在上爲望。中孚。陰从陽无咎。歸妹。陰應陽則吉。小畜。陰疑陽則凶。 征。行役也。疑。讀如陰疑于陽之疑。音儗。與載協。此文王三分有二之時。以服事殷。故征則凶也。先正謂文王志在明夷。道在小畜。又爻辰在戌。奎爲溝瀆。胃上積水一星。爲雨處載之象。又雨水節。日行奎五度。又此爻作上九之言曰。既爲小人所畜而和矣。亦以小人却以信相孚而尙德也。然四陰婦也。諸陽君子也。因戒六四曰。以陰畜陽。本非正理。若以此爲貞。則厲矣。又戒諸陽日。月幾望陰將敵陽矣。不可往而從之。爲其得位有權而從焉則凶也。上九在卦外。畜不及上。和亦不及上。故借上言之。見遵述一書。錄之以爲笑資。

序卦傳曰。物畜然後有禮。故受之以履。

繫辭傳曰。履德之基也。 履和而至。 履以和行。

☰☱履虎尾。不咥人。亨。王弼本。脫利貞二字。

彖曰。履。柔履剛也。說而應乎乾。是以履虎尾不咥人亨。剛中正。履帝位而不疚。光明也。

象曰。上天下澤履。君子以辨上下定民志。

履从舟。象履形。从彳从夊。取行義也。尸聲。統之于心曰禮。踐而行之曰履。虎西方金獸。乾兌西方金卦。故稱履虎。兌爲少女至弱。乾爲父至健。故曰柔履剛。卦姤初之三。又夬上之三。又訟初變爲兌。與謙旁通。以坤履乾。坤柔乾剛。謙坤爲虎。艮爲尾。履成後。乾爲人。咥齕也。一作噬。齧也。乾兌乘謙。震足蹈艮。故履虎尾。兌說而應。虎口與上絕。故不咥人。象辭言應。明兌悅不履乾也。五剛。中正當位。謙震爲帝。五帝位。疚病也。一作疾。坎爲疾病。乾爲大明。五履帝位。坎象不見。故不疚。又兌爲虎。乾履之也。又彖亨下。有利貞字。六三履九二也。二五无應。故无元。以乾履兌。故有亨。三履二非和正。故云利貞也。又虎尾謂三。三以悅道履五之應。上順于天。故不咥人亨。能以巽說順應于五。雖踐虎不見噬咥。亨謂于五也。又動來爲兌而應上。以喻一國之君。應天子命以臨下。承上以巽。據下以說。其正應天。太平之代。虎不食人也。又六柔爻。履三剛位也。又在內乾之上爻。故曰履。又履有躡上三爻。踐下二爻兩義。又乾兌皆西方白虎。故三四爻互相履也。又履者禮也。互巽爲遜讓之義。互離于南方爲火。于常爲禮也。又兌爲西方白虎。且爲口。故曰咥。乾變兌似咥人。然爲悅體。故不咥。又卦肖離。離爲虎。亦文明之意。　莊子曰。虎與人异類。而媚養己者。順也。頤曰虎視。革曰虎變。此如文王履紂之剛暴而亨也。又鴻門已无項。玉津猶有越。漢高句踐。亦其義也。履爲易中之禮。猶豫爲易中之樂。聖人不以位爲樂。在書爲朽索馭馬。○辨別也。乾天爲上。兌澤爲下。辨者乾之斷。定民志者兌之說。君子謂乾。謙坤爲民。坎爲志。謙時。坤在乾上。變而爲履。故辨定也。

初九。素履往。无咎。

象曰。素履之往。獨行願也。

初九潛位。隱而未見。行而未成。素履謂布衣之士。未得居位。獨行禮義。不失其正。故无咎也。兌居西方爲白，禮以質爲本。故素。又素始也。太素者質之始。復德之本。履德之基。故初皆无咎。又應在巽爲白。四失位。變往得正。在外稱德。初已得位。使四獨變。又爻變坎。剛中也。卦之訟。作事謀始之義。中庸素位而行。左傳履端于始。皆不愆于素之義也。

九二。履道坦坦。幽人貞吉。

象曰。幽人貞吉。不自亂也。

坦著也。明也。坦坦。平也。又文也。兌爲剛鹵。地廣衍。幽人。幽囚之人也。兌爲口舌。有獄訟之象。故隨之上六曰。拘繫之。乃從維之。中孚象傳曰。君子以議獄緩死。而歸妹之二。亦曰利幽人之貞。又二失位。變震爲道。爲大塗。訟時。二在坎獄中。故稱幽人。之正得位。震出兌悅。幽人喜笑。故貞吉。雖幽訟獄中。終辨得正。故不自亂。又卦之无妄。剛爲主于內。故曰中不自亂也。

六三。眇能視。跛能履。履虎尾。咥人凶。武人爲于大君。

象曰。眇能視。不足以有明也。跛能履。不足以與行也。咥人之凶。位不當也。武人爲于大君。志剛也。

離爲目。巽爲服。體俱非正。而在兌爲毀折。故眇跛。卦體兌悅應乾。下柔上剛。尊卑合道。故不咥人。當爻則一陰處陽。履非其位。體離兌。澤火相刑。故惟三被咥凶。陽實如合口。故不咥。陰拆如開口。三在口。故咥人。離爲嚮明。大君南面象。巽究爲躁卦。離爲甲冑戈兵。爻以陰居陽。曰武人。應乾上。故曰志剛。又眇一目小也。離爲目。兌爲小。故眇而視。二上應也。訟坎爲曳。二變震時爲足。足曳故跛。而履或以兌刑爲跛。兌折震足爲刑人。然見刑斷足者。非爲跛也。艮爲尾。在兌下。故履虎尾。位在虎口中。二變兌口動。故咥人凶。既跛又眇。視步不能。爲虎所囓也。乾爲武。楚語。天事武。乾象在上爲武人。三失位。變而得正成乾。故武人爲大君也。跛一作彼。論語。彼哉彼哉。視一作眂。四能字。一作而。按耐能字古通。而耐文謌減也。爲。一作去聲。助也。言武人爲大君之事。舍命从王事則可。蓋占辭也。詩赳赳武夫。公侯干城。又爲如宣力四方汝爲國策。斷脰決腹。一瞑而萬世不視。以憂社稷者。武人之謂也。又爻變乾。卦之乾。爲首爲君。乾九三曰惕若。又卦成既濟定。三在坎爲志。歸妹初曰跛。二曰眇。大君如春秋之五伯。七國之秦皇是也。又爻辰在亥。室宿合三離宮六星。肖人眇跛之形。奎西方虎宿。主兵。故曰履尾。曰武人。

九四。履虎尾。愬愬終吉。

象曰。愬愬終吉。志行也。

愬愬一作虩虩。恐懼皃。與下悅體絕。四方懼。乾能惕。故愬愬。又變體坎得位。坎爲志。承五應初。故終吉。又履乎兌主。故履虎尾。逼近至尊。故恐懼乃吉。又愬愬。譖愬也。如崇侯虎之讒西伯也。又爻變巽順也。卦之中孚。信也。

九五。夬履貞厲。

象曰。夬履貞厲。位正當也。

夬決也。居中履正爲履。貴主萬方。所履一決于前。恐夬失正。恆懼危厲。故曰位正當。九二在下當樂道。九五在上當憂危。居上不驕也。又三上已變。體夬。四變。五在坎中。爲上所乘。故貞厲。又爻變離。明決也。卦之睽。察察者厲也。夬與履爲兩象易卦。又姤二變。履五變爲夬。

上九。視履考祥。其旋元吉。

象曰。元吉在上。大有慶也。

考稽也。祥善也。吉也。祥有三誼。中庸。必有禎祥。是吉祥。左傳。將有大祥。是凶祥。呂氏春秋。天必先見祥。高注。祥徵應也。一作詳。審也。履道之終。考正詳備。旋反也。周旋中規。折旋中矩。大戴曰。天道以視。地道以履。人道以稽。王者履禮于上。居上能下。則萬方有慶也。書曰。若跣勿視地。厥足用傷。武王履銘曰。行必慮正。視履所以正行也。又上應在三。三先視上。故上亦視三。乾爲積善。故曰祥。旋易也。三上易位。故曰其旋。陽稱大。又考成也。詩曰。福履成之。慶如大有之自天祐也。履卦三五易。成大有。又詩。周道如砥。其直如矢。君子所履。小人所視。又曰。在我室兮。履我卽兮。視履義。又爻變兌。卦之兌。健而說也。又巽多白眼爲視。又考旋。爲父喪既祥祭。上爻當乾父之終。將以復寢曰其旋。其者將然之詞。又爻辰在戌。降婁之次。外屏七里。閣道六星。附路一星。天溷七里。所履地。奎宿形似破履。故宜視考也。

序卦傳曰。履而泰然後安。故受之以泰。泰者通也。

☷☰泰小往大來吉亨。

彖曰。泰小往大來吉亨。則是天地交而萬物通也。上下交而其志同也。內陽而外陰。內健而外順。內君子而外小人。君子道長。小人道消也。

象曰。天地交泰。后以財成天地之道。輔相天地之宜。以左右民。

坤息至三爲泰。大也。通也。文从廾从水。大聲。以手掬水洒物。故訓滑。又過也。同汰。古無汰有夳。乃二大也。此本坤卦。小謂陰。大謂陽。又歸妹三之四。又陽息坤。反否。坤陰詘外。爲小往。乾陽信內。稱大來。坎爲通爲志。上下猶君臣。陽息而升。陰息而降。陽稱息者長也。起復成巽。萬物盛長也。陰言消者。起姤終乾。萬物成熟。成熟則給用。給用則分散。故陰用特言消也。此舜湯舉皋尹。不仁者遠也。〇坤氣上升。乾氣下降。言氣不言形。故曰天地交。不曰地天交。財一作裁。節也。輔相。贊也。右助也。以者取其順陰陽之節。爲出內之政。春崇寬仁。夏以長養。秋教收斂。

冬勑蓋藏。皆成物助民也。地形廣邈。經緯交錯。天氣流行。隴侗相續。故裁成。又后君也。陰升乾位。坤女主。故稱后。坤富稱財。守位以人。聚人以財。故曰成天地之道。震爲左。兑爲右。坤爲民。謂以陰輔陽。詩曰。宜民宜人。受祿于天。又裁成者。如裁爲四時以成天。裁爲四方以成地。又國語。秦伯納晉重耳。董因迎于河。公問焉曰吾其濟乎。對曰。臣筮之。得泰之八。是謂天地配亨。小往大來。今及之矣。何不濟之有。魏趙輔和爲人筮父。得泰曰。父已入土。

初九。拔茅茹。以其彙征吉。

象曰。拔茅征吉。志在外也。

茅菅也。茹茅根。三陽同志。俱志在外。初爲類首。己舉則從。若茅茹也。上順而應。不爲違距。進皆得志。故以其類征吉也。又茹。汝據反。彙一作曹。彙當作𩏑類也。又勤也。按勤之訓。疑作𩏑本爾雅。又一作偉。美也。又一作貪。出也。又茅茹。二艸名。茹藘也。一名茅蒐。今謂之茜艸。蔓生。與茅皆枝莖堅韌。拔之不絕。必連其根彙而拔之。茹平聲。又茅之爲物。拔其根而相牽引。茹。牽引之皃也。又茅喻君有潔白之德。臣下引其類而仕之。又否巽其茅。否艮爲手。初應四。故拔茅茹以彙。震爲征。得位應四。故征吉。志在外。外謂四也。坎爲志。又茹食也。詩。柔則茹之。茅柔根可茹。又征一作往。又爻變巽。巽伏須拔。卦之升。征也。又彙當从𩏑。蟲也。蟲似豪豬。即蝟也。

九二。包荒用馮河。不遐遺。朋亡。得尙于中行。王引之云。尙右助也。坎之行有尙。豐與節之往有尙同。

象曰。包荒得尙于中行。以光大也。王引之據太玄大次五包荒以中克。測曰。包荒以中。督九夷也。之文。謂二君內卦之中。外包六五荒服六享之象。以五爲四荒非是。

詩桑柔云。具贅卒荒。毛傳。虛也。荒。鄭讀爲康。虛也。字同㱂穅糠。一作㠩。廣水大川也。包容廣大之意。又天包乎地。坤地爲四荒。四方也。又荒愚遠之人也。又荒治也。包。一作苞。二五相應。五虛无陽。二上包之。馮以足涉也。遐遠。遺忘也。即武王不忘遠之義。朋亡即不泄邇之義。尚配也。女適男曰歸。男就女曰尚。中行謂五。河潤九里。河流九折。九陽數。河又發源西北乾位。故象焉。又河出于乾。行于地中。陽性欲升。陰性欲承。馮河而上。不用舟航。自地升天。道雖遼遠。三體俱上。不能止之。故曰不遐遺。中謂五。坤爲朋。朋亡而下。則二上居五。而行中和矣。又二失位。變得正。體坎。坎爲大川。爲河。震爲足。故用馮河。乾爲遠。故不遐遺。兌爲朋。坤虛无君，欲使二上。故朋亡。二與五易位。故得上于中行。體復初震爲行。故光大。陽爲大。離爲光。又爻變離。虛而能容。卦之明夷。涖衆之道。用晦而明。又下卦坤變乾。所謂東北喪朋也。又荒而不治。謂怠惰弗脩之人。包容之。亦或爲勸。勇而不中。謂强暴勇行之人。取而用之。亦或可使。又坤含弘光大。謂變乾也。故曰光大。此帝王寬信敏公之治也。又爻辰在寅。折木之間。漢津。故象馮河。

九三。无平不陂。无往不復。艱貞无咎。勿恤其孚。于食有福。何楷周易訂詁。以勿恤爲句。其孚于食爲句。王引之曰。易凡言勿恤。皆以勿恤爲句。有孚于飲酒。與其孚于食。句法正同。三互兌爲說。互震爲笑。故勿恤。三與上爲正應。上爲宗廟。互震爲稼。又爲長子。主祭。兌爲口。有鬼神來食之象。食即饋食之食。

象曰。无往不復。天地際也。

陂傾也。又破何反。偏也。地平極則險陂。天行極則還復。位在乾極。應在坤極。故象曰天地際也。又傾謂否上也。平謂三。天地分故平天成地。平謂危者使平。易者使傾。往謂消外。復謂息內。從三至上。體復象。終日乾乾。反復道。故无平不陂。无往不復。艱險貞正。恤一作卹。憂也。孚信也。二之五得正。在坎中。故艱貞。坎爲憂。故勿恤。陽在五孚險。坎爲孚。故有孚。體噬嗑。食也。二上之五據四。則三乘二。故于食有福也。際接也。與乾三同義。又爻變兌。兌爲口食也。卦之臨。澤上有地。平而陂也。不行之謂臨。臨還也。有往而復之象。又爻變兌爲陂澤也。又郊天社地之禮。享祭有福。又泰復皆坤世。故言復。上爻同。泰中孚皆體震。故言孚。四爻同。又象傳一作无平不陂。一作无平不陂无往不復兩句。又辰在辰。角下平道二星。進賢一星。其下天門二星。於食有福之義。

六四。翩翩不富。以其鄰。不戒以孚。

象曰。翩翩不富。皆失實也。不戒以孚。中心願也。實字當作貫。

翩翩。輕舉皃。一作篇篇。一作偏偏。書曰无偏毋陂。三爲陂。四爲偏。三四不四也。鳥數飛曰習。羣飛曰翩。陽上如拔。陰下若翩。集與鄰對。二五變時。四體離飛。故翩翩。坤虛无陽。故不富。兌西震東。故稱鄰。三陰乘陽。不得之應。故失實。坤。邑人不戒。故使二升五。信來孚邑。故不戒以孚。二上體坎中正。象曰。中心願也。坎爲心。與邑人不戒同義。又六五上六。不待六四與之財相誘也。又四互震。翩翩之象也。陰虛陽實。坤今居上。故失實也。乾升坤降。各得其正。陰得承陽。皆陰心之所願也。又否巽近利市三倍。又陽爲君子。曰集。自下而上難。故曰拔。陰爲小人曰鄰。自上而下易。故曰翩翩。又爻變震。動而下順。卦之大壯。不當而以孚鄰。中庸。忠信重祿。所以勸士之義。又失實。論語。實若虛。大學。無他技。孟子。忘勢之義。失一作反。

六五。帝乙歸妹。以祉元吉。

象曰。以祉元吉。中以行願也。

五者帝位。震象稱乙。帝出震而乙當卯震之位。湯曰天乙。後有六世王祖乙。亦賢王也。又紂父帝乙。見多士。又有小乙。此不知何王也。六五以陰處尊位。帝者之姊妹。五在震後。明其爲妹也。五應二。當下嫁。下居二。以中和相承。故元吉。昔湯嫁妹之詞曰。無以天子之尊乘諸侯。無以天子之富驕諸侯。陰從陽。女順夫。本天地之義也。往事爾夫。必以禮義。然易稱箕子高宗。皆就殷末時人言之。左傳亦謂紂父。說可並存。又昏禮至周始定。周以前。男來就女。如今贅壻。雖天子之貴。亦用此制。歸者陽來就陰。歸于妹也。二爲帝。五爲妹。正位于外也。與漸之女歸異。又乙者陰干之首。又震爲帝。坤爲乙。婦人謂嫁曰歸。震爲兄。兌爲妹。故嫁妹。祉福也。謂五變體離。離爲大腹。則妹嫁而孕。得位正中。故以祉元吉。又泰一變生歸妹。三四易也。又爻變坎中。下交正也。歸妹取配爻之變爲兌。兌少女也。卦之需。又爻辰在卯。春爲陽中。萬物以生。生育者嫁取之貴。仲春之月。嫁娶男女之禮。福祿大吉。五下于二而得中正。故中以行願。按氐爲王者後宮。尾爲後宮之場。天乳一星在上。嫁妹之象。又乙與卯。在五行爲同類。故稱乙陰木也。又左傳哀九年。趙鞅卜救鄭。陽虎又以周易筮之。遇泰之需。曰宋方吉。不可伐也。微子啓帝乙之元子也。宋鄭甥舅也。祉祿也。若帝乙之元子。歸妹而有吉祿。我安得吉焉。乃止。

上六。城復于隍。勿用師。自邑告命。貞吝。

象曰。城復于隍。其命亂也。

隍壑也。城下溝也。无水稱隍。有水稱池。一作堭。一作湟。人主所居曰邑。詩。商邑翼翼。書。西邑夏。割夏邑。大邑。周不常厥邑。天邑商。皆是。公作周官。始以四井爲邑。爾。上六。僅亦守府。號令不出國門。不可如桓王伐鄭用師也。又否艮爲城。坤爲積土。今泰反否。乾壞爲土。艮城不見而體復象。故城復隍。二動時。體師。陰皆乘陽。行不順。故勿用師。坤爲自邑。震爲言。兌爲口。否巽爲命。今逆陵陽。故自邑告命。命逆不順。陰道先迷。失實遠應。故貞吝。又乾當來上。不可用師拒之。自邑者。謂從坤性而降也。告命者謂下爲巽。宣布君之命令也。三陰自相告語。俱下服順而乾也。城復于隍。國政崩也。坤爲亂。否巽爲命。交在泰上。故亂也。又爻變艮。艮土之聚也。土聚而附于地。城象居上聚而極危。則剝而圮矣。坤爲衆爲地。艮爲言。自邑告命之象。卦之大畜。又互復。復上六。用行師。終有大敗。旨略同。又殷人作誓而民始畔。周人作會而民始疑。故貞吝。又爻辰在巳。軍門二星。土司空四星屬軫。東甌五星屬翼。有城邑之義。

序卦傳曰。物不可以終通。故受之以否。

☰☷否之匪人。不利君子貞。大往小來。

彖曰。否之匪人。不利君子貞。大往小來。則是天地不交。而萬物不通也。上下不交。而天下无邦也。內陰而外陽。內柔而外剛。內小人而外君子。小人道長。君子道消也。

象曰。天地不交否。君子以儉德辟難。不可榮以祿。

否从口从不。以不可之意見于言也。本音。方有反。否閉塞不通也。此本乾卦。陽往而消。陰來而息。至三爻成否。泰言志同。否言无邦者。言人志不同。必致離散而亂邦國。君子在野。小人在位也。小人色厲而內荏。亦所謂內柔外剛也。又漸三之四。又六三爲鬼吏。故曰匪人。又反泰也。三爻比坤滅乾。臣弒君。子弒父。故曰匪人。陰來滅陽。君子道消。故不利君子貞。陰信陽詘。故大往小來。與比三同義。乾爲人。坤爲邦。坤虛无人。故无邦。○天氣上升而不下降。地氣沈下。又不上升。二氣隔也。否時以節儉爲德。不可榮華其身。儉約也。譚子化書云。儉于聽可以養虛。儉于視可以養神。不必作斂讀。書愼乃儉德。坤爲吝嗇。儉之象也。此文羑里之時也。君子謂乾。坤爲營。榮一作營。求也。乾爲祿。難謂坤。爲弒君。故遯難也。巽爲入。爲伏。乾爲遠。艮爲山。體遯象。謂遯難遠遯入山也。儉或作險。○王引之曰。榮讀爲營。虞本是也。營惑也。

初六。拔茅茹以其彙。貞吉亨。

象曰。拔茅貞吉。志在君也。

彙類也。拔茅茹。取其相連合體同包。謂坤三爻同類相連。欲在下也。正居其所則吉也。陰志在下。欲承君也。此與泰異。泰則元愷同升。否則入河入海。所謂處江湖之遠。則憂其君也。乾爲君。又初爲巽爻。巽爲草木。陽爻爲木。陰爻爲草。茅象。又內卦皆小人。志在君。長君逢君。不得干君。則熱中者也。故戒其貞。卽二之小人吉也。彙一作蕢。象辭拔茅下。一有茹字。又坤變震。以順動也。卦之无妄。不妄動也。

六二。包承。小人吉。大人否。亨。按虞氏否不也。此二句蓋占詞。言小人占得此爻則吉。大人則不亨也。

象曰。大人否亨。不亂羣也。

二與四同功。爲四所包。故曰包承。小人二也。謂一爻獨居。間象相承。得繫于陽故吉。大人謂五。天地否隔。乾坤分體。故大人否。二五相應。否義得通。故否亨。堯時有共驩。桀紂有龍比。此如孔子待陽貨。孟子待王驩。小人雖包承君子。君子自不亂羣。後世宋人調停之術。非不亂羣之道矣。王莽下士。子雲失身。蔡京奉法。君實受欺。皆否也。又否不也。物三稱羣。謂坤三陰亂弒君。大人不從。故不亂羣也。小人三也。大人二也。又爻變坎。剛中也。卦之訟。又互觀。小人无咎。君子吝。互漸。遠小人。不惡而嚴。又包一作苞。又承一曰脀。牛牲也。謂苞苴餽遺之事。又坤爲大腹藏物。

六三。包羞。

象曰。包羞。位不當也。

卦性爲否。其義否隔。今以不正與陽相承。爲四所包。違義失正而可羞者。以位不當故也。子曰。邦無道穀。尸位素餐者。當之孟子曰。無羞惡之心。非人也。故象辭以三爲匪人。又爻變艮山。在高位也。卦之遯。陰長小人在高位。又包。一作苞。又羞膳羞。謂腥胾膾炙醢醬之屬。

九四。有命无咎。疇離祉。

象曰。有命无咎。志行也。

巽爲命。謂受五之命以據三陰。故无咎。无命而據。則有咎也。疇儔通。類也。四應初據三。與二同功。故陰類皆離祉也。離附。祉福也。陰皆附之。故有福。謂下三陰離受五四之福也。太玄曰。陽无介。疇離之劇。反是介助也。

志行者。志行于羣陰也。又命謂天命。又疇謂上五也。賴其力持不變也。又疇者誰孰之意。又震爲行。泰坎爲志。又爻變巽爲申命。爲行權。卦之觀。又紹聖之初。召一章惇而羣小至。元祐之初。用一司馬公。而衆賢升。大觀在上。號令尙行。又否與離。皆體巽。故言離。

九五。休否。大人吉。其亡其亡。繫于苞桑。

象曰。大人之吉。位正當也。

繫辭傳曰。危者安其位者也。亡者保其存者也。亂者有其治者也。是故君子安而不忘危。存而不忘亡。治而不忘亂。是以身安而國家可保也。易曰。其亡其亡。繫于苞桑。

人依木息曰休。止息也。巽爲木。休息之以觀其會也。又休美也。否者消卦。陰欲消陽。故五處和居正。以否絕之。乾坤異體。升降殊隔。果不犯尊。故大人吉也。陰欲消陽。由四及五。故曰其亡其亡。謂坤性順從。不能消乾使亡也。包。喩乾坤相包也。桑者上玄下黃。亦象乾坤也。乾職在上。坤體在下。雖欲消乾。繫其本體。不能亡也。九五居否之時。下包六二。二互坤地艮山。地上田也。五互巽爲木。田上有木。莫過于桑。言五二包繫。根深蔕固。若山之賢。地之厚也。雖違危亂。物莫能害。包抱木也。爾雅。枹遒木魁瘣注。樹木叢生。抱枝節目。盤結磈磊。蓋桑田之桑。分疇而種。枝幹條達。雖爲柔韌之木。枝弱尙易折斷。唯當道而生者。本幹瓌磈。繫風馬逸牛于其幹。不能逸也。巽爲繩繫。言其堅固不亡。又諸侯亡國。自稱喪人。桑之言喪也。故虞用桑主。苞謂蘖餘。亦柔脆之物。蓋戰戰栗栗。日愼一日之義。又包本也。一作苞。植也。又叢生也。無主幹之名。言苞桑微弱。不堪重繫也。與詩苞杞苞栩同。苞稹也。謂條也。又其幾同。近也。又否世之人。不知聖人有命。咸曰將亡將亡。而聖乃自繫于植桑。不亡也。桑有衣被人之功。聖亦有天覆地載之德。故以爲喩。又爻變離。大人明照。離于木爲科上槁。桑之爲木利伐。其上槁。則其根益固。生益著。又互坎爲叢棘。卦之晉。又爻辰在申。月當本卦七月。此如紂囚文王于羑里之獄。四臣獻珍異之物。而終免于難也。又位正當者。恐有所恃。故戒以包桑。與夬履同義。漢王允唐李德裕。不知此戒。所以亡也。又武丁時。桑穀生于朝。祖乙曰。桑穀野艸也。野艸生于朝。亡乎。桑之爲言喪也。

上九。傾否。先否後喜。

象曰。否終則傾。何可長也。

傾倒也。否傾則泰矣。傾覆也。否窮則傾矣。雖傾猶否。故先否。傾畢則通。故後喜。又傾敧也。否終必傾。盈不可久。故先否。下反于初。成益體震。民說无疆。故後喜。以陰剝陽。故不可久也。又傾倒也。倒則爲泰。又傾危也。否極則危。若先見而持之。則喜也。又爻變兌說。喜也。卦之萃。聚也。又先。卽先天下而憂。後。卽後天下而樂。

序卦傳曰。物不可以終否。故受之以同人。

雜卦傳曰。同人親也。

䷌同人于野。亨。利涉大川。利君子貞。

彖曰。同人。柔得位得中而應乎乾。曰同人。同人曰同人于野。亨。利涉大川。乾行也。文明以健。中正而應。君子正也。唯君子爲能通天下之志。

象曰。天與火同人。君子以類族辨物。

姤初之二。乾舍于離。天日同明。以照于下。君子則之。上下同心。又卦體巽。巽爲風。天在上。火炎上而從之。是其性同于天也。火得風然後炎上益熾。猶人君在上施敎。使天下之人和同而事之。以是爲人和同者。君之所爲也。故爲同人。風行無所不通。故亨。又五中正。同人于二。爲能通天下之志。又小畜四之二。又此本夬卦。二上易。柔得中而應乾。下奉上之象。義同于人。故曰同人。夬二升上。上爲郊野。是同人于野而得通者。由乾爻上行耳。故特曰乾行也。行健不以武而以文。故貞。君子謂夬二能舍己同人也。又旁通師卦。巽爲同。乾爲野。師震爲人。二得中應五乾。故曰同人于野亨。君子謂五。此孔子所以別嫌表微。師震爲夫。巽爲婦。二人同心。故不稱君臣父子兄弟朋友。而故言人耳。乾四上失位。變而體坎。故曰利涉大川。乾行也。坎爲通爲志。謂五以類族辨物。聖人作而萬物覩。又離體如中字爲舟。故曰利涉。　國外曰郊。郊外曰野。四海一家。中國一人之象。乾五象傳曰。同聲相應。同氣相求。乾上曰戰于野。又唯獨也。君子樂與人同。小人樂與人異。又孫皓筮同人之頤。內日設于震。外天折于山。君道盡矣。石晉高祖以太原拒命時。筮得此卦。是歲契丹助晉。遂有天下。○比以無所不比爲比。同人以有所不同爲同。孔子曰。君子和而不同。類合也。族屬也。辨別也。一作辯。卜免反。徧也。男女辨姓。上下辨禮。士辨志。官辨事。又君子謂乾。師坤爲類。乾爲族。乾陽物。坤陰物。體姤天地相遇。品物咸章。以乾照坤。故辨。謂方以類聚。物以羣分也。又或曰。天字火字皆从人。亦同人象。非是。按天从一大。火炎而上。象形文。

初九。同人于門。无咎。

象曰。出門同人。又誰咎也。

剛而无應。比二以柔。近同于人。出門之象。兩戶爲門。陰畫偶。有門形。指二也。與隨初九節九二同義。隨必出門有功。同人必出門。无咎。又乾爲門。謂同于四。四變應初。故无咎。又初九震爻。帝出乎震。震爲大塗。又爲行。入門出門之象。又離變艮。艮爲門闕。卦之遯。亦出門象。世俗離家謂之出門。又象傳又誰咎也。有三卦同辭。而解則二。又爻辰在子。危上蓋屋二星。人五星。同人于門也。

六二。同人于宗。吝。

象曰。同人于宗。吝道也。

宗猶墉也。卑曰垣。高曰墉。檀弓註。宗在廟門內之西牆。主祭宗子取義焉。三在內卦之上。有此象。二不同于五而同于三。未爲大同。故吝。門宗陵墉郊野。比類之詞。或曰。宗者衆也。三據二陰。二與四同功。五相應。初相近。上下衆陽皆欲與二爲同。故衆也。陰道貞靜。從一而終。今宗同之。故吝亦通。又天子諸侯后夫人無子。不出。又宗主也。謂五。二爲同人之主。和同者之所仰也。有應在五。惟同于五。過五則否。不能大同于人。然德雖吝狹。亦妻臣之道也。又黃帝之子二十五宗。得姓者十四人。則似同宗可昏。同姓不昏也。同姓不相娶。今于宗。吝道也。卽犯誅絕之罪。五屬之內。禽獸行。乃當絕。魯昭娶吳。春秋譏之。又二五有昏薷之道。以在同人家。有同姓之義。故繫辭傳釋九五曰。同心之言。其臭如蘭。左傳襄八。君之臭味也。二十二年。吾臭味也。皆喩同姓。晉語。胥臣曰。同姓則同德。同德則同心。男女不相及。畏黷敬也。雜卦傳。同人親也。同姓爲親。此象傳類族。族族姓也。又爻變乾。卦之乾。同于上體爲宗也。又互姤繫柅。柔牽于內。又爻辰在酉。酉爲闔戶。昴上天讒一星。卷舌六星。又卦兲兌。兌爲口舌。故于宗吝。

九三。伏戎于莽。升其高陵。三歲不興。

象曰。伏戎于莽。敵剛也。三歲不興。安行也。

莽。叢木也。三互巽爲草木。離爲戈兵。伏戎之象。大阜曰陵。離爲目。巽爲股。爲高。升高察形勢也。三與二相比。欲同人焉。盜憎其主而忌于五。所以隱兵于野。將以襲之。故曰伏戎。五旣居上。故曰升其高陵。一爻爲一歲。自三至五。頻遇剛敵。故安可行也。升卦惟九三一陽。與同人同。餘爻皆旁通。又三居下體之上。故曰陵。又巽爲伏。震爲草莽。離爲戎。謂四變時。三在坎中。隱伏自藏也。巽爲高爲股。師震爲陵。以巽股升其高陵。爻在三。乾爲歲。興起也。動而失位。故三歲不興。師坤爲安。震爲行。又爻變震。震爲威武。爲林木。卦之无妄。不妄動也。又同人上易師三。師成升。故稱升。上應三故也。又爻辰在辰。氐下車騎陳車將軍騎官諸星。與戎之象。又漢書王莽傳曰。聞漢兵言莽鴆殺孝平帝。莽乃會公卿。開所爲平帝請命金縢之策。泣以示羣臣。命張邯稱說其德。及符命事。因曰易言伏戎于莽。升其高陵。三歲不興。莽皇帝之名。升謂劉伯升。高陵謂高陵侯子翟義也。言劉升翟義。爲伏戎之兵于新皇帝世。猶殄滅不興也。羣臣皆稱萬歲。

九四。乘其墉。弗克攻。吉。

象曰。乘其墉。義弗克也。其吉則困而反則也。

互巽爲長爲高。故曰墉。一作庸。巽又爲繩直。四在巽上。引而上。故曰乘。又爻變互離。墉象。與解上同。又墉謂三也。三爲二之墉。乘之使弗克攻者。又四變而承五。體訟。乾剛在上。故弗克攻則吉也。坎爲則。又一作克字絕句。言不能乘。故攻也。又困同人四。皆體巽。故象傳言困。又爻變巽卦之家人。又同人四變爲家人。與解旁通。解上亦曰墉。但按如此。則家人更當取墉象。而反于同人言之何也。

九五。同人先號咷而後笑。大師克相遇。

象曰。同人之先。以中直也。大師相遇。言相克也。王引之曰。直即正也。困象傳同。舍正言直者。協韻耳。

繫辭傳曰。同人先號咷而後笑。子曰。君子之道。或出或處。或默或語。二人同心。其利斷金。同心之言。其臭如蘭。

乾德中直。不私于物。則天下大同。方始同二矣。三四失義而近據之。未獲同心。故先號咷也。時須同好。寇阻其途。以言相克。然後始相遇。故笑也。同人旁通師。得儁曰克。旅上不中正。故反是。又晉語曰。黃帝以姬水成。炎帝以姜水成。成而異德。故二帝用師。以相濟也。又應在二。巽爲號咷。乾爲先。故先號咷。師震在下。故後笑。乾爲大。同人反師。故大師。二至五體姤遇也。此謂同人通師。震巽同心以應五。號咷與笑。皆震巽同心之言也。又震爲出爲語。坤爲默。巽爲處。二人者師震爲夫。巽爲婦。坎爲心。巽爲同。巽爲利。乾爲金。變離爲斷金。夫出語。婦處默。故同心也。震爲言。巽爲草爲臭。則爲蘭。又爻變離卦之離。乾金離火。乾從離。故二人同心。其利斷金。離爲火。火齧無常。故忽號忽笑。于人爲言。與中孚卦離卦旅卦同義。又乾爲言。按先號咷者。以忠直相告。所謂爭友也。後笑者。相摩而善。如入芝蘭之室。與之化也。大師克相遇者。克其己使復于禮。終則志同道合。故遇也。又此爻大同之象。文之所以遏徂旅。武之所以綏士女也。又按同人之五。易旅初兩卦。皆成離笑謂離也。外卦爲先。內卦爲後。號咷呼之來也。旅于上言者。離體在外。隔于陽位。不能決勝。故大師克。卽先號咷。後獲合。相遇而喜。卽後笑也。同人旁通師。故言師。師得乾中畫。可謂之師。未可謂大師。惟乾爲大師。又爻變離。離爲戈兵。陽稱大。五爻相比爲衆。故曰大師。又爻乾在申。畢上五車五星。主兵車參伐軍井坐旗。參旗九斿。皆大師所用。又晉陸抗之克步闡。晧意張大。使尙廣筮幷天下。得同人之頤。對曰吉云云。蓋三四五爻變也。

上九。同人于郊。无悔。

象曰。同人于郊。志未得也。

國外曰郊。獨處于外。不與內爭。又乾爲郊。失位无應。與乾上九同義。當有悔。同心之家。故无悔。坎爲志。又郊猶近于野。故志未得。又爻變兌卦之革。二女同居。其志不相得。又爻辰在戌。奎上閣道附路。郊外之象。

序卦傳曰。與人同者。物必歸焉。故受之以大有。

雜卦傳曰。大有衆也。師二之五成比。比通大有。大有二之五。成同人。同人通師。故師衆也。大有衆也。

☲☰ 大有元亨。按有當讀爲祐。助也。此叚借字。觀上九爻。其明證。

彖曰。大有。柔得尊位大中而上下應之曰大有。其德剛健而文明。應乎天而時行。是以元亨。

象曰。火在天上。大有。君子以遏惡揚善。順天休命。

夬上之五。有者盛多之義。乾施澤流。互兌爲澤。離夏則長茂。兌秋則收成。大富有也。春秋書大有年。此其義也。五陽爲賢人。賢才衆多。萬邦黎獻。共惟帝臣。車書一統。玉帛來同也。大學曰。有德此有人。有人此有土。有土此有財。有財此有用。比一陽而五陰應之。庶民子來之象。大有一陰而五陽應之。衆賢輔主之象。又同人二之五。與比旁通。陽稱大。五以日應乾。而行于天。時謂四時也。大有亨比。比初動成震爲春。至二兌爲秋。至三離爲夏。坎爲冬。故曰時行。以乾亨坤。是以元亨。又六五體離處乾上。猶大臣有聖明之德。代君爲政。處其位有其事而理之也。元亨者。又能長羣臣以善。使嘉會禮通。若周公攝政。朝諸侯于明堂是也。又孟子有諸己之謂信。充實而有光輝之謂大。四陽曰大過。五陽不曰過曰有。 ○夏火王在天。萬物並生。故曰大有。光四方格上下之象。遏絕也。揚舉也。天命有德。天討有罪。慶賞刑威曰君。故曰順。舜有大功二十而爲天子。亦順也。又君子謂乾。乾爲揚善。坤爲遏惡。爲順。以乾滅坤。體夬揚于王庭。乾爲天休。二變時。巽爲命。

初九。无交害。匪咎。艱則无咎。

象曰。大有初九。无交害也。

害謂四。四離火。爲惡人。初四敵應。不相與。故无交害。又初動震爲交。比坤爲害。匪非也。艱難也。謂陽動比初成屯。屯爲難也。變得位。難則无咎。又爻變巽。富而無驕。卦之鼎。以飲食之道交相養也。又離爲日。日月正交之道。日或有侵食之害。如三爻。又孟子無上下之交也。卦自姤來。初與五易。又爻辰在子。虛上司危司非。下有哭泣天壘城諸星。交害之象。

九二。大車以載。有攸往。无咎。

象曰。大車以載。積中不敗也。

體剛履中。可以任重。有應于五。故所積皆中而不敗。包納一切爲積。伊尹阿衡。元公履石。大車之載也。詩曰。

不輸爾載。車一作輿。乾爲大車。又比坤爲大車。二息。乾來積上。故大車以載。往謂之五。二失位。變得正應五。故无咎。坤爲敗。又乾變離。卦之離。健而能容。中虛故積。離爲文明。文積于中。發于事業。又九二大夫也。詩。大車檻檻。大夫之車也。九三。公也。九四。卿也。疑于天子。故曰匪其彭。

六五。則天子也。上九。則天也。

九三。公用亨于天子。小人弗克。

象曰。公用亨于天子。小人害也。

天子謂五。三公位也。爻位初爲元士。二爲大夫。三爲諸侯。又爲三公。小人謂四。亨。獻也。宴也。互兌爲口。食象。亨一如字。通也。又祀享也。乾爲連帥有戰功。錫弧矢以威天下。以覺報宴也。晉象曰。用錫馬蕃庶。亦此象也。又二變得位。體鼎象。故用亨。四折鼎足。覆公餗。故小人弗克。又爻變兌。天爲澤以當日。卦之睽。合天下之睽也。所謂聚人曰財也。又爻辰在辰。帝席三星。又翼近端門五帝座。大角爲天子棟梁。角旁進賢一星。又僖二十五左傳。秦伯將納王。晉侯筮之。遇大有之睽。卜偃曰。吉。戰克而王饗。吉孰大焉。且是卦也。天爲澤以當日。天子降心以逆公。不亦可乎。大有去睽而復。亦其所也。

九四。匪其彭。无咎。

象曰。匪其彭。无咎。明辯晳也。

彭。盛滿皃。壯也。一作旁。匪其旁者。惟其正也。一作尪。足不正也。又彭多也。又彭亨。驕滿之態。又鼓聲也。晳明皃。一作晢。一作遰。一作逝。一作折。詩。明星晢晢。臣罔以寵利。居成功。伊尹之匪彭也。公孫碩膚。赤舄几几。周公之匪彭也。詩曰。旣明且哲。以保其身。有若無。實若虛。亦顏回之匪彭也。又四之位尪。足尪。體行不正。四失位。折震足。故尪。變而得正。故无咎。離爲明。震爲辯。兌爲折。折之離。故明辯折也。四在乾則尪。在坤爲鼠。在震噬胏得金矢。在巽折鼎足。在坎爲鬼方。在離焚死。在艮旅于處。言无所容也。在兌睽孤孚厲。三百八十四爻。獨无所容。故四多懼也。又詩。四牡彭彭。出車彭彭。行人彭彭。駟騵彭彭。皆言車馬威儀之盛。或取乾馬之彭也。又彭彭爲鼓聲。鼓以聚衆而進之。四居三陽之上而近五。似將統率前進逼五者。然匪敢尸號召之任也。故曰匪其彭。又爻變艮。明而知止。卦之大畜。能止健也。又明辯才也。

六五。厥孚交如。威如。吉。

象曰。厥孚交如。信以發志也。威如之吉。易而无備也。

君有威不用。惟行簡易。无所防備。物感其盛德。翻更畏威。威如之吉也。荀子曰。有道德之威。有暴察之威。有狂妄之威。呂刑曰。德威惟畏。此之謂也。大學曰。與國人交。止于信。論語曰。君子威而不猛。易而无備。恭己无爲之象。　又五變而孚二。故交如。乾稱威。五發得位。故威如吉也。四已變震爲交。坎爲志爲孚。乾又爲信。乾德恆易。五體夬有戎爲備。又中孚爲大離。體離故言孚。又此繫辭傳所謂弧矢之利。以威天下。當以威濟愛也。又爻變乾。卦亦之乾。威如象。　又左傳閔二。成季之將生也。桓公使卜楚丘之父卜之。而又筮之。遇大有之乾。曰同復于父。敬如君所。

上九。自天祐之。吉无不利。

象曰。大有上吉。自天祐也。

繫辭傳曰。易曰。自天祐之。吉无不利。子曰。祐者助也。天之所助者順也。人之所助者信也。履信思乎順。又以尚賢也。是以自天祐之。吉无不利也。

上九。悅五以柔處尊。而自謙損。尚賢奉己。上下應之。爲乾所祐。故吉且利也。詩曰。宜民宜人。受祿于天。　祐一作右。大有通比。坤爲自。乾爲天。兌爲口。口助爲祐。故自天祐之。比坤爲順。乾爲信。又爻變震。動而明也。卦之大壯。正大而天地之情可見矣。　又爻辰在戌。婁下天倉天庾。上有天將軍。胃下天廩天囷。上有天船。爲大有之祐。

六十四卦經解卷三

元和朱駿聲集注

序卦傳曰。有大者。不可以盈。故受之以謙。

繫辭傳曰。謙德之柄也。　謙以制禮。

雜卦傳曰。謙輕。

䷎謙。亨。君子有終。

彖曰。謙亨。天道下濟而光明。地道卑而上行。天道虧盈而益謙。地道變盈而流謙。鬼神害盈而福謙。人道惡盈而好謙。謙尊而光。卑而不可踰。君子之終也。王引之曰。尊讀爲撙。光讀爲廣。按撙字。說文作劕。儒行尊讓有如此者。鄉飲酒義。尊讓則不爭之類。皆劕字。

象曰。地中有山。謙。君子以裒多益寡。稱物平施。

謙。一作嗛。歸藏作兼。剝上之三。又乾上九來之坤。與履旁通。天道下濟。故亨。乾盈履上。虧之坤三。故虧盈。貴處賤位。故益謙。謙三以坤變乾盈。坎動而潤下。水流濕。故流謙也。坤爲鬼害。乾爲神福。乾爲好。爲人。坤爲惡。从上之三。故好謙。天道遠。故尊光。三位賤。故卑。坎水就下險弱難勝。故不可踰。爲國而過乎卑遜。則不振。如唐于藩鎮。尾大不掉。周之東遷。王綱解紐。嘗以相忍。政在大夫。論語言持身之道。亦曰恭近于禮。遠恥辱也。此象傳曰。不可踰五上兩爻。所征伐。雜卦傳。謙輕之義也。又謙者。兌五世卦。艮與兌合。故亨。君子謂三。艮終萬物也。三从上來之下。又山高而在地下。于人道謙象。亨者嘉會之禮。以謙爲主。自貶損以下人。惟艮之堅固。

坤之厚順。乃能終之。故君子之人有終也。坤用六。小象曰。以大終。坤三文言。亦曰代有終。亨者。在邦必達。雖蠻貊可行。有終者。不矜不伐。故莫爭功能。庶幾夙夜。以永終譽。君子之有終也。謙之一字。禹征苗。益發之。見僞古文尚書。說苑。有終下有吉字。上九來爲下濟。艮之象曰。其道光明。六三升爲上行。乾爲天。坤爲地。山亦地道。而其勢上行。日中則昃。月滿則虧。滿招損。謙受益。高岸爲谷。深谷爲陵。所謂變盈也。高門之家。鬼瞰其室。所謂害盈也。黍稷非馨。明德惟馨。所謂福謙也。禹湯罪己。興也勃焉。桀紂罪人。亡也忽焉。所謂好謙也。又乾來之坤。故下濟。陰去爲離。陽來成坎。日月之象。故光明。又鬼謂四。人謂三。又益。亦體坤艮。故稱益。又虧一作毁。福一作富。濟一作際。○以高下下。故曰謙。降己升人也。裒斂也。地勢不平。君子鑒之。又山在地中。以全地較之。山不過一抔土。一卷石而已。方存乎見少。又奚以自多。此謙之義。故不日地下。日地中。又地謙廣以益山之高。山謙高以益地之大。又言地中者。以明多之與少。俱行其謙也。裒聚也。多也。一作捊。取也。一作掊。減也。把也。一作褒。又君子謂三。艮爲多。坤爲寡。乾爲物。爲施。坎爲平。乾盈益謙也。

初六。謙謙。君子用涉大川。吉。

象曰。謙謙。君子卑以自牧也。

初最下爲謙。二陰承陽。亦爲謙。故謙謙。二陰一陽。相與成體。故曰君子。九三體坎。故涉大川。牧養也。以陽自牧養也。又初坤爲用。牧養牛人也。坤爲牛。震爲人。驅之故象牧。坤爲自。三降初。卑以自牧也。又爻變離。虛中而明。卦之明夷。韜光匿彩。又體震爲木。所以涉具。又牧者。馴獸之名。如牧牛羊然。又爻辰在未。井主水衡。上有積水一星。北河三星。下有南河三星。水位水府各四星。大川之象。

六二。鳴謙。貞吉。

象曰。鳴謙貞吉。中心得也。

三體震爲善鳴。二親承之。故鳴謙。又卦與小過豫。皆有飛鳥象。又中正謂二。心與謙相得。坎爲心也。又爻變巽柔。卦之升。名譽升聞。又雄鳴則雌應。三爲卦主。二其鄰也。上其配也。天子諸侯稱孤道寡。所謂鳴謙也。非共工之象恭。非新莽之貌恭。又爻辰在酉。昴爲雞。居酉能鳴。又上有卷舌六星。天讒一星。卦炁值兌。兌爲口。鳴象。

九三。勞謙。君子有終。吉。

象曰。勞謙君子。萬民服也。

繫辭傳曰。勞謙君子有終吉。子曰。勞而不伐。有功而不德。厚之至也。語以其功下人者也。德言盛。禮言恭。謙也者致恭以存其位者也

民功曰勞。又事功曰勞。坎爲勞卦。艮終萬物。三居艮之終。陽當居五。自卑下衆。降居下體。君有下國之意。衆陰皆欲撝陽上居五位。羣陰順陽。故服也。五陰爲萬民。大禹不矜不伐。周公躬吐握。下白屋。顏子無施勞。此其義也。又艮爲終。下二陰也。本坤卦。致役乎坤。故曰萬民。又爻變坤。卦之坤。臣道也。坤又爲衆爲民。又辰在辰。角旁進賢。大臣勞謙之義。

六四。无不利。撝謙。

象曰。无不利撝謙。不違則也。

撝與麾同。指撝也。又舉也。又猶離也。又讀爲宣。又裂也。開裂坤艮爲二。又化謙也。上下皆通曰撝。四得位處正。家性爲謙。故无不利。陰欲三使上居五也。陰撝上陽。不違法則。又坤六四括囊。此撝之而以謙也。又坤爲利。艮爲手。坎爲則。又爻變震動。卦之小過。行過乎恭。又爻辭案作一句讀。

六五。不富以其鄰。利用侵伐。无不利。

象曰。利用侵伐。征不服也。

坤虛故不富。鄰謂四與上也。自四以上乘陽。乘陽失實。故皆不富。五居中有體。故總言之。又恭者不侮人。儉者不奪人。孟子非富天下之意。 周禮。賊賢害民則伐之。負固不服則侵之。左傳。有鐘鼓曰伐。無曰侵。公羊傳。觕者爲侵。精者爲伐。舜德溫恭利征苗。湯德聖敬利征葛。文德徽柔利伐密。六五離爻。離爲戈兵侵伐之象。侵一作寢。一作征。又坤爲衆。變互離。爲戈兵。又坤變坎衆。卦之蹇險。爲侵伐象。又三陽利侵伐來上。无敢不利之者。又鄰謂三。三在謙爲震。在履爲兌震東兌西稱鄰。謂以三居五也。卦體師。五變利執言。坤爲利。坎艮險阻。故不服。又不服謂五也。三利征之。 又辰在卯。氐上招搖。下陣車騎官車騎騎陣將軍諸星。房上罰三星。利侵伐也。

上六。鳴謙。利用行師。征邑國。

象曰。鳴謙志未得也。可用行師。征邑國也。

與三陰陽相應。故鳴謙。雖應不承。故志未得。上六兌爻。兌爲口。鳴象。又謂下九三。可行師來上。坤爲邑國也。三應上。上呼三征。來居五位也。又應在震。故亦曰鳴。體師象。震爲行。坤爲邑國。利五之正行師。已得從征也。坎爲志。五不變。故不得。又惟鳴謙而志或猶有未得者。則可征。國語所云。序成而有不至。則脩刑也。又此言不平之鳴。如侵阮之愬于文也。又爻變艮。卦之艮。爲門闕。邑國之象。 又臨事而懼。亦所謂謙。古諸侯各自爲國。邑之在國中者征之。如墮郈墮費之類。 又邑國采食之都也。又爻辭一本無邑字。又象傳一本作國邑。又辰在巳。卦炁值巽。巽爲雞善鳴。又爲躁卦。軍門二星。行師之象也。又辟乾。乾健故利。

序卦傳曰。有大而能謙必豫。故受之以豫。

雜卦傳曰。而豫怠也。

繫辭傳曰。重門擊柝。以待暴客。蓋取諸豫。

☷☳豫。利建侯行師。

彖曰。豫。剛應而志行。順以動豫。豫順以動。故天地如之。而況建侯行師乎。天地以順動。故日月不過。而四時不忒。聖人以順動。則刑罰清而民服。豫之時義大矣哉。

象曰。雷出地奮豫。先王以作樂崇德。殷薦之上帝。以配祖考。

豫象之大者。不害于物。借爲娛字。樂也。又舒也。又敍也。又佚豫也。又預備也。 復初之四。坤爲土。震主器。諸侯之象。坤爲衆震爲車馬。師役之象。建侯所以興利。行師所以除害。民所豫樂也。屯之建侯。謙之行師。此卦兼之。四爲卦主。五陰應之。剛志大行。天地有生殺。萬物有始終。王者盛衰。亦有迭更。猶武王承亂而應天地。建侯行師。奉辭伐罪。民得豫悅。君得安樂也。帝出乎震。聖人也。坎爲法律。刑罰也。坤爲衆順。民服也。世道和豫則吉。人心逸豫則凶。又中庸曰。凡事豫則立。不豫則廢。 又建侯卽元亨也。行師卽利貞也。又與小畜旁通。坤爲邦國。震爲諸侯。初至五體比。四利復初。故利建侯。三至上體師。故行師。坎爲志。震爲行。小畜乾爲天。坤爲地。初至三。坤地。動成小畜乾。故順動也。過謂失度。忒差迭也。一作貸。謂變初至需。離爲日。坎爲月。皆得其正。動初時。震爲春。至四兌爲秋。至五坎爲冬。離爲夏。四時位正也。通變之謂事。蓋此之類。清猶明也。動初至四。兌爲刑。至坎爲罰。坎兌體正。故清。坤爲民。乾爲清。以乾乘坤。故民服。又三變爲小過。故稱過。 又晉語。重耳筮得貞屯悔豫。皆八。司空季子曰。吉。坤女也。震長男也。母老子强。故曰豫。其繇曰。利建侯行師。居樂出威之謂也。又孔子欲作春秋。卜得陽豫之卦。又晉元帝爲晉王時。使郭璞筮。遇豫之睽。謂會稽當出一鐘。以告成功。○奮動也。雷動地上。萬物乃豫也。雷陽氣。震亦爲龍。夏至後。陽氣極而一陰生。陰陽相擊而成雷聲。其疾有龍奮迅豫躍之象。故曰奮豫。以者。取其喜佚動搖。猶人至樂。則手欲鼓之。足欲舉之也。崇充也。殷盛也。一作隱。薦進也。一作薦。一作廌。上帝天帝也。王者成功作樂。以文得之者作籥舞。以武得之者作萬舞。各充其德而爲制。配合也。樂以象祖考之德。感而合漠。祀天帝以配祖考者。使與天同饗其功也。孝經。郊祀后稷以配天。宗祀文王于明堂以配上帝。是也。祭于南郊曰天。祭于明堂曰帝。爲壇而祭曰郊。祭于屋下曰薦。樂記。奮至德之光。所謂崇德也。震爲帝。艮爲宗廟。又惟大雩用盛樂。然徧祀山川百神。不止上帝。薦上帝則以誠不以文。未聞言盛美者。蓋殷者中也。郊以日至。冬氣之中。祖考之祭。亦在四仲月。郊之配惟祖。而考不得與。且祖配帝。非帝配祖也。又坎爲樂律。爲隱伏。艮爲門闕。又復乾。故曰先王。乾爲德。坤爲鬼。小畜乾爲父。復乾爲祖。又一本殷薦下無之字。又卦名豫而六爻。爻辭惟四由豫。外皆不豫。孟子曰。生于憂患。死于安樂。聖人之意深矣。

初六。鳴豫凶。

象曰。初六鳴豫。志窮凶也。

應震善鳴。初失位。故凶。豫大象。其聲雷鳴。山谷響應。又體剝蔑貞。故志窮凶也。四坎爲志。又震爲長子。坤爲母。爲腹。子未出母而有聲。爲子鳴之疾。見醫經。又坤十月履霜之候。而有雷聲。非時也。又坤老婦。而爲牝鷄之晨。凶也。況稱制而擅主器如武后乎。又爻變震。卦之震。爲決躁。爲善鳴。爲雷鳴。又辰在未。鬼爲金爲羊。居未能鳴之物也。

六二。介于石。不終日。貞吉。

象曰。不終日貞吉。以正中也。

繫辭傳曰。知幾其神乎。君子上交不諂。下交不瀆。其知幾乎。幾者動之微。吉凶之先見者也。君子見幾而作。不俟終日。易曰。介于石。不終日貞吉。介如石焉。寧用終日。斷可識矣。君子知微知彰。知柔知剛。萬夫之望。

介分疆也。物之堅而辨者莫如石。二與四爲艮。艮爲小石。柔順中正。明豫動之可否。辨趣舍之權宜。假如堅石。不可移變。應時則改。不待終日也。又此爻。大學安而后能慮。慮而后能得意。又介。一作砎。磨砎也。一作扴。觸小石聲。又介。纖介也。憂悔吝者存乎介。卦旁通小畜。應在五。終變成離。離爲日。得位。欲四急復初。已得天休。故不終日貞吉。又爻變坎。剛中。卦之解。緩也。又中正一作正中。以韻叶之。是也。

六三。盱豫悔遲有悔。王引之曰。有讀爲又。非是。

象曰。盱豫有悔。位不當也。

盱。睢盱也。小人喜悅佞媚之皃。盱與介反。遲與不終日反。又張目也。又上視也。爻變互巽。爲多白眼。又一作旴。日始出也。詩曰。旴日始旦。又誇也。又大也。又一作紆。又一作汙。又盱豫下。一本有有字。又小畜離爲目。六三失位。目不正爲盱。又爻變艮。止也。卦之小過。又辰在亥。亥爲天門。上也。又室火宿豕。望視則病。有悔象。又室下雷電六星。盱也。

九四。由豫大有得。勿疑朋盍簪。

象曰。由豫大有得。志大行也。

由自從也。用也。震爲大塗。互艮爲徑路。故曰由。由豫。衆陰由之以豫。猶由頤。衆陰由之以養也。由一作猶。猶豫二獸名。性多疑。大有一陰。豫一陽。故曰大有。盍合也。簪讀爲疌。疾速也。作旡連也。簪聚會也。羣物依歸。如以簪簪髮固括也。五陰而一陽貫之。簪叅。鹽鐵論。神禹治水。遺簪不顧。卽弁服之笄是也。一本作戠。埴同。合也。與得叶。亦可從讀爲昵。坎爲水。坤爲土。以土合水。故曰植也。簪一作貸。一作撍。卽寁字。一作宗。叢合也。一作戠。一作臧。一讀作攢。又總也。又家語。孔子聞哭簪簪。據有五陰。坤以衆順。故大得羣陰也。又舜舉八元八愷。十六人爲一大朋之象。又此爻周公居攝。遭遇流言。終得勿疑之象。又坎爲狐疑。故勿疑。小畜兌爲朋。坤爲盍。坎爲聚。坤爲衆。陽稱大。坎爲志。震爲行。又爻變坤。卦之坤順。又辰在午。柳主酒食。合歡之具。又于月爲姤卦。有朋盍聚之象。

六五。貞疾恆不死。

象曰。六五貞疾。乘剛也。恆不死。中未亡也。

坎爲耳痛。爲心病。爲加憂。古者有疾謂之不豫。震東方生氣。故不死。凡人終身獲一微疾。雖有不快。往往長生。疝痔狐腋之類是也。亦孟子生于憂患之義。六五居尊而乘于四。四以剛動。非己所乘。乘剛爲政。終亦病若。恆不死者。以其中也。中未亡。猶心常存也。洪範咎徵曰豫。恆燠若。致疾之由。桓文之世。周病羸。莽操之時。漢病寒。亦其義也。又无妄之疾勿藥。損其疾。使遄有喜。兌介疾有喜。今云不死。謂僅免也。又坎爲疾。應在坤。坤爲死。震爲反生。位在震中。與坤體絕。故貞疾恆不死。又坎爲月。如月之恆。月魄謂之死霸。又豫恆皆震世。故稱恆。又爻變兌說。卦之萃。萃象曰。戒不虞。又辰在卯。氐邸也。所托宿。豫爲宿疾也。月爲大壯。故不死。

上六。冥豫成有渝。无咎。

象曰。冥豫在上。何可長也。

冥昧也。深也。古瞑字。俗作眠。張目爲盱。翕目爲冥。謂耽于樂也。渝變也。陰性冥昧。居尊在上。而猶豫說。故不可長也。冥升在能不息。冥豫貴能有渝。先迷失道。後順得常也。長夜之飲。亦所謂冥豫也。又成。樂之九成也。樂以導和。以格幽明。然以時舉。不疏不數。非可長也。若鈞天之夢遊。則冥矣。又成猶定也。如春秋求成之成。渝如渝盟之渝。禮記。一成而不可變。又冥。冥情也。淸淨無爲之意。又上應在三。坤爲冥。三失位。无應多凶。變乃得正。體艮成。故成有渝無咎。又爻變離。卦之晉。明出地上。有渝象。又冥一讀爲鳴。

序卦傳曰。豫必有隨。故受之以隨。

雜卦傳曰。隨无故也。

繫辭傳曰。服牛乘馬。引重致遠。以利天下。蓋取諸隨。王引之曰。故事也。故下曰。蠱則飭也。按以喜隨人者必有事。蠱者事也。同誼。

䷐隨。元亨利貞。无咎。

彖曰。隨剛來而下柔。動而說隨。大亨。貞无咎而天下隨時。隨之時義大矣哉。

象曰。澤中有雷隨。君子以嚮晦入宴息。

隨從也。儀禮鄉射禮距隨。長武注。始前足至東頭爲距。後足來合而南爲隨。否上之初。剛來下柔。初上得正。內動之以德。外悅之以言。則天下咸慕其行而隨從之也。既見隨從。能長之以善。通其嘉禮。和之以義。幹之以正。則功成而有福。隨有隨時隨人二義。以貴下賤。以多問寡。則舍己从人之道也。震剛下兌柔。又貞悔皆剛爻下于柔爻。六十四卦中惟此。又震五變陽。又困初之二。又噬嗑上之四。又未濟上之五二之初。又益上之四。又隨者。震之歸魂。震歸从巽。故大通。動爻得正。故利貞。陽降陰升。嫌于有咎。動得正。故无咎。又乾爲天。坤爲下。震春兌秋。三四之正。坎冬離夏。四時位正。時行則行。故天下隨時矣。動得于時。故義大也。又隨四之蠱初。卽爲大畜。大畜時也。故曰時。亨下一本有利字。天下隨時。時一本作之。又時之一作之時。〇鄭曰。雷者陽氣。春夏用事。今在澤中。秋冬時也。故君子象之。日出視事。其將晦冥。退入宴寢而休息也。

人君既夕之後。入內寢。又八月之時，雷藏于澤。則天下隨時象也。坤爲晦。乾上九來入坤初。嚮晦也。坤初升兌二爲休息。入宴者也。欲君民者晦德息物。動悅黎庶。則萬方歸隨也。君子謂乾上。坤爲安。震爲嚮。息滋也。又左傳襄公九年。穆姜筮之。則爲隨人。丈夫筮之。則又爲人隨也。穆姜所筮惟二爻不變。是謂隨之艮。亦艮之隨。所謂係小子姣也。所謂不拯其隨不出也。又宋時金主完顏亮入寇。筮蠱之隨。

初九。官有渝。貞吉。出門交有功。

象曰。官有渝。从正吉也。出門交有功。不失也。

官主也。渝變也。陽來居初。得正爲震。震爲子。得元士之位。故曰官也。乾闢之門。帝出乎震。震爲帝之官。陰陽出門。相與交通。陰往亦不失正。故交有功。震爲大塗。又爲日門。當春分。陰陽之所交也。是臣出君門。與四方賢人交。有成功之象也。舜愼徽五典。至于四門穆穆。是其義也。豐多故而隨无故。故出門交。德無常師。主善爲師。又初應四。艮爲官。爲門。震爲出。爲從。又六二偶畫。門闕象。互艮。亦爲門闕。又官五官。人心所主謂之官。所謂物交物也。又官。一作館。又爻變坤。卦之萃。物以類聚。又辰在子。女上奚仲。危上造父。出門象。虛旁司祿。官象。

六二。係小子。失丈夫。

象曰。係小子。弗兼與也。

陽曰隨。陰曰係。見小利則大事不成。狎小人則君子不進。小子謂初。丈夫謂五。又陰爲小。小子謂三。丈夫謂二。應在巽。巽爲繩。故係小子謂五。兌爲少。故曰小子。丈夫謂四。體大過老夫。故稱丈夫。承四隔三。故失丈夫。三至上有大過象。故與老婦士夫同義。體咸象。夫死大過。故每有欲嫁之義也。已係于五。不兼與四也。又兌秋酉爲老物。故稱丈夫。震東方卯。卯茂也。稱小子。又蒯徹之于淮陰。似此爻。又爻變兌。卦之兌。少女柔弱。澤姓趨下。又穆姜遇艮之八。惟此爻不動也。又辰在酉。所應九五。辰在申。井下丈人二星。爲丈夫。所近初九。辰在子。須女爲小子。

六三。係丈夫。失小子。隨有求得。利居貞。

象曰。係丈夫。志舍下也。

巽爲繩。故係爲近利市三倍。故求得。艮知止。故居貞。丈夫謂四。小子亦謂初。又丈夫謂四。小子謂二。隨皆陰隨陽。三之上无應。上係于四。失五小子。舍居也。艮爲居爲求。謂求之正。得位遠應。利上承五。故利居貞。下謂初。又爻變離。卦之革。革而從之。革而當者。又辰在亥。九四辰在午。天相三星爲丈夫。初九辰在子。須女爲小子。

九四。隨有獲。貞凶。有孚在道。以明何咎。

象曰。隨有獲。其義凶也。有孚在道。明功也。

兌爲見。故明。震爲大塗。故在道。隨與中孚。皆體兌震艮。故言孚。伊周處臣位之極。其次如郭子儀輩。威震主而主不疑。惟其孚也。又謂獲三也。失位相據。在大過。死象。故貞凶。孚謂五。初震爲道。三已之正。四變應初。得位。在離。離爲明。故有孚在道以明。何咎。功謂五。又爻變坎。坎爲剛中有孚。卦之屯難。然經終有功。故何咎。又漢蕭何韓信皆功臣。信既求封齊。又求王楚。隨有獲。而卒凶者也。何遣子弟從帝軍中。帝大悅。不受五千戶封。以家財佐軍用。帝又悅。所謂明功者也。

九五。孚于嘉吉。

象曰。孚于嘉吉。位正中也。

信君子則治。隨以陰從陽。故孚于嘉吉。兌之孚于剝厲。以陰掩陽。信小人則亂也。言孚與四同義。又四已變。坎爲孚。陽稱嘉。位五正故吉。凡五言中言正言中正。皆陽得其正。以此爲例矣。又爻變震。卦之震。四爲震主。能孚而易。則成既濟。又嘉耦曰妃。婚爲嘉禮。謂六二配也。又。此大舜善與人同之事。

上六。拘係之。乃從維之。王用亨于西山。

象曰。拘係之。上窮也。

王者有天下之稱。上六居至高之地。九五之王享之。六陰爲鬼神也。西山岍隴諸山也。其尊者爲吳嶽。在正西兌方。艮爲山。因名山升中于天。是太平封禪之事。又兌爲巫。多言祭祀。兌爲口。饗象。又王文王也。文王爲西伯。至周公乃追王。然文王必速謚稱。凡書稱王若曰之類。必其身王天下者。且曰郊祀。則殷命未訖之時而郊祀。曹操劉裕之所不敢。而文王爲之乎。況升之六二亦云。文王豈筮得隨。又筮得升乎。夫大祀卜而不筮。少牢以下乃筮。禮有明文。筮亦在一時爲吉。不可以概天下後世也。且岐山正在封內。不可言西。言西者謂中國之山。惟西多高也。又王謂夏商之王。又享文王也。拘羑里一時。返王一時。故彖傳曰隨時。又應在艮。艮手爲拘。巽爲繩。兩係稱維。在隨之上而无所隨。故維之。亨祭也。否乾爲王。謂五也。有現象。故享。兌爲西。艮爲山。乘剛無應。故窮也。上待九五拘繫維持之。陰欲隨之也。係于五則不窮。按說卦傳。艮爲狗。易無此象。狗或拘之譌耳。又亨。一如字。通也。又爻變乾。拘之以健力。卦之无妄。若文王之伐崇。四方無拂。退脩德。因壘而降也。又上在卦外。乃賓師之位。如微箕之于周。白馬來朝則賓之。九疇陳範則師之。所謂係之維之也。又揚子雲劇秦美新。但知隨而無識。故窮。又辰在巳。五帝座。王也。張圭天廚賞賚。翼圭遠客爲享。

序卦傳曰。以喜隨人者必有事。故受之以蠱。蠱者事也。

雜卦傳曰。蠱則飭也。

䷑蠱。元亨。利涉大川。先甲三日。後甲三日。王引之曰。蠱之訓事。蓋叚借爲故字。尚書大傳。五帝之蠱事。延也。非謂蠱本字有事之訓。按此論極正。當從之。王引之曰。先甲後甲。先庚後庚。皆行事之吉日也。蠱爲有事之卦。巽爲申命行事之卦。事必諏日以行。郊用辛少牢饋食日用丁巳之類。是先後甲。春秋書葬用癸之類。是後庚也。豐按蠱彖皆占詞。蠱言甲者。事之始。故傳言有始。巽言庚者事之終。故爻言有終。

彖曰。蠱剛上而柔下。巽而止。蠱。蠱元亨。而天下治也。利涉大川。往有事也。先甲三日。後甲三日。終則有始。天行也。

象曰。天下有風。蠱。君子以振民育德。

伏曼容曰。惑亂也。萬事从惑而起。故以蠱爲事也。尙書大傳云。乃命五史。以書五帝之蠱事。然爲訓者。正以太古之時。无爲无事也。時旣漸澆。物情惑亂。故事業因之而起惑焉。又壞也。于文皿蟲爲蠱。物久不用而蠹生。穀之飛亦爲蠱。無物不用則壞。人不事事亦壞。于卦少男惑長女爲蠱。晦淫之所主也。故梟桀之死鬼謂之蠱。艮爲狐。巽柔媚。又互兌爲巫。則巫蠱之象。卦自泰初之上。與隨旁通。乾坤交。故元亨。又賁初之二。又井五之上。又旣濟初之二。五之上。 兌澤爲大川。震木以利涉。又二失位。動而之坎。故涉大川。又泰卦乾天有河。坤地有水。二爻升降。出入乾坤。故利涉。先甲三日。後甲三日。按此言春分至秋分之日數也。春分至秋分半周天。太陽之行。每日不及一度。故兩氣相距。一百八十六日。律家所謂盈朿縮初限也。減三旬週。餘六日。故先後三日。蠱辰月之卦也。春爲木。故以甲言。甲日之先三日辛日春分。則甲日之後三日丁日秋分。是從春分順推至秋分。與巽九五之逆溯者不同。子曰。終則有始。天行也。終謂癸。始謂甲。春分至秋分。萬物𢀿遂。收成之時。作事者于是終始焉。 有以卦變納甲爲解者。虞氏曰。初變成乾。乾爲甲。至二成離。離爲日。謂乾三爻在前。故先甲三日。賁時也。變三至四體離。至五成乾。乾三爻在後。故後甲三日。无妄時也。易出震消息。歷乾坤象。乾爲始。坤爲終。故象曰。終則有始。後儒張紫岩。又添小畜。熊朋來。又添伏卦隨。夫卽納甲之說。亦主月不主日。則此更附會也。有以終始爲解者。子夏易傳曰。先甲三日。辛壬癸也。後甲三日。乙丙丁也。張子程子闡其理。然何以于蠱言甲。于巽言庚。游定夫甲仁庚義。蠱言幹。貴有振起特立之義。何以獨取仁。且仁與義。亦豈可限以三日耶。有以卦圖爲解者。馬融曰。甲在東方。艮在東北。故云先甲。巽在東南。故云後甲。甲爲十日之首。蠱爲造事之端。故擧初而明事始也。言所以三日者不令而誅爲之暴。故令先後各三日。欲使百姓徧習。行而不犯也。說者謂甲者事之始。先者先事而告戒。後者後事而申飭。蠱卦風始出山。當事之始。三日者誓戒。以三日爲期。然東方東南。與巽五難通。且馬氏艮先巽後。蓋以流行次序爲先後。而胡雙湖來矣鮮。又以南北方位爲先後。故巽先艮後。義皆未的。矣鮮于蠱。以後天圖爲說。于巽以先天圖爲說。例亦不一。胡雲峯與來相反。而失則同。羲圖艮七値辛方。巽五値丁方。有以辛丁爲解者。鄭康成曰。甲者造作新令之日。取改過自新。故用辛取丁寧之義。故用丁也。朱子从之。然此語似秦客廋詞。且辛爲五味之一。又爲金剛觸人。痛楚泣出之義。無自新意。劉熙釋名。多淺謬也。丁之爲丁寧者。鉦也。其聲丁丁寧寧。借爲告戒重複之意。一丁字。尤不可作歇後語。有以命令爲言者。王弼曰。甲者創制之令也。創制不可責之以舊。故先後三日。因事申令也。夫令甲之名。起于漢。以令有甲乙之次。而非卽釋令爲甲。又申命非申金之申。以解庚字。亦無稽據。有以旬甲爲解者。蘇軾以先甲三日爲甲子甲戌甲申。後甲三日爲甲午甲辰甲寅。一陽感陰生。一陰感陽生。所謂終則有始。此無論蠱巽二卦。並不相反。而以先甲後甲爲治亂自然之勢。則蠱竟無能幹者矣。何以又言九五能幹。以幹屬九五。則他爻皆非能幹者矣。何以諸爻並言幹乎。有以巽兌取象爲解者。郝仲輿以巽木爲甲。既不依納甲。又不依方位。不知何說。有以筮日爲解者。朱子語錄。以爲猶今占某某日吉。則膚淺已甚。而吳幼淸以離納甲爲言。亦與魏伯陽虞仲翔納甲不合。有以互卦爲解者。錢國瑞曰。蠱事之壞。事物始必飭。終必蠱。先後甲以中爻震木爲象。震之出。日之甲。春之始。反終而原其始。所以飭蠱。巽事之權。事物過中必有庚。先後庚以中爻兌金爲象。兌之說。日之庚。秋之中。裁其過以歸于中。所以制巽。蠱之甲言于卦。合上下而其有事。巽之庚言于爻。申命行事之主獨五也。吳鼎易堂問目取之。按蠱亦體兌。何以不取金。巽九五爻正體離。何以不取火。且其云蠱言于彖。巽言于爻之意。不過以蠱爻辭言父母。因謂上下共有事。巽象傳言申命行事。因謂君之出令。不知公爻辭。原不句句宗文王。孔子釋彖。則宗文之旨。釋爻則宗公之旨。至象傳則獨出己意。以發明其理。全易皆然。文作彖辭時。非先知公有父母之說。公作爻辭時。非先知孔子有申命之說也。究與本文何涉。又卦位艮。巽夾震。震木爲甲。先甲內卦巽也。後甲外卦艮也。先三後三。猶云七日來復。此說于巽難通。又按歸藏二篇。其策萬有八百。自甲子至癸巳爲先甲。自甲午至癸亥爲後甲。若矜異標新。亦可以備一說矣。又遵述云。因幹蠱之幹而言十干之幹。與革言牛革。觀言盥濯。同例。豈先作爻辭。後作彖辭邪。何音夢囈。又蠱者巽之歸魂也。巽歸合震。故元亨。蠱者事也。備物致用。故天下治。陽往據陰。陰來乘陽。未得正位。戎事不息。故有事也。又物惑亂。終致損壞。當須有事也。有爲治理也。又乾爲天。坤爲下。以乾治坤。故曰治。坤爲事。震爲往爲行。又有始上。一本重有字。○蟲以風化。故風从蟲。風在山下。鬱而不暢。則山木多滯淫而蟲生。蠱之象也。詩曰。習習谷風。惟山崔嵬。無艸不死。無木不萎。又山高而靜。風宣而疾。似君處上而安靜。臣在下而行令也。風以振萬物。山以育萬物。大學自新新民。蓋先施敎化。非如漢武遣繡衣直指之使。惟誅擊之也。又振濟也。又振舉而有之也。坤爲民。初上撫坤。故振民。乾稱德。體大畜須養。故育德。又振一音眞。振振仁厚也。又育一作毓。又左傳僖十五。秦伯筮伐晉。遇蠱。卜徒父曰。千乘三去。三去之餘。獲其雄狐。夫狐蠱必其君也。蠱之貞風也。其悔山也。歲云秋矣。我落其實而取其材。所以克也。實落材亡不敗何待。又昭元年。醫和曰。在周易。女惑男。風落山謂之蠱。又宋筮金主完顏亮入寇。得蠱之隨。是六爻動也。曰我有震威。外當毀折。艮上變柔。巽初變剛。波頭墜地矣。

初六。幹父之蠱。有子考。无咎。厲終吉。

象曰。幹父之蠱。意承考也。

幹正。蠱事也。位陽令首。父之事也。爻陰柔順。子之質也。巽爲長爲高。幹象。艮爲黔喙之屬。蠱象。大禹治水。幹繇之蠱。周宣中興。幹厲之蠱。蔡仲蓋愆。幹鮮之蠱。書。若考作室。肯堂肯構。中庸。善繼人志。禮記。視无形。聽无聲。皆所謂意承也。子改父道。事若不順。其意則承。始勞終吉。又泰乾爲父。坤爲事。初上易位。艮爲子。父死大過稱考。故有子考。變而得正。故无咎厲終吉。艮爲終。又艮爲廟。父死入廟爲考。又爻變乾健卦之大畜。又考一云當作孝。又辰在未。井下老人一星。丈人二星。子三星。父子之象也。

九二。幹母之蠱。不可貞。

象曰。幹母之蠱。得中道也。

位陰居內爲主。女之象也。二配五爲母。漢唐母后垂簾。其蠱不可貞也。巽以行權爲不可貞。婦人之性。可曲喻。不宜直逆。尤重幾諫也。又應在五。泰坤爲母。失位。故不可貞。宜變而得正。又爻變艮卦之艮。艮爲門庭。幹內事象。又辰在寅。尾爲後宮之場。又后妃之府。故言母。

九三。幹父之蠱。小有悔。无大咎。

象曰。幹父之蠱。終无咎也。

无應故悔。得正故无大咎。又二變涉川。坎爲悔。三不變。陷坎中。故小有悔。正位。故无大咎。又爻變坎剛中卦之蒙養正。又辰在辰。亢下有頓頑二星。父頑之象也。

六四。裕父之蠱。往見吝。

象曰。裕父之蠱。往未得也。

裕不能爭也。孝經曰。父有爭子。則身不陷于不義。又四陰體大過本末弱。故裕蠱。兌爲見。變而失正。折鼎足。故往見吝。又裕寬也。震爲寬。又裕饒益也。又隨蠱旁通。蠱初易隨四。隨成屯。屯見而不失其居。故稱見。又爻變離。虛而能容。卦之鼎。四陰力小任重。又辰在丑。斗下農丈人一星。須女非能幹蠱者。故裕吝。

六五。幹父之蠱。用譽。

象曰。幹父用譽。承以德也。

體和應中。承陽有實。用斯幹事。榮譽之道也。禮云。思貽父母令名必果。又云。善則歸親。又云。國人稱願。然曰幸哉有子。皆斯誼也。又譽謂二也。二多譽。二五失位。變而得正。故用譽。變二使承五。故承以德。二乾爻故稱德。又太甲成王之用伊周。宋仁宗之用韓范富歐。能成令主。應二剛中中之賢象也。又爻變巽。卦之巽。申命行事。善繼善述也。又象傳。幹父下。一有之蠱字。又辰在卯。艮體正應九二。于木堅多節。能幹者。卦𣎴震動象。如訾嘍允若。則用譽也。

上九。不事王侯。高尚其事。

象曰。不事王侯。志可則也。

人臣事君。不以家事辭王事。至年老事終。不當其位。體艮爲止。故不事王侯。據上臨下。重陰累實。故志可則也。蠱事也。上在事外。故不事。上獨取君臣。不取父子。表記曰。事君軍旅不避難。朝廷不辭賤。處其位而不履其事。則亂也。故君使其臣。得志。則慎慮而從之。否則孰慮而從之。終事而退。臣之厚也。易曰。不事王侯。高尚其事。漢鄧禹諸臣。同營漢室。而莊子陵獨上應客星。得是爻之誼。又王侯欲幹蠱。當用賢也。又泰乾爲王。坤爲事。應在三。震爲侯。坤象不見。故不事王侯。王已變巽爲高。艮陽升在坤上。故高尚其事。坎爲志爲則。又爻變坤靜。卦之升。冥升不息之貞。又高尚其事。一作其志。又艮爻爲山。辰在戌。得乾氣。父老之象。是臣之致仕也。禮曰。八十者一子不從政。九十者其家不從政。南陵之詩無不遑將父將母之慮矣。故不事王侯。是不得事君，君猶高尚其所爲之事。

序卦傳曰。有事而後可大。故受之以臨。臨者大也。

雜卦傳曰。臨觀之義。或與或求。

䷒臨。元亨利貞。至于八月有凶。

彖曰。臨。剛浸而長。說而順。剛中而應。大亨以正。天之道也。至于八月有凶。消不久也。

象曰。澤上有地。臨。君子以教思无窮。容保民无疆。

臨。監臨也。从臥品聲。坤息至二。十二月之卦。陽氣初盛。故于易又訓爲大也。人之情。盛則奢淫。奢淫將亡。故戒以凶。按臨。大寒之卦也。以律推之。文王時。自大寒至秋分。二百四十八日有奇。約之爲八閱月。雖似夏正之八月。却不作酉月解。猶云八個月耳。蓋秋分中氣。須按年實測。亦可在戌月。不定在酉月也。太陽自冬至後。行度漸遲。至分後。每日不一度。故晝永。夏至後。晝雖漸短。然每日仍不及一度。至秋分後。乃過于一度而甚疾。至冬至而極。此所謂天行也。孔子曰。剛浸而長。剛者晝也。長者晝之永也。繫辭傳。剛柔者晝夜之象。此其義也。大寒以後。太陽自南而北。漸近于人。故曰說而順。春分晝夜平。故曰剛中而應。秋分以前。天道棣通萬物。故曰大亨以正。天之道也。秋分後。太陽自中而南。行愈疾愈遠于人。故曰有凶。凶者象穿地交陷于中閉塞之義也。然秋分至冬至。不過三閱月。而晝又漸長。故曰消不久。夫論太陽之行。則秋分距冬至。與冬至距春分。皆過一度而疾。但秋分後。則由消而極消。冬至後。則由消而漸長。其理不同。夏至距秋分。雖似由長而消。然消卽消前之所長。其行每日仍不及一度。則其勢不同。此人心向陽之意。所以不同也。彖辭至于云者。自大寒至秋分其日久。幸其難至于消也。子曰。消不久者。自秋分至冬至。其日促。又幸其不久而卽長也。設使聖人于復卦言之。則曰至于九月有凶。又臨者淩逼之意。又陽息至二與遯旁通。剛浸而長乾來交坤動則成乾。故元亨利貞。浸漸也。兌爲水澤。自下浸上。故浸而長也。二剛中。四陰皆應之。大亨以正。謂三動成乾天。得正爲泰。天地交通故亨以正。天之道也。八月。鄭虞圭周正未月。是爲遯。遯弒君弒父。故凶。褚氏圭夏正月。是爲觀。荀。范王圭商正申月。是爲否。當文王時。紂无道。故于是卦爲殷家著興衰之戒。以見周改殷正之數焉。然諸家不過以陰生爲凶。如遯例。則大壯可言十月有凶。如觀例。則大壯可言六月有凶。如否例。則復泰大壯夬乾五辟卦皆可言八月有凶。豈午月至亥月皆凶耶。夫遯則亨矣。現亦有孚矣。若否則自與泰對。不與臨對。況公劉時用夏正。則文王時自用夏正可知。至或謂臨以三爲兌主。兌屬少陰。爲八。位于西爲月。于柔卦爲消。柔消之體。至于坤下。是爲八月。是从泰卦三陽消起。臨一。復二。坤三。剝四。觀五。否六。遯七。至姤而爲八。意指姤卦午月。立說似巧。不知月字若作太陰解。則二字不可通。若仍作三十日解。則秦正何可用。如謂月字竟可不求甚解。試問至于八有凶。成何語乎。且自本年十二月。順推次年五月。方可云至。若自本年十二月逆溯本年五月。斷不得云至。種種謬戾。所謂愈巧而愈拙者也。況以兌數爲八。兌位爲月。則姤卦巽屬少陰爲八。位在東南爲日。而恰無八日之文。推之觀亦可云八日。夬亦可云八月。而易之用數。祇應有九六七八。其曰一人一車一握一矢二軌。三人三褫三錫三驅三歲三日三接三狐三就三品三年三百戶。十年十朋。又何說耶。夫伏羲卦位。文王卦位。以及納甲之類。種種數目。原係後儒附會。然漢人間有以解經者。至于三男爲七。三女爲八。解例太寬。尤漢人所不取。不得以復卦之七日。兩說巧合。歎爲精確也。剝與大壯。不言七日。而復卦上六爻辭。且曰十年矣。又或曰。兌位正西。八月秋之中。兌道之成也。內卦爲兌。而成兌者。六三之陰。不憂而甘。故凶也。又古有或二字通。洪範。無有作好作惡。一作或。殷其弗或亂四方。大戴。小子無或宿問。一皆作有。且九月卽九或也。或又通域。○澤卑地高。相臨之象。澤上有地。乃澤涯也。水之際也。左傳。不行之謂臨。教人以善謂之惠。故曰思。放勳曰。勞之來之。至于自得。又從而振德之所謂无窮也。故天子講學。謂之臨雍。敎思取之兌澤。容保取之坤德。又君子謂二。震爲言。兌口講習。學以聚之。問以辨之。坤爲思。剛浸長。故以敎。容寬也。二寬以居之。仁以行之。坤爲容爲民。故保民无疆。

初九。咸臨貞吉。

象曰咸臨貞吉志行正也。

咸。感也。得正應四。故吉。卦惟初二兩爻有感應。故同曰咸。陽始感升。以剛臨柔。得其正位而居是吉。故曰志行正。又咸皆也。指初二兩陽。初二地道。中庸博也之義。又遯上之臨三。則成咸。故稱咸。又咸與臨皆體兌。故稱咸。又兌于地爲剛鹵。鹹亦从咸。又震爲行。感四坎。故稱志。初在卦下。往感于四。四順其欲。相與志行其正。猶賢人思治。願奉其上。上能用之以爲臨者也。又爻變坎爲通。左傳不行之謂臨。謂兌塞也。今通則感而應。卦之師。能以衆正。臨下之象。

九二。咸臨吉无不利。

象曰咸臨吉无不利。未順命也。

得中多譽。兼有四陰。體復初元吉。故无不利。二臣位。卽乾九二之時舍。而欲感人君。感天下。非易事也。故曰未順命。又无有師保如臨父母。師保謂之臨。雖詔于天子无北面。非奉令承教于君者。故曰未順命。未非古同義。周官師氏保氏。二爻象之。又陽感至二當升五。羣陰相承。故无不利。陽當居五。陰皆順從。今尙在二。故未順命也。坤爲順。遯巽爲命。又爻變震動。卦之復。出入无疾。又初二兩爻。中庸博也之義。又或曰未談文。

六三。甘臨。无攸利。既憂之无咎。

象曰。甘臨。位不當也。既憂之。咎不長也。

甘。美也。从口含一。兑爲口。坤爲土。土爰稼穡作甘。兑口銜坤。故曰甘臨。失位乘陽。故无攸利。言三失位无應。故憂之。甘言小美。小惠未徧。民弗從。如霸術之驩虞是也。又人主好大喜功。無醉飽之心。漢武輪臺之悔。亦所謂无利也。又動而之泰。故咎不長。又爻變乾。乾九三惕若。互震。恐懼憂也。

六四。至臨。无咎。

象曰。至臨无咎。位當也。

至之爲文。鳥飛从高下至地也。从一地也。象形。故訓下。謂下至初應。當位有實。故无咎。乾道以大爲臨。坤道以至爲臨。溥博與格被同也。又臨之言至。如至于東岳。至于西岳。巡狩各以時至。即省方觀民也。又四與二同功。欲升二至五。已得承順之。故曰至臨也。陽雖未乘。處位居正。故得无咎。是當位實也。位當。一作當位實。又爻變震動。卦之歸妹。又至即中庸悠也久也之義。又爻辰在丑。月當本卦。

六五。知臨。大君之宜。吉。

象曰。大君之宜。行中之謂也。

五者帝位。聰明睿知。足以有臨也。用中于民。舜之所以爲大知。又知一音如字。又大君謂二也。宜升上居五位。吉也。二處中。升五亦處中。故曰行中之謂。又乾爲知。中謂二。震爲行。又爻變坎。坎于五常則知也。卦之節。又即中庸高也明也之義。又辰在卯。丑月房中。于時值卯。卯闢戸也。又心爲大火。明堂之位。在卦爲。帝出乎震。震爲日門。知臨之象也。

上六。敦臨。吉。无咎。

象曰。敦臨之吉志在內也。

敦厚也。坤爲厚。爾雅云。如覆敦者。江東呼地高堆爲敦。上爻坤土之最高處。故言敦。天下國家。皆吾度內。民胞物與皆吾分內。故曰在內。又內謂二。志在升二陰。以陽爲主。故曰在內也。又上應三。欲因三升二。過應于陽。敦厚之意也。又卽中庸厚也之義。又爻變艮。艮山積于地。有敦厚之體。故艮上亦言敦。惟後曰敦復。義不取于是也。

序卦傳曰。物大然後可觀。故受之以觀。

雜卦傳曰。臨觀之義。或與或求。

䷓ 觀盥而不薦。有孚顒若。

彖曰。大觀在上。順而巽。中正以觀天下。觀盥而不薦。有孚顒若。下觀而化也。觀天之神道。而四時不忒。聖人以神道設教。而天下服矣。

象曰。風行地上。觀。先王以省方觀民設教。

觀。諦視也。常事曰視。非常曰觀。盥。祼。瓘灌古通字。祭之初迎尸入廟。天子涗手而後酌鬯。涗謂之盥。酌鬯獻尸。尸得之灌地而祭謂之祼。所以降神。一事而有三節。肆者實以彝而陳之。祼者將以瓚而行之。獻者奉以爵而進之。大宗伯所謂肆獻祼也。此是祭祀感時。及神降。三獻而薦腥。五獻而薦熟。謂之薦。其禮簡略。不足觀也。國之大事。在祀與戎。王道可觀。在于祭祀。祭之感莫過于初盥。故孔子既灌而往不欲觀。孚信也。顒。頭大也。仰也。轉訓爲敬。顒顒。君德有威容之貌。誠敬內充。齋莊之容。顒顒外見。則與祭者皆觀感而化矣。使民如承大祭。不動而敬。不言而信。亦其誼也。卦體乾。消至四。坤爲地爲衆。巽爲木爲風。九五天子之爻。互艮。艮爲鬼門。又爲宮闕。地上有木。而爲鬼門。宮闕者宗廟之象。又坤爲牛。艮爲手。巽爲潔。盥而薦牲之象。又觀樓觀也。觀謂之闕。又薦一作廌。一作盥而不觀薦。鬼神禍淫福善。若人君修德。至誠感神。則黍稷非馨。明德惟馨。故觀盥而不觀薦。饗其誠信者也。即東鄰殺牛。不如西鄰禴祭之義。又孚謂五。若順也。坎爲水。坤爲器。艮手臨坤。坎水沃之。盥之象。陽息臨二。直方大。臨者大也。在觀上。故稱大觀。中正謂五。五以天神道現示。天下咸服其化。賓于王庭。以五陽觀示坤民。故稱觀。巽爲進退。容止可觀。進退可度。則下觀其德而順其化。上之三。五在坎中。故有孚顒若。下觀而化。詩曰。顒顒卬卬。如圭如璋。君德之義也。忒差也。乾爲道。神道謂五。臨震兌爲春秋。三上易位。坎冬離夏。日月象正。故四時不忒。聖人謂乾。退藏于密。而齊于巽。以神明其德教。故聖人設教。坤民順從。而天下服矣。又時祭春薦韭。秋薦黍。大祭薦牲薦酒薦幣薦璧。又無牲而祭曰薦。薦而加牲曰祭。大夫士有田則祭。無田則薦。又諸侯貢士于天子。鄉大夫貢士于君。必以禮賓之。惟主人盥而獻賓。賓盥而酢主人。設薦俎。則弟子也。故曰盥而不薦。以下觀上。見其至感之禮。萬民信敬。故曰有孚顒若。又觀中孚。皆悔巽。故言孚。又二息爲渙。互震爲祭主。則盥而薦矣。又觀爲鸛鳥。仰鳴晴。俯鳴陰。上陽下陰之象也。又天之神道下。一本有日月不過四字。神道設教上。一本無以字。又神之爲言。所存者神也。至誠如神也。聖王使民如承大祭。剛大在上。其德可觀。故曰大也。大觀在上。建其有極也。下觀而化。歸其有極也。又殷人尚鬼。神道設教。○君子之德風。小人之德草。坤爲方。巽爲申命。設教之義。四方所以風動也。又先王謂五。應天順民。受命之王也。風行地上。草木必偃。枯槁朽腐。獨不從風。謂應外之爻。天地氣絕。陰陽所去。象不化之民。五刑之所加。故以省祭四方。觀視民俗。而設其教也。言先王德化。光被四表。有不賓之民。不從法令。以五刑加之。以齊德教也。又觀民設教。如齊之末業。教以農桑。衞之淫風。教以禮別。曹奢則示以儉。魏儉則示以禮。又從俗所謂。順民之教。故君子治人。不求變俗。如太公于齊。爲簡其君臣禮。從俗。五月而報政。不同伯禽。變其俗。易其禮。三年而報政也。又坤爲方爲民。

初六。童觀。小人无咎。君子吝。

象曰。初六童觀。小人道也。

童。童蒙之意。稚也。百姓日用而不知。愚無所見。如童稚也。民可使由之。不可使知之。其誼如此。卦體大艮爲少男。初在下。童象。又童猶獨也。又稼圃醫卜之小道。小人之事。雖有可觀。君子弗爲也。又卦體爲長艮。艮爲少男。童也。又艮爲童。陰小人。陽君子。初位賤。以小人乘君子。故无咎。陽伏陰下。故君子吝。陽爲道。又爻變震。子從母也。卦之益。彖益者也。又辰在未。井下子二星。孫二星。爲童。

六二。闚觀。利女貞。

象曰。闚觀女貞。亦可醜也。

闚。閃也。竊視之象。六二爲離爻。離爲目。又爲中女。體坤爲闔戶。外互艮。艮又爲門闕。女目近門。闚觀之象。二雖正應五。以闚觀而自媒。虞其失正。故戒之。禮曰。毋淫視。又臨兌爲女。竊觀稱闚。兌女反成巽。巽四五得正。故利女貞。艮爲宮室。坤爲闔戶。小人而應五。故闚觀。女貞利不淫視也。又二得位居中。上應于五。闚觀朝美。不能大觀。處大觀之時。而爲闚觀。女正則利。君子則醜也。又婦無公事。所知者蠶織。女無是非。所議者酒食。是爲貞。又仁者見之謂之仁。知者見之謂之知。闚觀者。所見者小也。又爻變坎窞。然剛中。爲女正家。卦之渙。柔得位而上行。利女貞也。又象傳女貞上。一本有利字。又辰在酉。卦炁爲兌。兌爲少女。月當本卦。正應五位。又昴宿下有月一星。天陰五星。女子之象。

六三。觀我生進退。

象曰。觀我生進退。未失道也。

屮出土上。以漸進長爲生。坤爲資生。生之謂性。我生卽率性之謂道也。君子量而後入。不入而後量。故進退也。又坤爲我。臨震爲生。生謂坤。震而爲坤。是生民也。巽爲進退。故觀我生進退。臨震進之五。得正居中。故曰未失道。震爲道。又我謂五也。生者敎化生也。三欲進觀于五。四既在前。而三故退。未失道也。又此爻漆雕開吾斯未信之旨。又爻變艮止。卦之漸進。又祭之時。以草藉物而薦進也。大夫薦幣。又卿大夫從君。又辰在亥。三近巽爲進退。

六四。觀國之光。利用賓于王。

象曰。觀國之光。尙賓也。

四得位比尊。承于王者。職在搜揚國俊。賓薦王庭。故以進賢爲尙賓也。小雅稱嘉賓。周禮大比稱賓興。又尙上通。聘賓有介。上賓謂正使之賓。聘禮記歸大禮之日。既受饔餼。請觀。訝帥之自下門入。請觀者觀國之光也。如吳季子請觀周樂。韓宣觀書于太史氏。又洪範七曰賓。先王巡省。羣后肆覲。明堂輯瑞。柴望以祭。會同以賓。又諸侯朝貢于王曰賓。此諸侯助祭。如二王之後。作賓王家。載見之詩。所云俸有烈光也。又坤爲國。臨陽至二。天下文明。反上成觀。進顯天位。故觀國之光。王謂五陽。陽尊賓坤。坤爲用爲臣。四在艮爲王庭。賓事于五。故利用賓于王。詩曰。莫敢不來享。莫敢不來王。尙上也。謂五。又爻變乾。風行天上。照以天光。四非主。是曰賓卦之否。又辰在丑。斗主舉政進賢。丑月辟臨。故曰觀國之光。女上扶筐四星。故利用賓。又左傳二十二。陳厲公之生敬仲也。筮之。遇觀之否。曰坤土也。巽風也。乾天也。風爲天于土上山也。有山之材。而照之以天光。于是乎居土上。故曰觀國之光。庭實旅百。奉之以玉帛。天地之美具焉。故曰利用賓于王。

九五。觀我生。君子无咎。

象曰。觀我生。觀民也。

中庸言三重。以寡民過。必本諸身。徵諸民。觀我生之誼也。王制。命太師陳詩以觀民風。命市納賈以觀民之好惡。又我身也。坤爲身。生謂生民。震生象反。坤爲死喪。嫌非生民。故不言民也。陽爲君子。在臨二失位。之五得道處中。故君子无咎。坤爲民。謂三也。坤體成。故觀民。又爻變艮止。卦之剝。君子自反而戒懼。

上九。觀其生。君子无咎。

象曰。觀其生。志未平也。平當作平。即采字。讀如辨。與堯典洪範同。

上爻獨處异地。不易執持也。故志未平。平安也。又居尊位之上。雖不當事任。而亦爲下所觀。故略與五同。又應在三。三體臨震。故觀其生。君子謂三。之三得正。故无咎。坎爲志爲平。上來之三。故志未平矣。又京房易傳曰。言大臣之義。當觀賢人。知其性行。推而貢之。否則爲聞善不與。茲謂不知。厥异黃。厥咎聾。厥災不嗣。見漢書五行志。又商頌曰。既和且平。曰既戒既平。祭貴平志也。此諸父諸舅。同異姓之尊或不在牽牲薦幣之列者。上爻似之。又爻變坎。坎于人爲智。知人者也。卦之比。輔也。

序卦傳曰。可觀而後有所合。故受之以噬嗑。嗑者合也。

雜卦傳曰。噬嗑食也。

繫辭傳曰。日中爲市。致天下之民。聚天下之貨。交易而退。各得其所。蓋取諸噬嗑。

䷔噬嗑。亨。利用獄。

彖曰。頤中有物曰噬嗑。噬嗑而亨。剛柔分動而明。雷電合而章。柔得中而上行。雖不當位。利用獄也。

象曰。雷電噬嗑。先王以明罰勅法。

噬齧也。嗑多言也。當作盍。合也。否初之五。又益四之五。又賁三之四。物隔頤上下。因齧而合。乃亨。以喻人于上下之間有亂羣者。當用刑去之。故言利用獄。日中爲市。市成有嗑象。卽有噬象。而獄多焉。艮爲門闕。坎爲叢棘。一陽囚中。獄之象。艮爲犬。離火爲言。獄之文。坎爲陷。震爲驚。雷搏擊。山愼重。獄之義。刑獄所以去天下之梗也。寧失不經。哀矜折獄。故利柔中。豐用法于既犯之後。噬嗑立法于未犯之先。又震坎艮皆木。陷于三木。六獄之象也。又初與五剛柔交。故亨。坎爲獄。艮爲手。離爲明。四以不正而係于獄。上當之。三蔽四成豐折獄致刑。坤爲用。故利用獄也。物謂四。則所噬乾脯也。頤中无物。則口不嗑。故先舉物。而曰噬嗑也。震爲行。不當位。謂五。又四體坎。坎爲法律。四在頤中。齧而後亨。故利用獄。又坤初分升乾五。乾五分降坤初。是剛柔分也。雷動于下。電照于上。合成天威而成章也。初柔上行雖失位。文明以中。斷制在直。不失情理。故利用獄。又頤與噬嗑。皆巽世卦。故曰頤。○電者陽氣之發。硫石之精。與地面陰氣格鬥成光。雷動物。電照物。萬物不能懷邪。故先王則之。以明罰勑法。勑一作敕。猶理也。一作飭。雷電當作電雷。雷爲造物之梗。電雷擊之。爲王法之梗。刑罰敕之。離電爲明。震雷爲敕。威而不明。恐致淫濫。明而无威。不能伏物。故須雷電合。凡雷之發。必先有光。而聲隨之。如施放火礮。必先見火。而後聞聲也。其聲并以遠近而分遲速。又否乾爲先王。坎爲罰。爲法。

初九。屨校滅趾。无咎。

象曰。屨校滅趾。不行也。

繫辭傳曰。小人不恥不仁。不畏不義。不見利不勸。不威不懲。小懲而大誡。此小人之福也。易曰。屨校滅趾。无咎。此之謂也。

震爲足。亦爲木。屨貫也。校者以木絞校者也。漢謂之貫械。趾足也。滅沒也。掩藏之意。足械。則從上視之不見趾。初居剛躁之象。體貪狠之性。以震掩巽。强暴之男也。行侵陵之罪。以陷屨校之刑。得位于初。顧震知懼。小懲大戒。以免刑戮。故无咎。此所謂用輕典者。不行者。不敢遂行强暴也。又足以受屨。校則滅之。象爲滅趾。又此荆刑也。漢斬趾同于棄市。則亦重刑。在五刑之內也。又坎爲校爲滅。震沒坎下。故滅。位得正。故无咎。否坤小人。以陰消陽。其亡其亡。故五變滅初。否坤殺不行也。又此爻刖刑也。又趾。一作止。不行也。又爻變。震趾變坤靜。不行也。卦之晉。戒其進也。

六二。噬膚滅鼻。无咎。

象曰。噬膚滅鼻。乘剛也。

噬食也。膚皮之表也。豕腹之下。大臠無骨。柔脆肥美之肉也。古禮。別實于一鼎。曰膚鼎。坎爲豕。二在互坎之下。象豕腹向下之膚。艮山爲鼻。二爲艮之下畫。如鼻之端。艮又爲黔喙。貪饕无狀。捧而噬之。則上掩其鼻也。又艮爲膚爲鼻。鼻滅坎水中。隱藏不見。故噬膚滅鼻。乘剛。又得正多譽。故无咎。又乘剛噬深過分。故滅鼻。刑雖峻刻。得所疾也。故无咎。又此劓刑也。二居中履正。惟艮折獄者也。又爻變兌。互體艮象已壞。所謂滅鼻也。卦之睽。合其間隔也。又宋政和末。平江入解者筮得此爻。後徽宗北狩。

六三。噬腊肉遇毒。小吝。无咎。

象曰。遇毒。位不當也。

腊當从昝。仌象肉形。从日。肉之晞于陽者。或曰。腊从昔。昔夕也。謂朝曝夕乃乾。周禮腊人。掌乾肉。凡田獸之脯腊。儀禮。有腊鼎。國語。厚味實腊毒。凡腊肉多毒。坎爲豕。三在膚裏。稱肉。離日在上熯之。又腊謂四。晞于陽而煬于火。三以不正噬取異家。法當遇罪。故遇毒。爲艮所止。所欲不得。故小吝也。所欲不得。則免于罪。故无咎。又坎爲毒。毒謂矢毒也。失位承四。故小吝。與上易位。利用獄成豐。故无咎。又毒厚也。肉之太肥者。譬用刑之人。困于強禦。又爻變離。卦之離。離爲乾卦。腊象。察察爲明。故多怨毒。

九四。噬乾胏。得金矢。利艱貞吉。

象曰。利艱貞吉未光也。

肉有骨爲胏。與胾通。一作禽。一作脯。又簀也。四體離。陰卦。骨之象。骨在乾肉。脯象。金矢所以獲野禽。故食之反得金矢。謂箭鏃也。古有茀矢枉矢殺矢。惟殺矢則金鏃之矢也。殺矢之金。金雜錫。金三而錫二。君子于味必思其毒。于利必備其難。故艱貞吉。又離爲乾肉。爲兵矢。失位用刑。物亦不服。若噬有骨之乾胏也。金矢者取其剛直。噬胏雖復艱難。終得伸其剛直。雖獲正吉。未爲光大也。又爻辭艱貞下。一有大字。象傳未光。一作未光大。又乾爲金。離爲矢。四五易位體屯。故利艱貞。又獄之小者納束矢。大者納鈞金。四臣位。小大秉理。五惟大者而已。此有司執法之義。按大司寇入束矢鈞金。然後聽之。謂民之獄訟。不由鄉訟縣。方違司寇之禁。徑詣于朝。如今越訴者。非凡獄訟皆然也。管仲治齊。乃令訟者皆出金以供軍用。非先王法也。又九四。剛不受齧。初上以矢射四。四獲其矢。而反射之。故初上凶。而四得吉。四五乃理直而得伸者。非聽訟之人也。又爻變艮。卦之頤。

六五。噬乾肉。得黄金。貞厲。无咎。

象曰。貞厲无咎。得當也。

陰稱肉。位當離。日中烈。故曰乾肉。五位中。黄中色。金言明。禮器曰。金次之見情也。金生坎水。而煉于離火。黄應土而映于沙。故曰黄金。昔有韓嫣以黄金丸彈雀。時人語曰。苦饑寒。逐金丸。又乾爲金。故得黄金。貞正。厲危也。變而得正。故无咎。又貞厲。謂陰來正居是而厲陽也。以陰厲陽。正居其處。而无咎者。以從下明上。不失其中。故言得當。又古者金作贖刑。此言人君矜恤之仁。又爻變乾健。噬乾肉之象。卦之无妄。

上九。何校滅耳。凶。

象曰。何校滅耳。聰不明也。

繫辭傳曰。善不積不足以成名。惡不積不足滅身。小人以小善爲无益。而弗爲也。以小惡爲无傷。而弗去也。故惡積而不可掩。罪大而不可解。易曰。何校滅耳凶。

離爲槁木。何負也。擔也。一作荷。如今何枷。則從下視之不見耳。故曰滅耳。又離爲木。坎爲耳。木在耳上。何校滅耳之象。當據離坎以爲聰明。坎既不正。今欲滅之。故曰聰不明。耳無所聞也。或曰。目不明。耳不聰也。或曰。言其聰之不明也。又爲五所何。故曰何校。據五應三。欲盡滅坎。上體坎爲耳。故曰滅耳凶。上以不正。侵欲無已。奪取異家。惡積罪大。故凶。又坎水自下滅上。故滅耳。若坎體得正。則聰。又爻變震。卦之震。動而爲木。上極而麗于木。爲何校象。又此刖刑也。又此大辟之刑也。又此所謂用重典者。又術數之說。謂唐運應噬嗑。而有武后。震爲主。離爲女。艮爲止。離爲戈。止戈爲武。其姓也。艮爲犬。離爲火。犬火爲狄。狄姓者。有安社稷之功也。

序卦傳曰。物不可以苟合而已。故受之以賁。賁者飾也。

雜卦傳曰。賁无色也。

䷕ 賁亨小利有攸往。

彖曰。賁亨。柔來而文剛。故亨。分剛上而文柔。故小利有攸往。天文也。文明以止。人文也。觀乎天文。以察時變。觀乎人文。以化成天下。

象曰。山下有火賁。君子以明庶政。无敢折獄。

賁。變也。飾也。从貝卉聲。貝水蟲。背文如錦。故爲於素而加以文飾之貌。又賁黃白色。艮山離火。火照山石。故黃白。又五色不成謂之賁。家語。孔子筮得賁。愀然曰。非正色也。非吾兆也。蓋黃白不純色爲賁。又賁古斑字。文章皃。又音符文反。泰二之上。又損三之二。又既濟五之上。

陰從上來。居乾之中。文飾剛道。交于中和。故亨。分乾之二。居坤之上。文飾柔道。兼據二陰。故小利有攸往。離爲日。天文也。艮爲石。地文也。天文在下。地文在上。天地二文相飾而成。賁賁然也。猶人君以剛柔仁義之道。飾成其德。剛柔雜。仁義合。然後嘉會禮通也。互坎險止于下。艮山止于上。夾震在中。故不利大行。小有所之。則可矣。又卦中具山龍藻火日月翬翟元黃黼黻之象。皆所爲賁飾者。噬嗑武治。賁文治。又大畜爲學。賁爲文。又小一作不。又利下一有貞字。又彖傳天文也上。一有剛柔交錯四字。又小謂五。五失正。動得位。以剛文柔。成巽體離。艮爲星。離日坎月。巽爲高。五天位。離爲文明。日月星辰。高麗于上。故稱天文。人謂三。乾爲人文。明爲離。止爲艮。震動離明。五變據四。二五分則止文三。故以三爲人文也。日月星辰爲天文。泰震春兌秋。賁坎冬離夏。巽爲進退盈縮。謂月始生爲朏。朔見東方爲縮朒。亦曰側。晦見西方爲朓也。歷象在天成變。故以察時變。泰乾爲人。五上動。體既濟。賁有離象。重明麗正。故化成天下也。艮爲成。又天地以節氣相交爲天文。四時之變。懸乎日月。聖人之化。成乎文章。觀日月而要其會通。觀文明而化成天下。又賁象斗。初四相應爲經。爲斗柄。二三五上各相比爲緯。爲斗腹。

愚按孔子曰。賁无色也。无字是天字之訛。蓋青白色。彖詞當以亨小絕句。與既濟同。彖傳。利有攸往往字。與文明以止止字對。不得妄增。剛柔交錯四字。卦自東來。泰上坤下乾。尊卑易位。而曰天地交者。蓋以卦德言。則陽爲天。陰爲地。以卦象言。則虛者爲天。實者爲地。天氣下降地氣上騰。天地訢合無間。其位自正。故不曰地天交。而曰天地交也。凡六畫卦位。初二爻爲地道。三四五爻爲人道。上爻爲天道。此六十四卦之通例。所謂兼三才而兩之。非匀配也。賁爲天色。彖傳。故以五行言。柔者氣也。剛者質也。柔來而文剛。故亨分者。上爻之柔降于二。是天五行之氣。下分于地。而成金木水火土之質也。故曰亨分。剛上而文柔故小者。二爻之剛升于上。是地五行之精上繫于天。而爲金木水火土之星也。星雖有大于全地者。而自下視之。不啻彈丸。故曰小。利有攸往者。五重天。無刻不運行。所謂天文也。文明以止者。五行之產。各止其所。六府之用。

交賁于人。所謂人文也。觀乎天文。以察時變者。五重天。或一年一周。或二年一周。或十二年一周。或二十八年一周。以是候時也。觀乎人文。以化成天下者。聖人于五行之用。財成。輔相。以利天下也。○彖傳賁亨。亨字一作衍文。○山之爲體。層峰峻嶺。峭麗參差。直置其形。已如彫飾。復加火照。彌見文章。又古者繪山于衣。繡火于裳。賁之象也。獄不可文致。舞文深文。俾離文網。故賁无敢。折斷也。書曰。服念五六日至于旬時。丕蔽要囚。離體象囹圄。又麗獄之辭。故賁旅豐噬嗑。皆言獄。象傳以明。一作以命。又艮爲狗。互頤口象。似獄文。古有夢兩犬對吠。而民獄興焉。又君謂乾。離爲明。坤爲庶政。故明庶政。坎爲獄。三在獄得正。故无敢折獄。噬嗑四不正。故利用獄也。又山下有火。明不及遠。庶政事之小者。折獄事之大者。

初九。賁其趾。舍車而徒。

象曰。舍車而徒。義弗乘也。

徒出行也。坎爲車輪。震爲車廂。初在下爲趾。舍車而飾趾。是徒步也。古大夫乘車。初爲士。故弗乘。于爻在上爲乘。在下爲承。剛不乘柔也。又震爲足。故賁趾。應在艮。艮爲舍。坎爲車。位在下。故舍車而徒。又剛柔相交以成飾義者也。今近四。棄于二比。故曰舍車。車士大夫所乘。謂二也。四乘于剛。艮止其應。初全其義。故曰而徒。徒塵賤之事也。自飾其行。故曰賁趾。趾謂初。如是則葛屨勝于金舄。又賁字。古亦借奔義。非車奔而徒奔。則猶壯于趾之謂也。又乾亦爲車。又爻變艮。卦之艮。離虛中如車。變爲徑路。舍車而徒也。又此爻不文之質。又趾一作止。車一作輿。象傳弗一作不。又爻辰在子。危上車府七星。造父五星。

六二。賁其須。

象曰。賁其須。與上興也。

須面毛也。毛在頰曰髯。在口曰髭。在頤曰須。凡毛髮之屬。皆陰血之餘。文剛者。自三至上。有頤象。二在頤下。

須之象。上无應。三亦無應。若能上承于三。與之同德。雖俱无應。可相與興起也。須不自動。頤動而從。又離變乾。日麗天而隨天旋。須麗頤而隨頤動也。互兌口。口旁之文。莫如須。卦之大畜。又魚須飾旗。亦飾文竹。震爲蒼筤竹象之。須讀爲斑。雜色爲斑。賁亦古斑字。又爾雅有須屬。須訓動。象曰。與上興。動之象。又須需也。待也。謂剛柔相須也。二无應。待五之正。二則賁之。與歸妹六三同義。上謂五。震爲興。又離爲女。象女須而被文明之服。賤附貴之光。下蒙上之賁。又此爻有質之文。

九三。賁如濡如。永貞吉。

象曰。永貞之吉。終莫之陵也。

此以洗濯爲飾者。有離之文以自飾。有坎之水以自潤。故濡如。體剛履正。故永貞吉。艮爲陵。與二同德。故終莫之陵也。又多飾之事。繪事是也。此染采之喩。又離爲雉。故賁如。艮爲狐濡尾。故濡如。又猶詩言六轡如濡也。又陵侮也。凡剛不能陵柔而能陵剛。故曰永貞吉。又離變震。卦之頤。滋養爲濡。又此爻極文之盛。又辰在辰。軫爲水宿。濡象。

六四。賁如皤如。白馬翰如。匪寇婚媾。

象曰。六四當位疑也。匪寇婚媾。終无尤也。

皤。白素之皃。故老人鬢白曰皤。震馬馵足謂白足。的顙謂白顚。翰白馬也。禮記。商尚白。戎事乘翰。本爻互坎爲寇盜。故疑當位。應初爲婚媾。故終無尤。與屯二暌上同誼。皤一作蹯。一作燔。一作波。又一作槃。馬作足橫行曰皤。讀爲槃。又皤黃髮。獸書番番黃髮。以喩老人。又翰高也。馬舉頭高仰也。又坎馬亟心。如翰之飛也。又爻變離。卦之離。離爲飛鳥。翰如之象。又六四巽爻也。有應于初九。欲自飾以適初。既進退未定。故蹯燔如也。又翰猶幹也。九三位在辰。得巽氣。爲白馬。見六四適初未定。欲幹而有之。又五變文四。故賁如。在巽爲白。故皤如。坎爲馬。白馬爲翰。坎爲寇謂三。婚媾謂初。四當賁初。坎爲疑。四在坎。疑賁三。終應初。故无尤。又寇謂三。婚媾謂欲婚媾于四。實非寇也。又四乘三。悖禮難飾。應初遠陽。故曰當位疑也。守正待應。故无尤。又此爻文盛思質。又辰在丑。娶女爲媾。

六五。賁于邱園。束帛戔戔。吝。終吉。

象曰。六五之吉。有喜也。

爾雅。非人爲之丘。蓋地自然生也。山之四旁高而中平者爲邱。虛中而垣其外者園也。艮爲山五半山。故稱邱。園圃毓艸木。艮爲木果。震爲竹。曰園。束帛五匹也。三元二纁。象陰陽。又昏禮納帛一束。束五兩。十端爲束。或曰。帛者白也。以白繒爲束也。戔戔剪裁分裂之狀。淺小之意。說文。戔賊也。從二戈。兵多則殘也。一作殘殘。艮山震林。失位无應。在山林之間。賁飾邱陵以爲園圃。象隱處之士。道德彌明。以待束帛之聘。而五爲王位。體中履和。勤賢之主。尊道之君也。故曰賁于邱園。束帛戔戔。古招士必以束帛。加璧于上。君臣失正。故吝。能以中和飾上成功。故終吉而有喜也。又邱園指上爻。如蠱卦艮上。不事王侯。五受上之賁。周禮。場圃任園地。園在國外則上也。又六五失正。動成巽。巽爲帛爲繩。艮手持之。故束帛。以艮斷巽。巽齊故戔戔。失位无應。故吝。變而得正。故終吉。凡言喜言慶。皆謂陽爻。又兩端爲束。又戔戔委積皃。禮之多也。又戔戔顯見皃。又君若賁飾束帛。不用聘士。則邱園之士乃落也。君若賁飾邱園之士與之。故束帛乃戔戔也。又戔戔小皃。國小則示以儉。于五明敦本尙儉之爲吉也。衞文公漢文帝。雖儉似吝。而終吉。且却皆謚文。又隋煬剪綵爲華。錢鏐宴父老。山石艸木皆被文繡。又六五爲離爻。離爲中女。午爲蠶絲。束帛之象。亦此文象。又六五爲坤之中畫。坤爲帛。又艮山變巽木爲邱園。以柔賁物者。莫如帛。柔文剛也。卦之家人。又此爻由文反質。又賁一作世。

上九。白賁。无咎。

象曰。白賁无咎。上得志也。

白素也。延山林之人。采素士之言。以飾其政。故上得志也。白从入合二。白者五色之一。攷工記。畫繢之事。後素功。謂先布采。後加素功。成于素也。上九。賁之成。故云。又在巽上。故白賁乘五陰。變而得位。故无咎。上之正得位。成既濟。故得志。坎爲志。又于此見賁極反本之无咎。又禮白受采。白爲地。賁爲飾也。又艮變坤。止乎靜。卦之明夷。晦其明。又象傳上字。尙之訛。謂三也。尙配也。又此爻以質爲文。

六十四卦經解卷四

元和朱駿聲集注

序卦傳曰。致飾然後亨。則盡矣。故受之以剝。

雜卦傳曰。剝爛也。

☷☶剝。不利有攸往。

彖曰。剝剝也。柔變剛也。不利有攸往。小人長也。順而止之。觀象也。君子尚消息盈虛。天行也。

象曰。山附於地剝。上以厚下安宅。

剝裂也。从刀从彔。彔。刻割也。又落也。萬物零落之象。乾消至五。五至尊。爲陰所變。故曰剝也。與夬旁通。以柔變剛。小人消長。子弑其父。臣弑其君。故不利有攸往。五消觀成剝。故曰觀象。乾爲君子。乾息爲盈。坤消爲虛。天行也。則出入无疾。反復其道。易虧巽消艮。出震息兌。盈乾虛坤。故于是見之耳。又尙猶貴也。又象傳剝也。一作剝落也。又剝五旁通夬二。成觀。故稱觀。愚按剝霜降之卦也。剛柔者晝夜之象。柔變剛者。變日永爲宵永也。小人長者。夜屬陰。喩小人。順而止之觀象者。觀日行甚速之象。愈遠于人。無術以止之也。君子尙消息盈虛者。消謂自秋分至春分。日行每日過于一度。于太陽爲疾。于晝爲消也。息謂春分至秋分。日行每日不及一度。于太陽爲遲。于晝爲息也。盈謂二十四恆氣。計每日盈一百四十三分五三四七七五也。虛謂日月合朔。計每日虛一百五十八分九五六一七一也。尙配也。君子一身動靜行藏。則而象之。合于天行也。凡易言天行。皆指太陽天言。不指恆星天言。○高附于卑。貴附于賤。君不能制臣也。上君也。宅居也。山高絕于地。今附地者。明被剝也。厲地時也。君當厚錫于下。賢當卑降于愚。然後得安其居。又上謂上九。以非君位。但曰上也。又魏筮天雨得剝。李業興曰。艮山出雲。吳遵世曰。坤土制水。果有雲而无雨。

初六。剝牀以足。蔑貞凶。

象曰。剝牀以足。以滅下也。

坤以載物。牀以安人。在下故稱足。先從下剝。漸及于上。則君政崩滅。故曰以滅下也。牀有臥牀坐牀。後世胡牀蓌牀則坐牀也。以全卦之象而言。上爲牀。初爲足。又此卦坤變乾。動初成巽。巽木爲牀。復震在下爲足。故剝牀以足。蔑无也。貞正也。失位无應。故蔑貞凶。震在陰下。故曰以滅下。又蔑輕慢也。一作滅。削也。貞一作征。又坤爲牀。爻變震爲足爲動。卦之頤。養以正也。

六二。剝牀以辨。蔑貞凶。王引之曰。以與也。辨讀爲髕。厀耑也。豐按以叚借詁經。固極精確。但以下文膚字例之。則足與厀耑皆有膚。聖人獨于膚言切近灾恐。初二兩爻。仍當就牀言牀。

象曰。剝牀以辨。未有與也。

辨在第足之間。牀梐也。或曰。牀幹也。一曰牀簀也。亦謂之薦。大氏牀身之下。牀足之上。分辨處近。是與應也。未有與者。言至三則有應。陽剛有以制之。若二未有應也。又爾雅。革中絕謂之辨。又足上膝下稱辨。謂近膝之下。屈則相近。伸則相遠。故謂之辨。辨分也。又釆辨別也。象獸指爪分別。讀若辨。故指間稱辨。尚書。平章平秩。皆釆字也。剝二成艮。艮爲指。二在指間。故剝牀以辨。无應。在剝故蔑貞凶。又辨一音辦。一作辯。又爻變坎。剛中辨象也。坎爲險。于木堅多心。卦之蒙。亦養正之義。又貞一作征。

六三。剝之无咎。

象曰。剝之无咎。失上下也。

衆皆剝陽。三獨應上。无剝害意。是以无咎。三上下各有二陰。三獨應陽。則失上下也。又君子厄于陳蔡之間。无上下之交。此其誼也。又爻變艮。卦之艮。上下敵應。而不相與。艮爲止。故失上下。又王振老僕之于薛文清。太監張永之于王文成。所謂剝之无咎也。

又爻辭一作剝无咎。

六四。剝牀以膚。凶。

象曰。剝牀以膚。切近災也。

在下而安人者牀也。在上而處牀者人也。坤以象牀。艮以象人。艮爲背。四居艮始則膚也。牀剝盡以及人身。爲敗滋深。害莫甚焉。又獸以皮毛爲膚。牀以剝盡。次及其膚。剝于大臣之象。切急也。言身與君切近。又膚辨上也。艮爲膚。陰至四。乾毀。故剝牀以膚。又膚。一作簠。謂祭器也。又爻變離爲火。焚身之象。卦之晉。

六五。貫魚以宮人寵。无不利。

象曰。以宮人寵。終无尤也。

艮爲門闕。宮象五王后之位。自四而下爲宮人。天子御妻八十一人。九人旅進。當九夕。世婦二十七人。亦九人旅進。當三夕。嬪婦九人。當一夕。三夫人尊。當一夕。王后又尊。專一夕。凡十五日而徧。卦下比五陰。駢頭相次。似貫魚。魚陰物。故以喩宮人貴賤有等。寵御有序。不相瀆亂。五爲衆陰之主。能有貫魚之次第。故得无不利。言无不利。事非无所不利也。魚大小一貫。如后以下。小大雖殊。承寵則一。故終无尤也。又易中言魚。皆指巽。觀五巽爲魚。爲繩。艮手持繩貫巽。故貫魚也。艮爲宮室。宮人謂乾五。以陰代陽。五貫乾爲寵人。陰得麗之。故以宮人寵。動。得正成觀。故无不利。凡爲終。上變坎爲尤。又爻變巽。巽爲魚。卦之觀。觀我生。又爻辰在卯。氐宿邸也。人所托宿。宮象。尾旁魚一星。房上有貫索九星。

上九。碩果不食。君子得輿。小人剝廬。

象曰。君子得輿。民不載也。小人剝廬。終不可用也。王念孫曰。用讀爲以。古二字相叚借。不勝枚舉。艮體爲果蓏。不食。故果至碩大不剝也。詩八月剝棗。上有剛直之德。羣小人不能害。故有此象。果中有仁。天地生生之心存焉。剝之所以復也。乾亦爲木果。五陰載一陽。輿象。君子居此。以德爲車。萬姓賴安。如得乘其車輿焉。若變則无覆。五陰何芘。故小人剝廬。廬殿中直舍也。一陽在上。亦有廬象。故云。又言小人處之。則庶方無控被剝其廬舍。故終不可用。又艮爲碩果。謂三已復位。有頤象。頤中无物。故不食也。夬乾爲君子。爲德。坤爲車。爲民。乾在坤。故以德爲車。小人謂坤。艮爲廬。上變滅艮。坤陰迷亂。故小人剝廬也。坤爲用。又用。一云當作害。以韻叶。德一作得。車一作輿。又剝爛也。果爛而墜地。核中之仁復生。剝于上而復生于下。故曰碩。又中田有廬。剝廬言小人傲狠。當剝徹廬舍而去也。又賢人君子。或曰。民之望也不殺。或曰。不足殺。至事定又不可得而殺。故碩果常存。又京房傳。小人剝廬。厥妖山崩。又辰在戌。周十一月。當本卦。婁下左右更十星。廬舍之衞。

序卦傳曰。物不可以終盡。剝窮上反下。故受之以復。

繫辭傳曰。復。德之本也。復小而辨于物。王引之曰。辨讀爲徧。復以自知。

雜卦傳曰。復反也。

䷗復亨。出入无疾。朋來无咎。反復其道。七日來復。利有攸往。王引之曰。此與震既濟之七日得同例。言至多不過七日。舉七日者。日之數十。不及半則稱三日。過半則言七日。言多不至十日耳。

彖曰。復亨。剛反動而以順行。是以出入无疾。朋來无咎。反復其道。七日來復。天行也。利有攸往。剛長也。復其見天地之心乎。

象曰。雷在地中復。先王以至日閉關。商旅不行。后不省方。

復从彳从畗夂省。行故道也。故爲歸本之名。反也還也。又往來也。又一云。古文从[illegible]。天與日月同度也。坤息初。冬至之卦也。太陽周天行度。一歲之中有盈縮。卽西法所謂高卑行也。今時自冬至至春分黃赤道交。行八十九日三刻十一分。爲盈初。自春分至夏至。最近赤道北極處。行九十二日十時六刻十分。爲盈末。二限自南陸而斂于北陸。故律家謂之斂。自夏至至秋分黃赤道交。行九十三日七時一刻八分。爲縮初。自秋分至冬至。最近赤道南極處。行八十九日八時三刻五分。爲縮末。二限自北陸而發于南陸。故律家謂之發。但此四限。盈初盈末。則每年遞消一分。縮初縮末。則每年遞長一分。故隨時不同。計今道光初年。距商末約三千年。相差二十五時。盈初限。當爲九十一日一時三刻十一分。盈末限。爲九十四日十一時六刻十分。縮初限。爲九十一日六時一刻八分。縮末限。爲八十七日七時三刻五分。時刻分。據今鐘表法言。盈律縮律。生于最卑行最高行。前古最卑行在冬至前。近古與冬至同度。今時則已後冬至。約四時五刻二分有奇。其差測得每年一分一秒十微。 蓋以大地全球。絜之天體。則中國人物所居之地面。在東北一小隅。故太陽行赤道外近南極。自人視之爲遠爲卑。行赤道內近北極。自人視之爲近爲高。近則正射。故暑而晝長。遠則旁射。故寒而晝短。太陽每日行黃道一周。而天挈之東移一度。故非日之行眞有遠近。天實挈之使遠。挈之使近也。 知此可與講復卦彖辭矣。復反也。疾遽迫也。出入无疾者。太陽出入于赤道內外。至冬至而無可疾速。行漸遲也。朋讀曰明。日爲大明。自南而北。則近于人。故言來也。咎文从人从各。各者相違。无咎不相違也。 或以日月爲朋解。則冬至不必在朔。月雖出入近于黃道。而一歲有十三次周天。其往有十三次。其來亦有十三次。則反復其道者。十三次矣。與來復之誼隔。 道路也。震爲大塗。爲反生。反復其道者。太陽一周天。反而復于其路。律元所以起冬至也。七日者。冬至至秋分。二百七十七日七時四刻。此九箇月爲萬物生成之時。人所喜悅。冀其來者。除九箇月整數。餘七日奇。舉尾數而言也。冬至而後。天道發育。以美利利天下。故占曰利有攸往也。孔子曰。剛反動而以順行。曰天行也。曰復其見天地之心。曰先王以至日閉關。其誼昭然若揭。若秋分至冬至。閉塞之時。人所謂畏惡。故臨曰。至于八月有凶。秋分至冬至八十七日七時有奇。三箇月整數內虛二日五時奇。則自復言之曰七日復。自剝言之可曰二日剝。自臨言之曰至于八月有凶。自觀言之可曰至于三月有吉。其理一也。羣陰剝陽。至于幾盡。一陽來下。復反而得交通。故曰復亨。陽息臨成乾。小人道消。君子道長。故利有攸往。七日。有主六日七分之說者。十六家。大旨以一歲三百六十五日四分日之一。以坎離震兌四方伯卦。各主一方。卦別六爻。爻主一氣。爲二十四氣。其餘六十卦三百六十爻。爻主一日。當周天之數。餘五日四分日之一。以通閏餘者也。六十卦分之。卦別各得七分。七日舉成數言之。所謂卦氣起中孚也。按凡物之可以成數舉者。或所少無幾。或所餘無幾。如詩三百十一篇。可云三百。說文一萬五百餘文。可云萬字也。今每日作爲一百分中之八十分。而六日之外。所餘祇一百分中之七分。只可當六日。何得爲七日。夫孟氏卦氣。一日八十分。是一周七十二候。爲二萬九千二百二十分。此數本屬憑虛立說。且凡渾言分數。而不言母數。則必爲十分中之幾分。今屬于六日之下。而曰七分。却是四百八十分又餘七分。衡以每日之數。乃八十分又餘七分。而直以六日統之。文義先不貫串。如其言。當曰六日又八十分日之七耳。然則六日之六。與七分之七。兩數大相懸殊。全不相涉。既無母數。卽云七十分七百分七千分。亦無不可。安得以七分數大。可當一日。鄭竟據以解復卦耶。若以古法之日周一萬分言之。則六日七分。猶云六日又八百七十五分。若以今法之日周一千四百四十分言之。則六日七分。猶云六日一時零六分。大抵不及每日十分之一也。山堂考索有辨難十二條。未及查閱。有主自姤至復者。五月一陰生。至十一月一陽生。凡七月。豳風一之日。二之日。古人亦呼月爲日。且臨以月言。冀其遲。復以日言。幸其速也。虞氏云。旁通姤。剛反交初。故亨。出震成乾。入巽成坤。坎爲疾。十二消息。不見坎象。故出入無疾。剛從艮入坤。從坤反震。故曰反動。坤順震行。故以順行。陽不從上來反初。故不言剛自外來。是以明不遠之復。入坤出震義也。兌爲朋。在內稱來。五陰從初。初陽正。息而成兌。故朋來无咎。陽上出。陰下入。乾成坤。反出于震而來復。陽爲道。故復其道。剛爲晝日。消乾六爻爲六日。剛來反初。故七日來復。天行也。陽起初九爲天地心。萬物所始。吉凶之先。故曰見。坤三復位時。離爲見。坎爲心。陽息臨成泰。天地交也。按臨卦言月。復卦言日。不應互相假借。詞例兩歧。夫以太陽一周定日。故謂之日。以太陰合朔定月。故謂之月。豳風一之日。二之日。加一之字。猶云十一月之日。十二月之日耳。與此不同。有主自剝至復者。剝卦陽盡九月之終。至十月末。純坤用事。坤卦將盡。則復陽來。隔坤之一卦。六爻爲六日。復來成震。一陽爻生。爲七日也。按以日爲月。其失與自姤同。有主自復初一陽。歷六爻反初者。謂七日。皆陽之稱也。七九稱陽數也。六陽涉六陰而反下。七爻在初。故稱七日。日亦陽也。按既已復矣。何用再歷。是復後。七日而又復非七日來復也。有主本卦震體之說。謂震屬少陽爲七。位于東爲日。于剛爻爲長。剛長之體。來于坤下。是爲七日。按其說仍是自姤至復之義。失亦同。又或曰。七者少陽之數。坤爲老陰。乾爲老陽。故用九六。至于純坤而無可消。于是其復速疾而七起焉。言日者一晝一夜。數極則反之謂。積陰至于六日。則必復寒暑陰晴之常也。而不正之氣化。抑不盡然。故惟速反于七。爲天行之正。按以寒暑陰晴言。是七日而復。又七日而姤。倏忽无常。且姤不可云七。則將曰八日來姤耶。其說更浮游鶻突。又陰侵陽。陽失位。至此始還。反起于初。陽君象。猶君失國而還反。道德更興也。又利往者。利往居五。剛道浸長也。又朋。一作崩。又左傳成十六年。晉楚鄢陵之戰。晉筮之。史曰吉。其卦遇復。曰南國蹙。射其元王。中厥目。自上下者爲崩。一作萌。又反復之復。一作覆。又日。一作月。又彖傳。剛反動。一本絕句。

○至日者。概乎冬至以後言之。蓋冬至之後。商之正月。驚蟄之前也。寒氣方盛。民當入室。以息老慈幼。君當體吏民終歲之勤苦。今之封印。其遺意也。省視也。方者書事之版也。若巡省四方。則吉行五十里一日。往不出郊關。省方非一日之事。且書言十有一月朔巡狩。其謂之何。震子胎于母腹。雷在地中之象。故有身亦曰震。震爲大塗。則關也。坤爲衆。則商旅也。賫貨而行曰商。客曰旅。坤又爲方。又先王謂乾初。坤闔爲閉關。剝艮爲門。伏姤巽爲商旅近利市三倍。姤巽伏初。故商旅不行。姤象曰。后以施命誥四方。今隱伏下。故自天子至公侯。不省四方之事。將以輔遂陽體。成致君道也。后君也。制之者。王者之事。奉之者爲君之業。故上言先王。而下言后也。六十四卦。惟此重耳。又復旅內卦旁通。故言旅。又月令是月齊戒掩身。以待陰陽之所定。

初九。不遠復。无祇悔。元吉。王引之曰。祇當從九家作敍。廣雅。多也。體按說文無敍字。惟見西京賦。淸酤敍。

象曰。不遠之復。以修身也。

繫辭傳曰。顏氏之子。其殆庶幾乎。有不善未嘗不知。知之未嘗復行也。易曰。不遠復。无祇悔。元吉。

祇病也。坤反震而變此爻。不遠復也。有應故元吉。往被陰剝。所以有悔。覺非而復。故无大咎。初如顏子之不貳過。復于乍萌。二如子路人告之以有過則喜。復于已著。三如太甲之自怨自艾。復于已成。故曰頻頻者。至于頻蹙而不前也。又祇大也。又適也。又辭也。又作敍。多也。但也。又作禔安也。又音氐。抵也。至也。致也。按祇从示从氏。不从衣从氐。衹短衣也。音扺諆。又遠違也。又乾爲遠。坎爲心病爲悔。乾元正。故元吉。坤爲身。又爻變坤。卦之坤。又辰在子。周之正月。當本卦。虛上司非司危二星。下哭泣四星。祇病之象。

六二。休復吉。

象曰。休復之吉。以下仁也。

休寬仁之意。仁謂初。如果中之仁。生生之元也。下仁下附于仁也。易三百八十四爻。未嘗言仁。獨于此曰下仁。克己復禮仁也。朋來。以友輔仁。從道。脩道以仁。又休美也。又息止也。人勞時依木而息。至美也。震爲竹木。木爲仁。震東方主仁。又爻變兌說澤就下也。卦之臨。又此爻曾子當之。子貢問仁。子曰。友其士之仁者。下仁也。

六三。頻復厲无咎。

象曰。頻復之厲義无咎也。

頻水厓也。人見水阻。頻蹙不前。故轉訓眉蹙爲憂象也。三處震終虩虩以陰居陽。懼其將危。震爲足。變坎爲大川。將變而懼。故謂之頻。離爲目。目上震懼。頻蹙之象也。頻蹙而復。履危反道義亦无咎。所謂日月至焉者也。又頻頻比也。並也。言比于二而偕復也。與獨對。擇善而從之曰比。又頻頻屢也。數也。又頻急也。又頻。一作嚬。一作顰。一作卑。與顰同義。又三失位。故頻復厲。動而之正。故无咎。又震爲決躁。變離明不迷也。卦之明夷爲傷。故厲也。又此爻日月至焉。游夏之徒當之。所謂入聞道義而悅。出見紛華而慕者。

六四。中行獨復。

象曰。中行獨復。以從道也。

爻處五陰之中。度中而行。獨應于初。故曰獨復。復以自知慎其獨也。吉凶非所論。理當然耳。董子曰。正其誼不謀其利。明其道不計其功。于剝之六三及此爻見之。又中謂初。震爲行。初一陽爻。故稱獨。四得正應初。故曰中行獨復。以從道也。陽爲道。四在外體。又非內象。不在二五。何得稱中行耳。又凡六畫卦。三四皆人道爲中也。又爻變震。卦之震。動也。又此爻。中流砥柱。孟子當之。

六五。敦復无悔。

象曰。敦復无悔。中以自考也。

坤爲厚載。在坤土之中。安土敦乎仁。故曰敦。體柔居剛。无應失位。疑于有悔。能自考省。動不失中。故无悔。考察也。又考成也。又坎爲心。離明省察之。五位上中。故中以自考。又坤變坎。剛中卦之屯。固也。又艮六曰敦艮。臨亦曰敦臨。又按此爻。時中之孔子當之。

上六。迷復凶。有災眚。用行師。終有大敗。以其國君凶。至于十年不克征。

象曰。迷復之凶。反君道也。

坤爲先迷。高而无應。故凶。傷害曰災。妖祥曰眚。又异自內生曰眚。自外曰祥。害物爲災。坤爲衆。震爲大塗。故行師。謂上行師而距初。陽息上升。必消羣陰。故終有大敗。國君謂五也。受命而復道。初當從下升。今上六行師。王誅必加。故以其國君凶。春秋五十凡曰。凡師能左右之曰以。以臣擅君命也。又以與也。坤數十。故曰十年不克征。上爻與象相反。无疾者。有災矣。朋无咎者。國君凶矣。七日復者。十年不克征矣。又坤冥爲迷故凶。五變正時。坎爲災眚。三復位時。體師象。故用行師。師震爲行。坤爲用。陰逆不順。坤爲死喪。坎流血。故終有大敗。姤乾爲君。滅藏于坤。坤爲异邦。故國君凶矣。坤爲至。爲十年。陰逆坎險。故不克征。謂五變設險。故帥師。敗喪君而無征也。姤乾爲君。坤陰滅之。以國君凶。故曰反君道也。又進無納諫。迷而不復。安可牧民。以此行師。必敗績矣。敗乃思復。失道已遠。雖復十年乃征。亦無所克矣。又初二易爲師卦。故言師。又爻變艮止。卦之頤贊。又此爻。即坤之龍戰于野也。又國君即天君。謂心也。又災一作灾。一作烖。又爻辰在巳。軍門二星主行師。又左傳成十六。晉楚遇于鄢陵。厲公筮之。史曰吉。其卦遇復。曰南國蹙。射其元王中厥目。國蹙王傷。不敗何待。又襄二十八。子太叔曰。楚子將死矣。不脩其政德。而貪昧于諸侯。以逞其願。欲久得乎。周易有之。在復之頤。曰迷復凶。其楚子之謂乎。欲復其願。而棄其本。復歸無所。是謂迷復。能無凶乎。

序卦傳曰。復則不妄矣。故受之以无妄。

雜卦傳曰。无妄災也。

䷘无妄元亨利貞。其匪正有眚。不利有攸往。

彖曰。无妄。剛自外來而爲主于內。動而健。剛中而應。大亨以正。天之命也。其匪正有眚。不利有攸往。无妄之往。何之矣。天命不祐。行矣哉。

象曰。天下雷行物與。无妄。先王以茂對時育萬物。

遯三之初。天威下行。物皆潔齊。不敢虛妄。邪妄之道消。大通以正。乃天道恆命也。又訟二之初。又遯上之初。剛來交初。體乾。故元亨。三四失位。故利貞。震爲主。剛中謂五。變四承五。五乾爲天。巽爲命。非正謂上也。四已之正。上動成坎。故有眚。體屯泣血漣如。故何之矣。祐助也。四已變成坤。天道助順。上動。逆乘巽命。故不祐。行矣哉。言不可往也。又妄。一作望。無所希望也。人所望宜正。行必有所望。行而无所望。是失其正。何可往也。又謂無所期望而有得也。又乾震動以天曰无妄。又祐。一作佑。一作右。謂天不右行也。天左旋無右行之理也。○

雷震天下。物不敢妄。茂勉也。又盛也。對配也。時泰則威之无妄。時否則利之以嘉遯。是對時而化育也。又茂對爲句。詩曰。敷天之下。裒時之對。時是也。對謂配天。又一本無萬字。又雷行陽氣普徧。无物不與。物受以生。无有災妄也。又與謂舉辭也。猶皆也。妄亡也。震爲反生。萬物出震。無亡者也。先王謂乾。乾盈爲茂。艮爲對時。體頤養育象。又此大旱之卦。萬物皆死。无所復望也。又妄从亡女。飲食男女。人之大欲。最易妄者。又論衡曰。易无妄之應。水旱之至。自有期節。吳都賦注。引易无妄曰。災氣有九。陽阨五。陰阨四。合爲九。一元之中。四千六百一十七歲。各以數至。漢書律曆志云。易九戹曰。初入元百六陽九。注云。所謂陽九之戹。百六之會。尋九戹。當是无妄二字之譌。易无妄傳。疑七十子之門人所撰。律曆志又云。經歲四千五百六十。災歲五十七。故一元之中。四千六百一十七歲。所謂易无妄之應也。愚按此皆因孔子无妄災也。一語之繫解。

初九。无妄往吉。

象曰。无妄之往。得志也。

剛在內。爲誠之主。故无往不吉。又謂應四也。四失位。故命變之正。四變得位。承五應初。震巽夫妻體正。故往得志矣。在外稱往。又爻變坤順。卦之否。

六二。不耕穫。不菑畬。則利有攸往。

象曰。不耕穫。未富也。

初爲地。二爲田。震爲耒耜爲稼。互艮爲手。震動巽入耕也。震稼艮手。穫也。一歲曰菑。二歲曰新田。三歲曰畬。言不方耕之時而即期其穫。方菑之田而即期其畬。則所往自利。猶論語先難後穫。先事後得之旨。呂氏春秋曰。武王至殷郊。不耕而穫。又有益耕象。无坤田。故不耕。震爲禾稼。艮爲手。禾在手中。故稱穫。田在初。一歲曰菑。田在二。二歲曰畬。初爻非坤。故不菑而畬。得位應五。利四變之益。則坤體成。有來耨之利。故利攸往。往應五也。四動坤應。故未富也。又菑反艸也。悉耨曰畬。又耕菑下。一本俱有而字。又一作不菑畬。凶。禮坊記有之。又象傳未一作求。又爻變兌。兌爲澤。爲剛鹵。爲新田于沮澤剛鹵之地。則力必有所不足。卦之履。不處也。又體離象。火爲焚。牛爲耕。又辰在酉。胃爲五穀之府。下有天囷十三星。天廪四星。又卦炁兌。兌于地也爲剛鹵。

六三。无妄之災。或繫之牛。行人之得。邑人之災。

象曰。行人得牛。邑人災也。

艮爲手。巽繩爲繫。陰爲牛。后稷之孫叔均始作牛耕。三爲人位。震爲大塗。巽爲市邑。震足動爲行人。艮止爲邑人。此爻不中不正。無故而遇災者也。睽初喪馬。震二喪貝。濟二喪茀。皆失而復得。以當位也。三不當位。故災。又上動體坎爲災。四動之正。坤爲牛。艮爲鼻。亦爲人手。亦爲止。巽爲桑。爲繩。係牛鼻而止桑下也。四乾爲行人。三坤爲邑人。乾四據三。故行人之得。三係于四。故邑人之災。言四變則牛。應初震。坤爲死喪。故行人得牛。邑人災也。又言上九將來繫汝之牛。速行而與牛俱逃。則我得有牛也。若止于邑則必爲所繫去矣。故災。又爻變離炎躁妄動。離爲牛。亦爲火災。卦之同人。又辰在亥。亥月辟坤。坤爲牛。

九四。可貞。无咎。

象曰可貞无咎固有之也。

剛而無應。能固守。則无咎。互艮爲止。可貞之義。又動則正。故可貞。承五應初。故无咎。又爻變巽順。卦之益。謙受益也。

九五。无妄之疾。勿藥有喜。

象曰。无妄之藥。不可試也。

藥攻有妄者也。試于豫之貞疾則可。試于无妄之疾則不可。故有宜瞑眩而疾瘳者。有宜勿藥而有喜者。虞舜有苗之叛。班師不征。舞羽而格。文王羑里之囚。不殄厥慍。不隕厥問。管蔡流言之變。公孫碩膚。德音不瑕。此其誼也。孔子于叔孫武叔之毀。亦然。又四已之正。上動體坎。坎爲疾。巽爲木。艮爲石藥也。坎爲多眚。藥不可試。故勿藥有喜。孔子未達不敢嘗之謂也。又爻變離爲火。互坎爲心病。巽艮爲木石之藥。兌爲喜悅。又爻變離爲明察。卦之噬嗑。噬乾肉無毒。

上九。无妄行有眚。无攸利。

象曰。无妄之行。窮之災也。

居无妄之終。有妄者也。妄而應三。上下非正。窮而反妄。故爲災也。又動而成坎。故行有眚。乘剛逆命。故无攸利。又爻變兌說。卦之隨。詭隨者也。一云有音又。

序卦傳曰。有无妄然後可畜。故受之以大畜。

雜卦傳曰。大畜時也。王引之曰。時當讀爲待。按據易坤靈圖。

☶☰大畜利貞。不家食吉。利涉大川。

彖曰。大畜剛健篤實輝光日新其德。剛上而尚賢。與其德剛健而文明句法同。能止健大正也。不家食吉。養賢也。利涉大川。應乎天也。

象曰。天在山中大畜。君子以多識前言往行以畜其德。

歸藏作毒畜。畜有三義。畜賢畜養也。畜德蘊畜也。一作蓄。畜健。畜止也。大壯四之上。乾爲大。艮爲畜。又乾爲金玉。藏于山中。故大畜。乾爲賢人。艮爲宮闕。兌爲口食。令賢人居闕下。不家食之象。有賢曰大有。畜賢曰大畜。表記子曰。事君大言入則望大利。小言入則望小利。故君子不以小言受大祿。不以大言受小祿。易曰。不家食吉。兌爲澤。亦川象。輝光日新當句。觀大有彖。其德剛健而文明。自見。又需五之上。又大壯初之上。其德剛上也。與萃旁通。二五失位。故利貞。此萃五之復二成臨。臨者大也。至上有頤養之象。故名大畜也。二稱家。謂二五易位成家人。家人體噬嗑食。上變既濟。重坎。不成家人也。剛健謂乾。篤實謂艮。互體離。離爲日。故輝光日新。艮爲賢人。二五易位。故大正成家人。今自三至上體頤養象。居外。是不家食而養賢也。二已之五。體坎。故利涉大川。五天位。故應乎天也。震爲應。又大畜家人皆遯世卦。故言家。又上變爲泰。艮家變坤國。君子道長。故不家食。又大壯初升爲主于外。剛賢居上。尊上賢也。又尚配也。又篤實輝光。中庸誠則明之謂也。輝光絕句。其德絕句。止健一作健止。○自地以外。上下四旁。凡虛處皆天也。故天可在山中。止莫如山。大莫若天。天爲大器。山則極止。能止大器。故名大畜。小畜文德。德之小者。大畜其德。德之大者。以山之材。而照之以天光。多識畜德。中庸所謂明則誠也。兌爲言。震爲行。又君子謂乾。震爲言爲行。坎爲志。乾知大始。震在乾前。故志前言往行有頤養象。故以畜其德。陽爲德。識一作志。一音如字。又商瞿四十無子。孔子爲之筮。得大畜。曰後有五丈夫子。

初九。有厲利已。

象曰。有厲利已。不犯災也。

四乃畜已。未可犯也。又已如字。止也。二變正。四體坎。故稱災。又爻變巽順。卦之蠱。壞也。風落山敗其實。有厲之象。

九二。輿說輹。

象曰。輿說輹。中无尤也。

說解也。輹伏兔也。車下鉤心夾軸之物。以革縛之。處失其正。上應五。五居畜之盛。止不我升。故且說輹傷待。進退得正。故無尤過也。乾爲輿。兌爲毀折。又萃坤爲車爲腹。坤消乾成。故說腹。輹一作腹。一作輻。輿一作車。又坎爲輿。兌毀其下畫。則說輹也。又尤者責人也。願爲所畜止。故不尤。又爻變離中虛。車象卦之賁。又辰在寅。卦炁在艮。艮爲徑路。故取象于輿。

九三。良馬逐。利艱貞。曰閑輿衛。利有攸往。

象曰。利有攸往。上合志也。

乾爲良馬。震亦爲驪。一作龍。爲驚走。逐一作逐逐。音冑。兩馬走也。疾而並驅之皃。艱取艮之半。日一作曰。音越。與詩豈不曰戒同。猶爰也。曰日字。隸文相近。篆文大殊。閑習其事也。震爲車。車有六等之數。戈也。殳也。戟也。矛也。皆所謂衛。或曰。輿同車者。左傳。輿臣臺是也。衞徒之從軍者。君行師從。卿行旅從。是也。凡陰陽敵應。

有曰不相與者。有曰合志者。惟義所在。又二已變。三在坎中。故利艱貞吉。離爲日。二至五體師象。坎爲閑習。坤爲車輿。乾人在上。震爲警衞。講武閑兵。故曰日閑輿衞。五已變正上動與三皆體坎。坎爲志。故利往。與上合志。又貞下。一本有吉字。又良馬閑輿。驥不稱力而稱德之謂。又曰猶言也。乾爲言兌爲口。又三四五爻取象馬牛豕。皆人家所畜養者。又乾爲馬。變兌說。馳騁象。卦之損。進銳者。退必速。　又爻辰在辰。軫主任載。有左右轄二星。中有長沙一星。軫四星閑之。氐下有車騎天輻星。按閑猶闌也。

六四。童牛之牿。元吉。

象曰。六四元吉。有喜也。

牛之剛健在角。童牛未角者也。牿楅也。以木爲之。橫施于角。封人職曰。設其楅衡。楅設于角。衡設于鼻。止觝觸也。所以告人。故从告。梏之爲言角也。童牛未角而先習之。禁于未發之謂豫。制官刑則具訓蒙士。無彝酒則誥教小子。此物此志也。耦畫于乾首之上象角。兌爲喜說。又艮初爲童。五已之正。萃坤爲牛。大畜畜物之家。惡其觸害。故牿之。艮爲手爲小木。巽爲繩。繩縛小木。橫著牛角。則牿也。得位承五。故元吉而喜。陽爲喜。謂五也。又巽爲木。互體震。震爲牛之足。足在艮體之中。艮手持木以就足。是施牿也。按牿疑作梏。又坤爲輿。故有牛。初欲上進而四牿之。角既被牿。則不能觸。四是四牿初之角也。四能牿初。則初與无角之童牛同。所以元吉而有喜。又爻變。離爲牛。卦之大有。柔得位而元亨。又牿馬牛之圈也。費誓。牿牛馬。四五虛中。牿之象也。又童。童妄也。一作僮。又作犝。又牿。一作告。一作梏。一作角。　又辰在丑。丑爲牛。牛宿主犧牲。祭天地繭栗。祭宗廟握。故曰童牛。上有河鼓爲牽牛。形如梏之。

六五。豶豕之牙。吉。

象曰。六五之吉。有慶也。

大畜之家。取象牛豕。豕去勢曰劇。劇豕稱豶。豕本剛實。劇乃性和。雖有其牙。不足害物。是制于人也。豕之剛健在牙。三至上體頤。耦爻于頤口之中。牙之象。又二變時。坎爲豕。五變之剛。巽爲白。震爲出。三至上頤象。剛白從頤中出牙也。變而得正。故吉。陽爲慶。又本艸。豕牝曰豝。牡曰豭。亦曰牙。今北方呼小牡豕曰牙。又豶防也。又豶豕幼豕也。與童牛同。爾雅。豕子豬。豶豶么幼。又豶除也。除其牙也。牙所以畜豶豕之杙也。當作庌馬之庌。巽木爲杙。亦爲繩。繫坎爲豕。坎半體見。又牙讀爲互。與牙形近而訛。又九二坎爻爲豕。剛健失位。若豕之劇。不足畏也。而六五爲應。止之甚易。故有慶矣。又爻變巽順。卦之小畜。

上九。何天之衢亨。

象曰。何天之衢。道大行也。

何負也。詩。何天之休。何天之寵。四達謂之衢。乾爲天。艮爲徑路。天衢之象。猶莊子言負雲氣背青霄也。又艮爲手。手上則肩也。乾爲首。首肩之間。荷物處。故稱何。備于身爲德。達于世爲道。如伊尹畜莘野。呂尚畜渭濱。而後相湯武行道也。又何當也。衢四交之道。乾爲天。震艮爲道。以震交艮。故何天之衢。上變坎爲亨。上據二陰。乾爲天道。震爲行。故道大行也。又何。一作向。又何。如字。辭也。又爻辭。一作無何字。象辭若曰。何謂天之衢。以道大行也。因象辭誤增爻辭。又艮爲背爲手。上爲天位。人君在天位。擔荷天之大道也。又爻變坤地。而在乾上。天衢之象。卦之泰。畜極而亨也。又辰在戌。奎上閣道附路王良策。其下外屏天溷諸星。婁有左右更。其下天倉天庾諸星。胃下天廩天囷。其上大陵天船諸星。所謂天衢者也。又天衢者。房南二星北二星爲四表。中間爲天衢之大道。黃道之所經也。

序卦傳曰。物畜然後可養。故受之以頤。頤者養也。

雜卦傳曰。頤養正也。

䷚頤。貞吉。觀頤。自求口實。

彖曰。頤貞吉。養正則吉也。觀頤。觀其所養也。自求口實。觀其自養也。天地養萬物。聖人養賢以及萬民。頤之時大矣哉。

象曰。山下有雷頤。君子以愼言語。節飲食。

頤。本字𦣞。頷也。口車輔之名。象形。或謂當作宧。室東北隅也。藏食之所。艮震東北之卦。震四之上。震動于下。艮止于上。口車動而上。因輔嚼物以養人。故謂之頤。能行養。則其幹事吉矣。卦象長離。離爲目。故曰觀。觀頤。觀其所養。賢與不肖也。頤中有物曰口實。自二至五。有二坤。坤載養物。而人所食之物皆存焉。觀其求可食之物。則貪廉之情可別也。君子割不正不食。況非其食乎。是故所養必得賢明。自求口實。必得體宜。是謂養正。以陽養陰。下動上止。各得其正。則吉。天謂上。地謂初。萬物謂衆陰。天地以元氣養萬物。聖人以正道養賢及萬民。惟其時也。孟子養其大體爲大人。養之正。論語不時不食。孟子食之以時。養之時。又蒙之養正察乎微。少之時也。頤之養正。先乎近。老之時也。又觀五之初。又晉四之初。與大過旁通。養正則吉謂三之正。五上易位。故頤貞吉。反復不衰。上下如一。與乾坤坎離大過小過中孚同義。故不從臨觀四陰二陽之例。或以臨二之上。兌爲口。或以大過兌爲口。故有口實也。坤爲自。艮爲求。三五正則坤實。乾爲聖人謂初。艮爲賢人。頤下養上。故聖人養賢。坤陰爲民。皆在震上。以貴下賤。大得民也。故以及萬民。人非頤不生。故大矣。又頤大過。與諸卦不同。大過從頤來。六爻皆相變。故卦有反合。爻有升降。所以明天人之理焉。徵象會意。必本于此。又二五離爻皆得中。離目稱觀。又頤觀皆自臨生。故稱觀。又實。一作食。又此本觀卦。初六升五。九五降初。成頤。口實謂頤口中也。實事可言。震聲也。實物可食。艮成也。故象傳亦曰愼言語。又鼎亦曰養賢。井亦曰養民。○山止于上。雷動于下。口之象。雷爲號令。今在山下閉藏。故愼言語。雷動以陽食陰。艮以止之。故節飲食也。言出乎身。加乎民。故愼言語所以養人。飲食不節。殘賊羣生。故節飲食所以養物。口用動。口容止。語言飲食失宜。患之所起。禍從口出。病從口入。故宜愼節焉。雷爲言語。山之材爲飲食。頤上止下動。全卦之義。止吉動凶。故外三爻止也。皆吉。內三爻動也。皆凶。動極曰大悖。止極曰大慶。又震爲言。艮爲愼。

初九。舍爾靈龜。觀我朶頤。凶。

象曰。觀我朶頤。亦不足貴也。

卦體長離。離爲龜。初上爲外骨。中四爻爲內肉。龜蟄在下。伏氣咽息不食。聞雷則吐所蟄。而昂首向上。龜能節嗜者。故古者制簠簋刻龜于蓋。示飲食之節也。朶訓樹木之垂朶朶也。謂枝葉華實纍纍然多也。喩頤垂下動之皃。此言貪躁之人。見我饌具之豐。注目而視。覬分其潤。朶頤者我也。觀之者爾也。凶不在朶頤而在觀。故曰不足貴。又爾謂初。我謂上。上爲卦主。故言我。又晉離爲龜。四之初。故舍。坤爲我、震爲動、謂四失離入坤。遠應多懼故凶。爾謂四也。又初本觀卦五也。五體艮爲山龜。自五降初。則爲頤。是舍爾靈龜之德。來觀朶頤之饌、貪祿致凶。故不足貴。又頤十一月之卦。其位在北。爲玄武。又此爻養人者。初以養道示人曰。龜不食。若舍爾不食之德。而來觀我之朶頤。飲食之人、皆賤之矣。凶之道也。凶字不作占詞。爾謂四陰。我初自謂。又爻變坤藏。龜以息爲養。善藏于地者。卦之剝。碩果不食。有樹朶下垂之象。又朶。一作揣。動也。一作端。端頤。多辯也。又朶如花朶之仰而向外。如骨朶之偶植含潤。又辰在子。玄武也。元枵虛中龜象、亦頤象、又卦炁坎。坎爲水。爲溝瀆。藏龜之所。

六二。顚頤。拂經于邱頤。征凶。

象曰。六二征凶。行失類也。

顚倒。拂逆也。經經臟也。或曰。經路也。去聲。謂吭也。吭爲氣經。如徑之出入。莊子緣督以爲經。淮南子熊經鳥伸是也。邱頤。高頤。謂口之上車也。漢書。邱嫂。亦訓長。不訓空也。言二中正。雖顛沛拂逆。曾不失其所養之正。若畔援歆羨。則貧賤而移。所謂征凶也。卦象顚倒皆頤體。故雖拂而順。變則爲損。故征凶。邱取艮山。行所震足。又顚頂也。末也。指上爻。又顚馬蹶也。三變二。在坎爲馬。乘剛故顚。五失位而承于上。體艮爲山爲邱。義在養上。非能應二。故曰拂經于邱頤。二征則凶。又養下曰顚。拂違也。經常也。猶義也。邱小山。謂六五也。二宜應五。反下養初。豈非顚頤違常。于五故曰于邱。拂邱雖阻常理。養下故謂養賢。上旣无應。征必凶矣。又顚卽顚實揚休之顚。謂頤五空虛。大過二往顚實之。大過顚也。與頤旁通。愚按無以解鼎之顚趾。故屬牽强。又拂一作弗。輔弼也。又拂摩拂也。猶抑搔也。又于往也。又爻變兌澤趨下。顚象。卦之損。損以下益上。頤以上養下也。又于邱句。與頤叶。頤征凶者。通指全卦也。象傳言一爻義互相備。又顚頤。如韓信乞食于漂母。

六三。拂頤貞凶。十年勿用。无攸利。

象曰。十年勿用。道大悖也。

爻不中不正。拂則四爲三。猶此象也。故貞凶。坤數十。或曰。此富貴而淫者也。又三失位體剝。不正相應。弑父弑君。故貞凶。坤爲十年。動无所應故也。坤爲用。又十年字多于震取之。屯復亦然。豈以震木生成之數。三八爲十一。舉成數言耶。又爻變離。火焚山木。卦之賁。又一作拂頤貞絕句。謂違乎頤之正也。又陽爲大。又道大悖。一作道德悖。 又拂頤。如陳仲子不食母粟。有正應而不知求也。

六四。顚頤吉。虎視眈眈。其欲逐逐。无咎。

象曰。顚頤之吉。上施光也。

虎山君也。艮爲虎。位于寅。故夏建寅。連山首艮。虎無項。行常垂首。眈眈下視皃。所謂盻然。環其眼也。逐逐敦實也。自養于內者莫如龜。求養于外者莫如虎。然虎能節欲。其性敦實。故无咎。艮道光明。故上施光。又逐逐。速也。一作攸攸。一作浟浟。言求而遂也。一作悠悠。漸也。一作篴篴。遠也。疾也。又晉四之初。謂三已變。故顛頤。與屯四乘坎馬同義。坤爲虎。離爲目。眈眈者下視初也。坤爲吝嗇。坎水爲欲。逐逐心煩皃。得位應初。故无咎。上施光。謂上已反。五正。三成離也。又兌爲虎。又爻變離。爲日爲目。光輝之象。卦之噬嗑。又虎視。一作六世。又爻辰在丑。艮體爲黔喙之屬。爲虎而在下畫。故視眈欲逐。

六五。拂經。居貞吉。不可涉大川。

象曰。居貞之吉。順以從上也。

境居其逆。情安于順。洪範所謂用靜吉。用作凶也。艮爲居。坤爲順。又拂經如唐德宗之取粟于韓滉。失位故拂經。无應順上。故居貞吉。涉上成坎。乘陽无應。故不可涉大川。又爻變巽。卦之益。木道乃行。又辰在卯。氐上梗河一星。尾上天江四星。不可涉也。氐所托宿故居貞。

上九。由頤厲吉。利涉大川。

象曰。由頤厲吉。大有慶也。

由自從也。厲危也。體剝居上。故厲。衆陰順承。故由頤。人君以得人爲慶也。陽爲大。豫四。天下由之以豫。頤上。天下由之以養。溺由己溺。飢由己飢。禹稷之事也。又失位故危。以坤艮自輔。故吉。之五得正成坎。坎爲大川。故利涉大川。變陽得位。故大有慶。又爻變坤順。卦之復。剛長順行也。又辰在戌。胃上天船九星。奎爲木宿。主溝瀆。故利涉。

序卦傳曰。不養則不可動。故受之以大過。

繫辭傳曰。古之葬者。厚衣之以薪。葬之中野。不封不樹。喪期無數。後世聖人易之以棺槨。蓋取諸大過。

雜卦傳曰。大過顚也。

☱☴大過棟撓。利有攸往亨。 王引之曰。過差也失也。兩爻不相應謂之過。陽爲大。陰爲小。小過大過。皆謂二五不相應。

彖曰。大過大者過也。棟撓本末弱也。剛過而中。巽而說行。利有攸往亨。大過之時大矣哉。

象曰。澤滅木。大過。君子以獨立不懼。遯世无悶。

過音戈。超過也。大過陽爻過也。遯二之上。棟說文爲極。爾雅爲桴。皆訓中也。屋之脊檩也。木受金斵。工以齊之。繩以直之。爲長爲高。棟之象也。上棟下宇。取諸大壯。四陽承二陰本壯也。今二陰在上下弱矣。兌爲毁折。撓弱而曲也。一陽畫在木下。則根柢回暖爲本。一陽畫在木上。則枝葉向榮爲末。巽下陰而根虛。兌上陰而枝槁。所以撓也。棟撓則屋壞。主弱則國荒。初爲善始。末爲令終。始終皆弱而撓。由不執中而過也。 又過罪過也。大壯五之初。或兌三之初。二陽稱大。二剛失位无應。故過也。利變應五故亨。之外稱往。棟撓謂三。巽爲長木稱棟。初上陰柔。本末弱故撓。國之大寳在祀與戎。藉用白茅。女妻有子。繼世承祀。故大過之時大矣。又大壯震五之初故亨。震爲行。又卦體長坎。坎爲棟。又先天圖方位。乾南在中。兌西南左上。巽東南右下。大過之象。又本喩君也。末喩臣也。又天爲大德。猶不干時。故時大也。又頤所以養生。大過所以送死。又弱一作溺。

○巽皆言風。在澤地水火之中。則言木。澤水本養木。大過則滅沒其杪。大者陽也。天一生水。陽類。按水沒竹木之大半。則竹木死。凡末露幾許。則根在土中。亦不經水幾許也。用則不懼。如巽木之立。舍則无悶。如兌之說。 又君子謂乾初。陽伏巽中。體復一爻。潛龍之德。故稱獨立不懼。憂則違之。與乾初同義。又頽波橫流中。天下非之而不顧。遯世不見知而不悔也。又遯一變爲大過。故言遯。

初六。藉用白茅。无咎。

象曰。藉用白茅。柔在下也。

繫辭傳曰。初六藉用白茅。无咎。子曰。苟錯諸地而可矣。藉之用茅。何咎之有。愼之至也。夫茅之爲物薄。而用可重也。愼斯術也以往。其无所失矣。

藉薦也。鄉師大祭祀。其茅藉。古席地而坐。別無食几。俎爵豆籩。皆錯于地。無藉之者。惟郊祀上帝。禮無其文。則或以茅之白秀鋪地。事天以質。不以人爲之美藉也。執事趨蹌于側。所以防傾仄也。位在下稱藉。巽柔白爲茅。乾爲金爲玉。巽茅藉之。又失位咎也。承二過四。應五士夫。故无咎。又卽論語遯以出之之義。又爻變乾。卦之夬。又辰在未。縮酒用茅。井上有天罇。又有積薪。柳下有外廚六星。

九二。枯楊生稊。老夫得其女妻。无不利。

象曰。老夫女妻。過以相與也。王引之曰。謂不應五而與初也。

巽木兌澤。楊近澤之木。凡木在水中必毀。惟楊可生。白楊之性勁直。堪爲屋材者。稊發孚也。夏小正柳稊。卽柳線也。葉未舒之稱。巽爲楊。乾爲老。老楊故枯。陽在二。十二月臨之時。周之二月。兌爲雨澤。枯楊得澤後生稊。二體乾老。故稱老夫。女妻謂初。凡丈夫年過娶二十之女。老婦年過嫁三十之男。皆得其子。故曰過以相與。古養老之禮。行役以婦人。亦謂盛陰可助衰陽也。二在初上爲老。五在上下爲士。各以兩爻相比而言。卽所謂相與也。又枯一作姑。謂無姑山楡也。稊一作荑。木更生。謂山楡之實。又稊者楊之秀也。又根也。又發荂也。又稚也。又楊。一作陽。又下一陰。稊象。又女妻謂上兌。兌爲少女也。初過四應五。上過三應二。大過之家。過以相與。又二過初與五。五過上與二。獨大過之爻。得過其應。故過以相與。又大壯乾爲老夫。又爻變艮卦之咸。男女相感。又此詩所云。士之耽兮。猶可說也。 又辰在寅。寅爲陽木。引逹于寅枯楊生稊時也。寅以未爲妻。女妻指初六。

九三。棟撓凶。

象曰。棟撓之凶。不可以有輔也。

以東西霤之屋言之。則棟指南北。本弱。故輔之益撓。陽以陰爲輔也。與鼎折足同誼。巽柔木故撓。巽又爲風。撓萬物者。莫疾乎風。又爻變坎陷。卦之困窮。 又辰在辰。亢上大角。爲天子梁棟。角下有庫樓柱衡諸星。皆棟象。

九四。棟隆吉。有他吝。

象曰。棟隆之吉。不撓乎下也。

隆隆然高起也。乾體實。故隆。在下卦之上。則撓。弱在本也。在上卦之下。則隆。弱在末也。彖辭。統一卦言。爻辭。分上下卦言。傳曰。不厚其棟。不能任重。重莫如國。棟莫如德。又巽爲長爲高。故隆。又隆上也。應在于初。巳與五。意在于上。故棟隆吉。失位。動入險而陷于井。故有他吝。他謂三也。乾爲動直。遠初近上。故不撓乎下。又爻變坎剛中。卦之井德之地也。 又辰在午。鶉尾之次。天廟十四星。午爲帝座。卦兼離爲明堂。棟隆象。

九五。枯楊生華。老婦得其士夫。无咎无譽。

象曰。枯楊生華。何可久也。老婦士夫。亦可醜也。

陽在五。三月夬之時。周之五月。枯楊得澤。故生華。初爲女妻。上爲老婦。初陰失正當變。其數六。爲女妻。二陽失正當變。其數九。爲老夫也。五陽得正不變。其數七。爲士夫。上陰得正不變。其數八。爲老婦。初雖本爲小。上雖末爲老也。詩。女之貺兮。不可說也。故可醜。又華。一音如字。又士。一作少。又老婦謂初。巽爲婦。乾爲老。士夫謂五。大壯震爲夫。兌爲少。故稱士夫。五過二使應上。二過五使取初。五得位。故无咎。陰在二多譽。今退伏初。故无譽。體姤淫女。故過以相與。使應少夫。亦可醜也。乾爲久。又爻變震長男。巽長女。卦之恆。又上一陰華象。又辰在中。巳以申爲妻。老婦指上也。物申堅于申。生華之義。又漢武帝伐匈奴。筮得此卦此爻。後巫蠱事發。貳師將軍李廣利降匈奴。

上六。過涉滅頂。凶。无咎。王引之曰。過失誤也。過涉者誤涉也。處過之極。故雖與三應。而亦曰過。

象曰。過涉之凶。不可咎也。

風俗通曰。涉起于足。足一躍三尺。再躍則涉。蓋一舉足爲跬。再舉足爲步。涉从步。步長六尺。以長爲深。則涉深六尺。過涉則滅頂矣。卦體長坎。坎上六。亦曰濡其首。大過之世。君子遜遯。不行禮義。過涉謂當不義則爭之。若比干諫而死。是也。故雖凶無咎。或曰。所謂公無渡河者也。如東京之季。范李之徒。適足以推波助瀾。非救時之道。上居無位之地。委蛇和順。如申屠蟠郭泰者。君子弗非也。又大壯震爲足。兌爲水澤。震足沒水。故過涉也。頂首也。乾爲頂。頂沒兌水中也。乘剛咎也。得位故无咎。與滅耳同誼也。又君子以禮義爲法。小人以畏愼爲宜。至于大過之世。不復遵常。故君子犯義。小人犯刑。而家家有誅絕之罪。桀紂之民。可比屋而誅。上化致然。亦不可咎。言當歸咎于陽也。曾子曰。上失其道。民散久矣。如得其情。則哀矜而勿喜。是其誼也。又爲弱才不足以濟。而殺身成仁之象。又爻變乾健。馮河之勇也。兌澤在乾首之上。滅頂象。卦之姤。又後漢趙典傳曰。一爲過。再爲涉。三而弗改。滅其頂凶。又辰在巳。初六巽爲木。巳當巽位。巽爻爲木。二木在外。以夾四陽。四陽者二乾也。乾爲君爲父。二木夾君父。是棺槨之象。按巳宮軫水宿。凡物巳盛于巳。過涉之占也。

序卦傳曰。物不可以終過。故受之以坎。坎者陷也。

雜卦傳曰。而坎下也。

說卦傳曰。坎者水也。正北方之卦也。勞卦也。萬物之所歸也。故曰勞乎坎。　坎再索而得男。故謂之中男。　坎爲豕。　坎爲耳。　坎爲水。爲溝瀆。爲隱伏。爲矯輮。爲弓輪。其于人也爲加憂。爲心病。爲耳痛。爲血卦。爲赤。其于馬也爲美脊。爲亟心。爲下首。爲薄蹄。爲曳。其于輿也爲多眚。爲通。爲月。爲盜。其于木也爲堅多心。　又爲宮。爲律。爲法。爲可。爲棟。爲叢棘。爲狐。爲小狐。爲蒺藜。爲桎梏。爲大川。爲獄。爲經。爲臂。爲腰。爲膏。爲酒。爲鬼。爲校。可乃河之蝕其半。

䷜ 習坎。有孚。維心亨。行有尙。

彖曰。習坎。重險也。水流而不盈。行險而不失其信。維心亨。乃以剛中也。行有尙。往有功也。天險不可升也。地險山川邱陵也。王公設險以守其國。險之時用大矣哉。

象曰。水洊至。習坎。君子以常德行習教事。

乾二五之坤。成坎。　一作埳。一作欿。歸藏作犖。又一說習坎上脫坎字。　習重也。常也。水流行不休也。孚信也。往來朝宗于海。不失其時。消息與月應也。心謂二五。兩柔爻纏終于外爲維。六十四卦。獨于坎險言心。陽實爲孚。陽明爲亨也。行謂二。尙配也。謂五。震爲大塗。爲行人之有德慧術知者。恆存乎疢疾。故坎心亨。乾陽天一之水。兩陰坤岸之土。岸高水深。故爲陷爲險。陽動陰中故流。陽陷陰中。故不盈。水性趨下。不盈溢崖岸。五在天位。而從乾來。故不可升。坤爲地。艮爲山。坎爲川。半山稱邱。邱下稱陵。下陽舉虢亡。虎牢城鄭懼。西河失魏蹙。大峴度燕危。設險所以爲守國也。　又習便習也。如鳥數飛也。天下最不畏坎險者。莫如鳥。小過飛鳥。亦取疊畫坎象也。八純卦。惟險非吉德。故不可不習。又卦炁起中孚。冬至日在坎。初爻主之。故言孚。又坎爲月。月爲水精。盈則缺也。又坎爲心爲通。行者陽來爲險。而不失中也。謂二。功謂五。五天位。體屯難。故不可升。王公謂乾五大人。坤爲邦。震爲守。又九五王也。六三三公也。艮爲山城。坎爲水。又震爲王公。艮爲險隘。體長離。爲戈兵甲冑。設險之象。又升卦體長坎。又坎與升皆臨之二變。又公升卦炁在小寒。當坎九二爻。故言升。又公羊傳。孔子卜得陽豫之卦。或曰夏商卦名。或曰。卽習坎之例。

〇洊再也。仍也。雖處危難之時。道敎豈可忽忘。孔子習禮彈琴是也。又晝夜不舍莫如水。亦爲之不厭。誨人不倦之義。又君子謂五。坎爲常爲習。乾爲德。震爲行。巽爲敎令。坤爲事。又洊一作瀳。一作荐。一作臻。

初六。習坎。入于坎窞。凶。

象曰。習坎入坎。失道凶也。

習又積也。位下故習。窞坎之深者。水失其道。泛濫平地而入坎窞。初爻坤。坤先迷失道。中庸。小人行險以儌倖。此爻當之。又左傳。水懦弱。民狎而玩之。則多死焉。習坎之謂也。又習者。習爲險難之事也。又窞。坎底也。又窞坎中小穴也。窞坎爲入。又爻變兌。川壅澤也。卦之節。止也。又卦炁。此爻當冬至。又辰在未。上値東井八星。井上積水一星。坎窞之象也。

九二。坎有險。求小得。

象曰。求小得。未出中也。

據陰有實。故小得。陰爲小。又小之曰求。頤之自求也。四之五爲解。獲三狐。得黃矢。在解爲得中道。在坎則未出險中。出中既濟。未出未濟。又如行內地之川。未歷大海也。又小謂六三也。又爻變坤。剛中而順也。卦之比。近也。又卦炁。此爻當小寒。

六三。來之坎坎。險且枕。入于坎窞。勿用。

象曰。來之坎坎。終无功也。

在內稱來。在外稱之。上下皆坎。故曰來之坎坎。枕安也。習處之如枕席。若北方之袵金革。呂梁大夫之蹈水。狃危爲安也。窞在兩坎之間。深之至者。 又三之二爲蹇。蹇卦亦言往來。與坎同義。又坎坎勞皃。詩。坎坎伐檀。又險一作檢。木右手曰檢。在首曰枕。爻失位。喻殷之執法者失中之象。來之坎坎。斥周人覲于殷也。檢且枕。言以暴政加民。民无所措手足也。又且者聊且之詞。言姑止于是也。枕倚著于後也。前後皆險。又枕止也。閡礙險害之皃。艮爲止。三失位。乘二則險。乘五則隔四。坎爲入。又水浮震盂之木。而艮止安處其間。卽入險而脫。能無敗乎之義也。又禮師三輿尸。故勿用。艮爲終。又爻變巽。進退不果也。伏也。卦之井。入坎也。又卦炁此爻當大寒。又枕。一作沈。一作玷。一作玷。

六四。樽酒簋貳。用缶。內約自牖。終无咎。 虞以簋字句。說文。簋古文朹。从九得聲。與缶牖爲韻。王則以酒缶牖爲韻。鄭亦同虞。豐按以象傳爲斷。當从王。

象曰。樽酒簋貳。剛柔際也。 王引之曰。禮器五獻之樽。門外缶。門內壺。是缶可爲樽也。又云。奧者老婦之祭也。盛于盆。墨子堯飯于土熘。啜于土鉶。是缶可爲簋也。

樽或刻木或鑄金爲之。樽酒燕禮。簋或用竹。或刻木。施丹漆。或加玉飾。黍稷器也。貳副也。簋貳食禮缶瓦也。樽簋皆用陶器。儉而質也。牖穿壁以木爲交窗。在室西南。古者一室一戶一牖。飮食賓于室。薦酒食者。不從戶而從牖。簡約愈甚也。禮簡而情篤。故无咎。坎爲酒。又卦象坎爲木。震爲足。坎酒在上。樽酒之象。震爲竹木。爲仰盂。艮爲覆碗。艮震之合。土木之皿。簋象。坎象中滿。亦如酒之在樽。食之在簋。需上坎。五曰酒食。困下坎。曰酒食。未濟下坎。曰飮酒。又習坎。形似缶。比上坎。初曰盈缶。皆其誼也。傳曰。苟有明信。筐筥錡釜之器。潢汙行潦之水。可薦于鬼神。可羞于王公。義亦兼之。 虞曰。又震主祭器。故有樽簋。二至五體頤。震獻在中。故爲簋。損卦亦體頤。言二簋也。又貳益之也。周禮。大祭三貳。弟子職。左執虛豆。右執挾匕。周旋而貳是也。禮亦有副樽。儀禮燕禮。君尊瓦大兩。坤爲缶。又缶盎也。瓦器。所以節歌。鄭曰。又四承五。互體震上。天子大臣。以王命出會諸侯。主國尊于簋。副設元酒。而用缶也。又尊酒。饗禮。簋食禮。貳用缶。燕禮也。又坎爲內。四陰小。故約。艮爲牖。坤爲戶。艮小光照戶。牖象。在牆爲牖。開明通照之義。四五君臣之際。啓沃自結于主。睽卦三爻互坎。亦言遇主于巷也。約結也束也。孟子。惟大人爲能格君心之非。又言語要結曰約。約信也。又貳間也。燕禮食禮。不同日而舉。今既設燕禮之樽。又陳食禮之簋。相間以待賓也。又饗食之禮。賓席牖間。至燕正臣禮。不敢煩褻尊者爲苟敬。席于阼階之西北面。所謂內約自牖也。又祭雖薄。明德惟馨。如既濟言不如西鄰之禴祭也。又詩曰。于以奠之。宗室牖下。是自牖之誼也。又險不在大在遠。飲食居處。少不自約。即伏險機。又內自約束。失之者鮮。文王從羑里內約。卒免于難也。又牖一作誘。卦互長離。虛明爲牖。自牖即可以牖君牖民也。又乾剛坤柔。震爲交。故曰際。又坎爲陽。酒以養陽。爻變兌爲陰。食以養陰。亦有壅塞象。故宜自牖也。兌爲口爲悅。納約也。卦之困。相遇。又此爻。如馮異之進麥豆粥。又卦炁。此爻當立春。又象傳。

一本無貳字。又爻辰在丑。上值斗六星。可斟之象。斗上建星六。似簋。建上弁星九。似缶。

九五。坎不盈。祇既平。无咎。

王引之曰。祇讀爲疷。病也。言病已平復也。坎爲心病。爲耳痛。互艮止之故平。謂經言喪亂既平。原隰既平。上二字皆實指其事。豐按此說非是。當从鄭注。易坻字。蓋形近而譌。

象曰。坎不盈。中未大也。

盈溢也。祇辭也。猶言適也。水訓準。準平也。水止則平。流則盈。艮爲止。中未大者。謙而不盈。蹇曰。大蹇。頤曰大有慶。此濟險則未敢圖大。猶既濟言亨小也。又三至上體屯。勿如屯之滿盈。矜雷雨之動也。又坎爲月。月盈則虧。平者魄未向滿之象。故未光大也。中未大。一作中未光大。又祇一作禔。安也。一作坻。小邱也。一音抵。至也。又坎爲平。又爻變坤。坎陷本不盈。而爲坤地則平也。卦之師彖也。行險而順也。又卦炁。此爻當雨水。

上六。係用徽纆。寘于叢棘。三歲不得凶。

象曰。上六失道。凶三歲也。

係一作繫。拘也。徽纆黑索也。糾繩三股曰徽。兩股曰纆。周禮。王之外朝。左九棘。右九棘。司寇公卿議獄于其下。害人者加明刑。寘之圜土而施職事焉。能改者。上罪三年而舍。中罪二年而舍。下罪一年而舍。坎爲法律。坎木多心。又爲叢棘。寘一作示。議獄也。或曰。獄外種九棘。寘置也。凡不自改而出圜土者殺。雖出三年不齒。故曰三歲不得。 又觀巽爲繩直。艮爲手。上變入坎。故係用徽墨。二變則初至五體剝。剝傷坤殺。故置叢棘。囚執于思過之地。取改過自新。乾爲歲五從乾來。三非其德。故曰不得凶。又艮止坎獄不得出也。又艮爲門闕。于木爲多節。震之所。爲有叢。拘之類也。又一歲自出震以迄成艮十二月。數倍于坎六。上爲外坎第三爻。故言三歲。又坎數六。自乘得三十六月。爲三歲也。又中四爻體長離。離數三。故言三歲。又爻變巽。爲木爲繩爲長爲入爲伏。係寘之象。卦之渙。散也。又卦炁。此爻當驚蟄。又寘一作示。一作置。一作湜。一作寔。于一作用。 又爻辰在巳。蛇之蟠屈。似徽纆。

序卦傳曰。陷必有所麗。故受之以離。離者麗也。

雜卦傳曰。離上。

說卦傳曰。離也者明也。萬物皆相見。南方之卦也。聖人南面而聽天下。嚮明而治。蓋取諸此也。

繫辭傳曰。作結繩而爲網罟。以佃以漁。蓋取諸離。

說卦傳曰。離再索而得女。故謂之中女。 離爲雉。 離爲目。 離爲火。爲日。爲電。爲中女。爲甲胄。爲戈兵。其于人也爲大腹。爲乾卦。爲鼈。爲蟹。爲蠃。爲蚌。爲龜。其于木也爲科上槁。又爲鳥。爲飛。爲矢。爲牝牛。爲言。爲鶴。爲黃。爲孕。爲斧。爲刀。爲甕。

☲☲離。利貞亨。畜牝牛吉。

彖曰。離麗也。日月麗乎天。百穀艸木麗乎土。重明以麗乎正。乃化成天下。柔麗乎中正。故亨。是以畜牝牛吉也。

象曰。明兩作離。大人以繼明照于四方。

離。倉庚也。或曰。南方朱鳥。象離之位。古又作離。山神也。獸形。按借爲麗字。坤二五之乾。成離。附麗也。火必附著于物而後有形。畜養也。坤爲牝牛。又中虛有牛牢象。麗旅行也。鹿性見食急則必旅行也。故爲依附之義。重明日月也。月得日而有光。月之明。即日之明也。象傳。故曰繼明。詩言緝熙。書言重光。其義也。又離有二義。火托于木。附麗也。烟飛灰降。別離也。于卦以陰隔陽。又大小畜。體長離象。又離與大畜皆自遯生。又大畜互兌。小畜外巽。而離體巽兌。故言畜。又旁通坎。體頤養象。又離爲日。坎爲月。乾爲天。震爲百穀。巽爲艸木。坤爲土。旁通坎。體震體屯。屯者盈也。盈天地之間惟萬物。萬物出震也。重明。火外明。日內明也。正謂五。陽變之坤。未化乾以成萬物也。即賁之人文化成天下也。柔謂五陰。中正謂五。伏陽出在坤中。故畜牝牛。牛者土也。土爲火子。離陰卦。牝陰牲。自牧之道也。又如女子離母歸夫室。爲往從附麗之義也。一本柔麗下十四字在日月上。麗也下。○兩謂日月。作起也。繼不絕也。夜以繼晝。晝以繼夜。堯光被四表。湯日新又新。皆其誼也。又君日臣月。繼者君臣同明。又兩作者。外爲火。內爲日也。作成也用也。又乾稱大人。乾五之大人也。坤爲方。震東兌西。離南坎北。爲四方。又卦爻初三四上列爲四方也。一本無繼字于字非。又十六國秦京兆人董豐妻爲賊所殺。先夢兩日在水下。乘馬渡水。馬左白而溼。右黑而燥。苻融斷其獄曰。此坎之既濟也。左水右馬。馮也。兩日昌也。其馮昌殺之乎。

初九。履錯然。敬之无咎。

象曰。履錯之敬。以避咎也。

日方出。人夙興之時。履動之始也。不若坎之患失道而迷。而患壯于趾。如火之躁急。錯然雜皃。凡東西爲交。斜行爲錯。離火于德爲禮。禮履也。又坎震爲足。初在下。震履未成。火炎上。故初欲履錯于三。二爲三所據。故敬之无咎。處離之始。將進而盛。未在既濟。故宜愼也。錯然警愼皃。乾爲敬。之謂四惡人。初變應四。則見侵也。咎謂四。又履者禮也。卑法地。而錯然成文也。又履體長離象。互離巽。故言履。又錯七路反。置也。又爻變艮爲徑路。爲止。卦之旅。親寡失所麗也。又坤二亦言敬。又然者火之然也。又卦炁此爻當夏至。

六二。黃離。元吉。

象曰。黃離元吉。得中道也。

此本坤爻。坤土色黃。坤五爻皆臣道。故五言黃裳。離五君二臣。故二言黃離。二爻爲日中之時。故曰得中道。又離南方爲火。土託位焉。土色黃爲火之子。喻子有明德。能附麗于父之道。文王之子發旦。愼成其業。是也。又爻變乾。大明升于天也。卦之大有。火在天上。萬物咸熙也。又黃倉庚鳥也。鳴則蠶生。又卦炁此爻當小暑。

九三。日昃之離。不鼓缶而歌。則大耋之嗟。凶。鼓述本作擊。未詳所據。

象曰。日昃之離。何可久也。

兌爲西。巽爲入。初日出。二日中。三日昃。下卦之終。明將沒也。互長坎。坎爲缶。缶盎也。樂器而瓦。所以節歌詩。坎其擊缶。坎坎鼓我。是也。巽呼號。兌口舌。坎加憂。離爲火。火聲無常。若笑若泣。七十曰耋。或曰八十爲耋。歌者貪生也。嗟者畏死也。君子無怠無荒。不知老之將至。又坎三當艮爲手。震爲笑言。鼓缶者以目下覩。離爲大腹。瓦缶之象。

謂當據二。而今不下取也。歌者口仰向上。兌爲口。謂向上取五也。火炎上不下取二。而與四上取五。則上九哇之。陽稱大也。嗟者謂上被三爭五。憂嗟窮凶也。又卦互家人革大過鼎。革象鼓缶。缶亦鼎屬。大過曰老夫。乾爲老。三乾盡。體大過死。故大耋也。又爻變震。躁動也。震爲鼓爲聲。卦之噬嗑。頤養而有物間之。嗟耋之象。又此爻喻君道衰也。又耋者年踰七十也。又耋。一作咥。一作絰。一作昳。日傾沒也。又日中。正在天心之一綫。未及一綫。已過一綫。謂之昳中。日之正中。頃刻而已。中前中後。皆曰昃。衞武好學。曾子易簀。何等詣力。趙孟䀝陰。朝不謀夕。宜其凶也。又一本無凶字。又卦炁。此爻當大暑。又此艮爻也。位近丑。上值弁星。似缶。

九四。突如其來如。焚如。死如。弃如。

象曰。突如其來如。无所容也。

突竈囪也。此爻如古人燕雀之喻。火自鄰突而來。巽鳥之巢于棟梁間者。方相悅哺煦。而不知禍已將及。爲趨炎而忘災者戒也。巽屬乙。乙亦燕也。巽風扇火。焚如也。兌水滅火。死如弃如也。又陽升五。火揚光。故突如。陰退四灰降。故來如。陰不正乘陽。天命數終位喪民畔。下離所容故焚如以離入坎。故死如。无應无承。衆所不容。故弃如。又突本作㐬。从倒子。逆子也。坎四當震爲長男。坎中男。艮少男四未能變而乘乾三男皆逆乘父也。又震爲長子。爻失正。故突如。互兌。兌爲附決。子居明法之家。而无正。何以自斷其君父不忍也。刑之若如所犯之罪。又突竈門也。火在門內。有烹飪之功。出門爲突。焚如。弑親之刑。死如。殺人之刑。弃如。流宥之刑。不孝之罪。五刑莫大焉得用議貴之辟。巽爲進退。不知所從。故曰如如又來如上下之交也。焚如在二火間也。死如體大過也。弃如乾爲野。大過有棺槨象。毁四在野之上故弃不葬也。无所容者。在五見奪。在四見弃也。又爻變艮。火焚山。山敗。五坎。火入水則死。火滅成灰。弃于山下。卦之賁。又此爻。暴秦當之。楚人一炬。可罊也。又此爻亂臣賊子。若後漢之董卓。梁之侯景。北魏之爾朱榮。唐之安史。又卦炁。此爻當立秋。又爻辰在午。午爲火。七星爲中宿。皆焚象。又隋煬帝幸江都。筮易遇離之賁。乃以離宮爲寺。名曰山火。後改曰山光。在揚州北十五里。地名灣頭。

六五。出涕沱若。戚嗟若。吉。

象曰。六五之吉。離王公也。

離爲目。兌爲澤。出涕如雨。人爲煙所衝。則涕出。戚一作嘁。咨嗟也。兌爲口故嗟。書自怨自艾。孟子動心忍性。故吉。又五陰退居四。出離爲坎。而下以順陰陽也。由離出坎。離爲目。象水出目。坎爲心。爲加憂。震爲聲。兌爲口。故戚嗟。動而得正。故吉。離王公。謂順陽附麗于五也。陽當居五。陰還退四。五當爲王。三則公。四處其間。附上下矣。又麗王者之後爲公。故離王公。又坤以其中女之柔。來離于乾君之剛。如離母而從王公。雖得所麗。然離彼麗此。柔婉善懷。如衞女之思歸不得。以寫我憂。亦至情也。又卦互鼎革。鼎革之時。家人睽離。惟得乾五之大人。如湯武者附之。則吉也。又爻變乾。用剛也。因弱而憂。不得已而出征矣。卦之同人。又此爻。卽論語爲君難。畏天命之旨。又沱。一作沲。一作池。又卦炁。此爻當處暑。

上九。王用出征。有嘉折首。獲非其醜。无咎。

象曰。王用出征。以正邦也。

離爲甲胄戈兵。位南方爲夏。夏官司馬掌兵。兵猶火也。書僞古文曰。天吏逸德。烈于猛火。殲厥巨魁。脅從罔治。獲匪其醜之謂也。離于木爲折上槁。折首之象。一本象傳有獲匪其醜。大有功也二句。又王謂乾。乾二五之坤成坎。體師象。震爲出。爲大塗。陽爲嘉。乾爲首。坤二五來折乾也。醜類也。乾征得坤。坤陰類。乾陽物。故匪其醜。乾五出征坤。坤爲邦。又離爲雉。雉亦好鬭。又弧矢以威天下。蓋取諸睽。大有過惡。云威如。故稱有。又爻變震。震出威也。卦之豐。雷電皆天威也。又有嘉。嘉上九也。猶師卦王三錫命也。坎爲法律。故終以刑獄。離爲戈兵。故終以出征。又卦炁。此爻當白露。又辰在戌。奎主兵。上有天將軍。皆出征象。

六十四卦經解卷五

元和朱駿聲集注

序卦傳曰。有天地然後有萬物。有萬物然後有男女。有男女然後有夫婦。有夫婦然後有父子。有父子然後有君臣。有君臣然後有上下。有上下然後禮義有所錯。

雜卦傳曰。咸速也。

䷞咸亨利貞取女吉。

彖曰。咸感也。柔上而剛下。二氣感應以相與。止而說。男下女。是以亨利貞取女吉也。天地感而萬物化生。聖人感人心而天下和平。視其所感而天地萬物之情可見矣。

象曰。山上有澤咸。君子以虛受人。

咸从口从戌。戌悉也。其口同也。咸又有皆義。其感也无心。否三之上。又旅五之上。兌二十少女。艮三十少男。山澤通氣。爲取女之象。與猶親也。二氣感應异大過。過以相與。男下女者。親迎之義。初昏之所以爲禮也。中庸。君子之道。造端乎夫婦。故爲下經下首。是卦六爻皆應。又消息卦。在否。變次漸。漸女歸待男行。咸以乾感坤爲反泰之始。初四易爲既濟。乾爲聖人。坎爲心爲平。四之初。以離日見天。坎月見地。懸象著明。萬物見離。故可見矣。又婦人學于舅姑。故取女吉。又觀卦亦體巽艮。故言觀。又君臣之咸有一德。亦此義。○山在地下爲謙。山在澤上爲損。山在澤下爲咸。天地竅于山澤。故虛受。舜之若決江河。是也。又君子謂否乾。乾又爲人。坤爲虛。謂坤虛三受上也。又晉元帝初鎮建鄴。王導使郭璞筮之。遇咸之井。謂當出銅鐸。以蓍受命之符。又有井沸。

初六。咸其拇。

象曰咸其拇。志在外也。

拇。足大指也。艮爲指。艮初亦曰艮其趾。外謂四也。泰之初。拔茅茹。象傳曰。志在外。與此同義。艮以止爲義。皆自背後言之。咸以感爲義。則自身前言之。又坤爲拇。一作踇。一作母。母陰位之尊也。坎爲志。又爻變離。止而麗于下。卦之革。二女志在外。故不相得也。

六二。咸其腓。凶。居吉。

象曰。雖凶居吉。順不害也。

腓脛腨膊腸。所謂足肚也。在脛上股下。行止一聽于股。而不自動者。居謂承比于三。止則吉也。艮二亦曰艮其腓。用靜吉用作凶之誼。又腓一作肥。謂五也。尊盛故稱肥。二在否體坤。坤爲順爲害。三來坤壞。二爲坤中。故不害也。又爻變巽。風動搖之象。卦之大過。過而凶也。居則吉。

九三。咸其股。執其隨。往吝。

象曰。咸其股。亦不處也。志在隨人。所執下也。

股。髀也。巽爲股。隨謂二也。隨人隨我之人也。艮二亦曰不拯其隨。艮爲手曰執。又隨風巽。巽爲隨。三應于上。初四已變歷險故吝。又隨謂隨四也。往謂之上也。又巽股上連乾健。互得大過。是爲隨人過動也。又乾爲馬。象童僕執策以隨人。論語執鞭不爲從吾所好之意。又爻變坤。順而隨也。卦之萃。以陽隨陰。聚非其正。故吝。又咸與隨皆悔兌。故言隨。又巽爲處女。男已下女。以艮陽入兌陰。故不處也。

凡士與女。未用皆稱虎矣。詩。赤芾在股。邪幅在下。毛本曰股。足膝曰下。似下亦足膝之名。

九四。貞吉悔亡。憧憧往來。朋從爾思。

象曰。貞吉悔亡。未感害也。憧憧往來。未光大也。

繫辭傳曰。易曰。憧憧往來。朋從爾思。子曰。天下何思何慮。天下同歸而殊塗。一致而百慮。天下何思何慮。日往則月來。月往則日來。日月相推。而明生焉。寒往則暑來。暑往則寒來。寒暑相推。而歲成焉。往者屈也。來者信也。屈信相感而利生焉。尺蠖之屈。以求信也。龍蛇之蟄。以存身也。精義入神。以致用也。利用安身。以崇德也。過此以往。未之或知也。窮神知化。德之盛也。

憧憧。懷思慮而意未定也。之外爲往。之內爲來。巽爲進退。爲不果。兌爲朋。從隨行也。孟子曰。心之官則思。又曰。知好色。則慕少艾。此爻在股之上。心腹也。易言悔亡。自此爻始。三至上體夬。夬四亦曰悔亡。體大壯。大壯四亦曰貞吉悔亡。詩曰。无然歆羨。子絕四毋意。此物此志也。又憧憧行見往來不絕也。一作憧憧。遲也。四欲感上隔五欲感初隔三。又兌爲少女。朋謂上。又艮初變之四。坎心爲思。二體之交。心神始感。以正則不至于害。又坤爲害。今未感之。坤初體遯弒父。故害也。未光大。未動之離也。又兌爲附決。亦爲毀折。失正則悔。又爻變坎。水流而不止。往來之象。坎心亨。感以心也。卦之蹇。蹇諸爻皆以往來取象。亦憧憧之意。又心苟傾焉。則物以其類應之。故喜則不見其所可怒。愛則不見其所可惡。所謂朋從爾思也。又爻辰在午。柳主酒食。朋友合歡之具。又于月爲姤卦。故相從也。

九五。咸其脢。无悔。

象曰。咸其脢。志末也。

脢在口下心上。卽喉間梅核。今謂之三思臺是也。或曰。背也。非是。艮彖亦曰艮其背。四曰艮其身。四肢爲末。謂二腓也。正應。故无悔。又脢夾脊肉也。言背脊者。咸之感無心也。又艮爲背。爲手。重艮三連。象兩手夾背之間。志爲本。手肢爲末。人志感動。而下二代履。上二代擧手動而背亦動也。又二少女。志在五少男。感而各以中正也。末者少之謂也。又四已變。坎爲脊。四支謂之末。五正坎。心爲末之志。上與五爲脢。脢從。然後可正末也。又末一作未。言志未憧憧也。又末猶上也。四感于初。三隨二。五比于上也。又爻變震動。卦之小過。居上而志末。其過小。故无悔。非如二在感而先動。其過爲大也。

上六。咸其輔頰舌。

象曰。咸其輔頰舌。滕口說也。

輔。上頷也。頰。耳目之間也。兌爲口舌。滕从水。水涌出曰滕。上逼于五。不得之三。故滕說。詩所謂雖速我訟。亦不汝從者也。艮五。亦言艮其輔。又四變。離爲目。坎爲耳。輔頰耳目之間。又輔一作酺。又滕一作騰。送也。一作乘。又競與也。一作謄。非。騰者駿馬超躍之謂。使口說如之。亦倖論矣。又滕有緘滕之義。患于大過。巽志加愼。而守三緘之義也。說又音脫。又音銳。又上感于五。不得之三。而與三正應氣通。猷以言語相感也。又爻變乾。健而尙口也。卦之遯小人道也。又頰一作俠。

序卦傳曰。夫婦之道。不可以不久也。故受之以恒。恒者久也。

繫辭傳曰。恒德之固也。　恒雜而不厭。王引之曰。雜讀爲帀。匝也。　恒以一德。

☳☴ 恒亨无咎利貞。利有攸往。

彖曰。恒久也。剛上而柔下。雷風相與。巽而動。剛柔皆應恒。恒亨无咎利貞。久于其道也。天地之道。恒久而不已也。利有攸往。終則有始也。日月得天而能久照。四時變化而能久成。聖人久于其道。而天下化成。視其所恆。而天地萬物之情可見矣。

象曰。雷風恆。君子以立不易方。

恆从心从二从舟亘者竟也常也。恆有不易不已兩義。坤靜得常。爲恆之不易。故貞。乾健變化。爲恆之不已。故攸往。泰初之四。又豐初之二。長女承長男。夫婦同心而成家。久長之道也。故取二長。恆易恆簡。天地之情也。恆亦恆心。萬物之情也。象傳。終則有始之有。音又。又乾初利往之坤四。終變成益。則初四二五皆得正。終則有始。故利攸往也。又分乾與坤爲雷。分坤與乾爲風。又恆震三世卦。巽來乘之。陰陽會合。又泰乾坤爲天地。乾氣下終。始升四。坤氣上終。始降初。又動而成乾爲天。至二離爲日。至三坎爲月。春夏爲變。秋冬爲化。變至二離夏。至三兌秋。至四震春。至五坎冬。聖人謂乾。乾爲道。初二巳正。四五復位。成既濟定。以離日照乾。坎月照坤。萬物出震。故可見矣。又恆與觀皆體巽。故言觀。○震之爲震。迅雷風烈必變也。恆之爲恆。烈風雷雨弗迷也。舜之納麓。公之居東。皆歷變不變之君子。又大過內巽。亦曰獨立不懼。大壯外震。亦曰非禮勿履。又君子謂乾三。乾爲易爲立。坤爲方。乾初之四。三正不動。故立不易方也。又不易方。大學之止至善也。論語。三十而立。立于禮。可與立。未可與權。如有所立。皆立之義也。

初六。浚恆。貞凶。无攸利。

象曰。浚恆之凶。始求深也。

浚深也。木在地下。象井底。互長坎。水也。井卦。改邑不改井。恆義也。井初本舊井故泥。利用浚。恆初如方掘井而急欲及泉。欲速助長也。巽究爲躁卦。孟子曰。其進銳者其退速。故君子深造之以道。欲其自得而資之深焉。從井之仁。穿鑿之智。皆非也。以人事言之。相知之未深。相求之太激。如賈誼京房劉蕡輩。亦浚也。故君子之于君也。信而後諫。于民也。信而後勞。或曰始求深者。求在外者也。非求在我者也。若學之始求至周孔。治之始求至堯舜。人皆可爲。惟病不求耳。庸何傷。 又自泰四居乾初。乾初爲微。此察察爲明。不留餘地。所謂水至淸則无魚者。況不以漸而卞急于始乎。又爻變乾。卦之大壯。健而壯于趾者也。又浚一作濬。 又爻辰在未。東井之次。井主水衡。

九二。悔亡。

象曰。九二悔亡。能久中也。

卦惟此爻剛中。故直係以悔亡。又失位悔也。處中多譽。則亡。乾爲久。又爻變艮止。卦之小過。過于巽順。行過乎恭也。

九三。不恆其德。或承之羞。貞吝。

象曰。不恆其德。無所容也。

巽爲進退。爲不果。其究爲躁卦。兌爲口舌。爲毁折。故其象如此。緇衣曰。南人有言曰。人而无恆。不可爲卜筮。古之遺言與。龜筮猶不能知也。而況于人乎。又欲據初隔二。欲悅五爲兌隔四。无所定也。與上應。欲往仰承之。爲陰所乘。或奉之羞也。乾爲德。坤爲恥。又巽兌皆女。饋仰虛筐。承之无實。何所容納。又兌爲巫。尙口舌。无恆則不可以作巫醫。又巽女不能主中饋之饎。則他人有代之饋者。出婦之象也。又爻變坎。入險也。卦之解。險以動。則失常也。又或一作咸。 又明土木之變。魏驥筮得此爻。隣時曰。已解何害。終必來復。

九四。田无禽。

象曰。久非其位。安得禽也。

田。田獵也。震爲大塗。兌爲澤。非田之所。乾震車馬驅馳之象。震巽。林木叢蔚之象。震馬外斷。巽禽伏跡。故田无禽。師五應二之剛。陽實故有。此應初之柔。陰虛故无。又比之失前禽。不求必得也。屯之以從禽。貪而無得也。井之舊井无禽。舍而不欲得也。此之田无禽。泥常而不知變。未可與權。猶守株以待。不得兔也。又田謂二。地上稱田。无禽謂五。九四失位。利二上之五。巳變承之。故田无禽。言二五皆失其位也。坤爲田。巽爲鷄。又困互巽。曰臀困于株木。又禽獲也。又爻變坤。爲土田爲致役。狩之象。卦之升。不來也。又韓愈與侯生釣魚詩。此其義也。又楊墨之仁義。黃老之道德。申韓之治術。皆是久非其位。

六五。恆其德貞婦人吉。夫子凶。

象曰。婦人貞吉從一而終也。夫子制義。從婦凶也。

其德指六。謂陰柔也。巽長女二之爲九。從陽。震長男。五之爲六。從陰也。惟婦言是聽。羅于六極之弱。所以凶。其德當絕句。又婦人爲初。巽爲婦。終變成益。震四復初。婦得歸陽也。震乾之子而爲巽夫。故曰夫子。終變成益。震四從巽死于坤中。故凶。震沒從巽入坤。坤爲義。以乾制坤。爲制義。又陰處尊位。天子之女。體兌。兌爲和悅。以幹家事。故吉。應在九二。男子之象。體巽爲進退。陽不能斷制。故凶。又爻變兌動而悅。婦道貴正也。長男從少女。從婦之象。卦之大過。過以相與也。又儀衍爲妾婦之道。非夫也。

上六。振恆凶。

象曰。振恆在上。大无功也。

振動也。一作震。振振然也。上居震極。震內體爲專。外體爲躁。決躁之主。好大喜功。如漢武隋煬。皆可鑒也。莽學周官。王介甫變亂宋法。亦如之。又如漢唐之誅宦寺。魯昭之去季氏。曹髦之伐司馬氏。亦振恆也。又振如振衣振書。抖擻連動之意。又搖落也。如疾風之振槁。爻變離。於木爲折上槁。又收也。如迅雷之卽收而不常。又振者有間斷而乃振起也。又從而振德之。蓋醬其倦也。初六入之已縣。非巽道。上六鮮克有終。非震道。又振一作楷。柱砥也。古用木。今以石。震陽木。巽陰木。故取象焉。楷當在下。今反在上。倒而置之。本小末大。非物之恆。故凶。又在震上乘陽。故凶。又終在益。上五遠應。故凶。又爻變離。動極炎上。振象也。卦之鼎。重器不可動也。恆有鼎象。异者惟上六一爻。上變爲鼎。其占大吉。蓋鉉宜在上。故吉。柱砥宜在下。故凶。鼎象專亦曰在上。其義可見。則振似當作楷爲允。

序卦傳曰。物不可以久居其所。故受之以遯。遯者退也。

雜卦傳曰。遯則退也。

䷠遯亨。小利貞。

彖曰。遯亨。遯而亨也。剛當位而應。與時行也。小利貞。浸而長也。遯之時義大矣哉。

象曰。天下有山。遯。君子以遠小人。不惡而嚴。

遯从豚从辵。逃避也。一作遂。一作遁。乾消至二。艮爲門闕。乾有健德。巽爲進退。君子出門。行有進退。逃避之象。太公遯殷。四皓遯秦之時。亨于一身者。故曰小。移北山而靦顏。借終南爲捷逕。不足一遁矣。又陰消姤二也。小謂二。得位浸長。以柔變剛。故小利貞。又陰長。君子遯則通也。艮爲時。剛爲五。應謂二。又二五正應。是得禮見召聘。始仕他國。當向謙謙。小其和順之道。居小官。幹小事。其進以漸。則遠妒忌之害。昔陳敬仲奔齊辭卿。是也。又成功者退。堯舜菁華已竭。褰裳去之。亦遯也。大夫七十而致仕。娶婦享以一獻之禮。舅姑降自賓階。亦遁也。又與臨旁通。爻辭取三消成否。上來四反成既濟。明泰否之義。與時行也。又遯所以俟時也。○天下无邦。惟山可遯。又圖其暫安。苟得爲之。孔孟所屑也。王允謝安之于漢晉。是也。時當危行言遜。小人疾之已甚則亂。子曰。近之則不孫。遠之則怨。孔孟之于虎驩亦是。又艮爲山。巽爲入。乾爲遠。遠山入藏。故曰遯。以陰消陽。變乾爲艮子弒其父。小人道長故宜避也。又天爲君子。山爲小人。山侵天。天遠山。君子謂乾。乾健爲嚴。小人謂陰。坤爲惡。矜嚴于外。亦不憎惡于內。所謂吾家耄遜于荒也。惡一音去聲。嚴敬也。敬而遠之。又晉渡江後。宣城太守殷祐使參軍郭璞筮得此卦。占一怪物如牛。名鼲鼠。

初六。遯尾厲。勿用有攸往。

象曰。遯尾之厲。不往何災也。

艮體止。當遯而退後。如鳥尾之垂也。避難當在前。今在最後。故厲。又艮爲尾。初失位。動而得正。故遯去其尾。之應成坎。坎爲災。故厲。又在艮宜靜。若不往之四。則无災也。又爻變離明哲保身。卦之同人。戒勿往也。又如漢季太學諸生。才非撥亂。德非濟時。又不緘默。徒以意氣相附。又月當本卦。居鶉首。尾則遯。又朱晦翁嘗欲劾韓侂胄。蔡元定筮得此爻而止。因號遯翁。

六二。執之用黃牛之革。莫之勝說。

象曰。執用黃牛。固志也。

艮爲手。巽爲繩。六二爲離爻。離畜坤黃牛。故離亦爲牝牛。始折謂之皮。已乾謂之革。既熟謂之韋。莫無也。勝能也。說解也。二履正。應五。五志在輔時。不隨物遯。殷之父師。我不顧行遯。是也。又此爻漢之陳太邱也。 又否坤爲黃牛。艮爲皮。四變之初。則坎水濡皮。離日乾之。乾爲堅剛。艮手持革縛三在坎中也。坎爲志。又遯乃乾二世卦。遯二莫之說。猶乾初不可拔。皆不見知而不悔者。惟君子能之。假令六二遯之志不固。與其類而偕進焉。則變爲否矣。遯之未否也。六二執之之固也。故否三爲小人。遯二爲君子。陽大陰小。大不皆君子。小非盡小人。王弼以二爲小人。固哉。又爻變巽順也。卦之姤。陽包陰。執之固也。又說。解說也。又舜與共驩同朝。旦與管蔡並事。孔子之見陽貨。孟子之偕王驩。不必遯也。又其時將變。故稱革。 又辰在酉。酉爲金牛。昴宿爲留。留執于酉也。又畢主弋獵。

九三。係遯。有疾厲。畜臣妾吉。

象曰。係遯之厲。有疾憊也。畜臣妾吉。不可大事也。

巽繩爲係。厲危也。與小人共立于朝。激之則生變。自引去則國事不可知。此時惟有維持調護于其間。隱爲防之。而使小人不之疑忌。晦其德。存其身。以待事機之可乘。而後大有爲。或遯于疾病。或遯于治生行樂。所謂有疾畜臣妾也。始雖危而終吉。憊困也。又三附于二。以陽附陰。故係而厲。又四變則三體坎。坎爲疾。三消成坤。與上易位。坤爲臣。兌爲妾。上來之三。據坤應兌。故畜吉也。又男爲人臣。女爲人妾。二陰初艮爲臣。二巽爲妾。又爻變坤。止內順陰也。卦之否。斂德遯難也。又遯與大畜。兩象易卦。又遯之三。變爲大畜。故言畜。又畜止也。艮爲止。又養者。坤之萬物皆致養也。君子于小人。以臣妾畜之。又如漢季李范諸賢。栖之時事。卒斃身名。又如文種之善謀。謝傅之東山。畜臣妾吉也。又大事。謂與五共任天下之政。三動入坤。坤爲事。故不可大事也。又係一作繫。又辰在辰。氐爲後宮下。有騎官二十七星。臣妾象。

九四。好遯君子吉。小人否。

象曰。君子好遯。小人否也。

時至于君子好遯。則世亂不可復救。而小人亦將及禍矣。否塞也。又君子身在外。乃心罔不在王室。小人則悻悻然怨矣。故常繫戀不遯。又好者。從吾所好也。又否。惡也。又此爻如四皓二疏范蠡也。又否乾爲好。爲君子。動之初。故吉。陰在四。多懼。故小人否。得位承五。故無凶咎。又乾龍德而隱。遯世无悶。好也。又卦體漸。鴻漸于陸。羽儀美好也。又爻變巽伏也。入也。卦之漸。鴻知時隨陽者也。又乾二世遯。三世否。故言否。

九五。嘉遯。貞吉。

象曰。嘉遯貞吉。以正志也。

此功成身退。伊尹曰。臣罔以寵利居成功。周公曰。兹予其明農。是也。或曰。此殷之祖甲逃于民間之象也。武丁欲廢兄祖庚。立弟祖甲。亦爲不義而逃。武丁卒立祖庚。庚立十一年崩。而後祖甲卽位。故无逸稱之爲三宗。僞孔傳。謂湯孫太甲。蓋以外傳有祖甲亂之之語。故信傳疑經。失已甚矣。荆蠻之太伯。西山之夷齊。至德无稱。求仁得仁。皆志之正。遯之嘉者也。又嘉偶曰妃。指二也。如詩嘉賓嘉客。此白駒勉爾遁思之旨也。又時否德剛。正羣小之志。殷之高宗也。又此亂邦不居也。又乾爲嘉。三已變。上來之三。成坎象。坎爲志。故曰。以正志。應二而制之故貞吉。又爻變離。明哲也。卦之旅。行而不留。遯跡之意。又此微子之爻也。

上九。肥遯。无不利。

象曰。肥遯无不利。無所疑也。

肥。饒裕也。憂患不能累。矰繳不能及。遯世不見知而不悔。巢許龐皓穉川希夷之流也。肥者疾憊之反。又伯夷待天下之淸者也。又危邦不入也。又乾盈爲肥。上遯之三。二乃得執之入坎。坎爲疑。二有疾厲。不利也。今二不及上。不能執之。故肥遯无不利。又上九獨無應係。故无疑。又非槁士而碩人。故曰肥。子夏之戰勝而肥。與此同義。又爻變兌說。卦之咸。以虛受人。又肥一作悲。故誤作蜚。又作飛。氾論訓曰。積陰則沈。積陽則飛。凡易言飛者。陽爻吉。陰爻凶。乾五明夷初。遯上。陽也。小過初上。陰也。淮南九原道訓曰。遁而能飛。吉執大焉。張平子思玄賦曰。利飛遁以保名。又辰在戌。月當剝卦。肥遯之時也。

序卦傳曰。物不可以終遯。故受之以大壯。

雜卦傳曰。大壯則止。

繫辭傳曰。上古穴居而野處。後世聖人易之以宮室。上棟下宇。以待風雨。蓋取諸大壯。

䷡大壯利貞。 方言曰。凡艸木刺人。北燕朝鮮之間謂之壯。郭注云。今淮南亦呼壯爲傷。豐按壯讀爲臧。善也。古無藏字。藏又有藏訓。故繫辭傳大壯則止。不然物不可以終壯。故受之以晉。不可通矣。

彖曰。大壯。大者壯也。剛以動故壯。大壯利貞。大者正也。正大而天地之情可見矣。

象曰。雷在天上大壯。君子以非禮勿履。

壯从爿从士。大也。盛也。又氣力浸强之名。三畫之卦。初爲少。二爲壯。三爲究。六畫之卦。初二爲少。三四五爲壯。上爲究。卦自坤息之四。左傳昭公三十二年。史墨曰。雷乘乾曰大壯。天之道也。陽爲大。卯月之卦。復陽在地中。故見天地之心。大壯陽在天上。故見其情。 又陽息泰也。壯傷也。大謂四。失位爲陰所乘。兌爲毀折。傷也。與五易位。乃得正。四進之五。成需。以離日見天。坎月見地。又四坤息陽。故正也。又陽過當止。故曰大壯則止也。又左傳謂季氏出君事曰雷乘乾。以震諸侯。加之乾君之上。〇履以坤柔履剛。故嘉會合禮。大壯以震足之剛履剛。故非禮。 又大壯履皆體乾。故言履。又天尊雷卑。以卑乘尊。故以爲戒。又非禮勿履。所爲自勝者强。無懸者剛也。

初九。壯于趾。征凶。有孚。

象曰。壯于趾。其孚窮也。

初爲趾。征行也。位在初而壯。故雖孚亦凶。 又趾謂四。震足也。初得位。四不征之五。則不應。故傷。若遂動而應四。則凶。坎爲孚。謂四上之五成坎。已得應四。故孚。應在乾終。故窮也。又爻變巽。伏也。爲進退。爲不果。卦之恆。習爲常而不變也。又大壯中孚皆遯之三變。故言孚。

九二。貞吉。

象曰。九二貞吉。以中也。

爻未正故貞。位處中故吉。又變得位。故貞則吉。動體離。故以中。又爻變離虛中。卦之豐。宜日中。

九三。小人用壯。君子用罔。貞厲。羝羊觸藩。羸其角。

象曰。小人用壯。君子罔也。

重剛。故君子亦厲。罔謂不詳審事之經權常變。失三思後行之道。三與五同功爲兌。兌爲羊。羝羖羊牡羊也。羊觸首。常低下。故曰羝。藩。籬落也。九四體震爲竹葦。故稱藩。乾爲首。三乾上。故稱角。四藩未決。三宜勿往。用壯用罔。則反拘羸矣。羸大索。纍也。又應在震也。三君子。上小人。上逆故用壯。謂二已變離。離爲網。三乘二。故君子用網。網罔古今字。體乾夕惕。故貞厲。又罔无也。壯健之氣。小人用之。君子有而不用也。又在乾終始陽位。故曰羝羊。應在震。爲反生。爲出。羊角反生而岐出。以決物者。兌爲剛鹵。三欲觸上。反見纍。纍謂二已變體巽。爲繩也。藩謂上。又羸困也。又三欲觸四而危之。四反羸其角。角謂五。兌羊之首也。又乾爲壯。又爻變。兌爲羊。卦之歸妹。女說而忘其正也。又辰在辰。軫宿爲車。車有藩也。角宿二。羊角象。氐宿上有貫索。纍之象也。

九四。貞吉悔亡。藩決不羸。壯于大輿之腹。

象曰。藩決不羸。尙往也。

決開也。兌爲附決。陽稱大。震爲車。爲大塗。乾馬以駕輿。腹輹同。一作輻。輻爲直指。車之行地。全力在輻。作輻是也。此爻曾子所謂大勇。咸卦九四。亦曰貞吉悔亡。又四爲卦主。壯傷也。利于止。三上相應。四爲藩。以絕其往來。故三上兩爻。皆有觸藩之象。而四力能止之。然四體震。震爲決爲蹃。故藩之決也。四自決之。輹之壯也。四自壯之。車之止也。設藩盾。見周官。其行也設輹。不能止而妄動。故象傳曰。尙往。言能止。乃貞吉而悔亡耳。又四失位。悔也。之五得中。故悔亡。體夬象。故決。四上之五。則藩毀。坤爲大車。爲腹。四之五。折坤。故壯于大車之輹。尙上通。尙往者。上之五也。輿一作車。又爻變坤。爲大輿。順也。卦之泰。尙往者君子道長也。又辰在午。星爲日宿。爲馬。上有軒轅十七星。與象。

六五。喪羊于易。无悔。王念孫曰。文法與同人于野于門于宗。伏戎于莽。同人于郊。拂經于邱。遇主于巷。皆同。

象曰。喪羊于易。位不當也。

易。疆場也。兌爲羊。震爲大塗。兌爲毀折。牛柔羊剛。旅上九喪牛。失其順也。此六五喪羊。失其壯也。當旅之時。而不能柔。故凶。過壯之時。而損其剛。故无悔。又四動成泰。坤爲喪。乾爲易。四上之五。兌還屬乾。故喪羊于易。羊壯也。易謂二也。中而不險。能喪已之壯。而以事委之。則无悔。又易謂佼易也。不當者。四五陰陽失正。又易。忽略也。祇兌說而不乾惕震懼。不知爲君之難。失民失國。如亡羊而不悔也。震无咎者存乎悔。又羣陽壯進。六五以和易待之。使失其壯也。又六五尊位。即中庸居上不驕之義。又爻變兌爲羊。卦之夬。決而和也。又咸卦九五。亦曰无悔。又羊一作牛。又一云不當不字宜衍。又辰在卯位。月當本卦。

上六。羝羊觸藩。不能退。不能遂。无攸利。艱則吉。

象曰。不能退。不能遂。不詳也。艱則吉。咎不長也。

上正應三。故假三之文明之。又卦體大兌。全卦皆可象羊。處大壯之極。進退不可矣。遂進也。詳審也。不詳即所謂用罔也。用罔而至此。已不可爲。惟艱難其身。以持之而濟之。則尙可因禍爲福。轉敗爲功耳。爻得正。是君子之過壯者。故象如此。若蘇胥鼂錯論。即其誼也。又上之觸藩。如信陵君。欲約車百乘。往赴秦軍。與趙具死。侯生敎以竊符。所謂艱貞。又應在三。故羝羊觸藩。進謂四。巳之五。體坎。上變之巽。巽爲進退。退則失位。上則乘剛。故无利。坎爲艱。得位應三。利上。故艱則吉。祥善也。乾善爲祥。巽爲長。動失位爲咎。不變之巽。故咎不長也。又一朝之忿。當思難也。詳一作祥。又艱難也。與六五之易正相反。又爻變離。有所麗也。卦之大有。故告不長。又臨六三无攸利。變卽泰。此上六无攸利。變卽大有。故象傳皆曰咎不長。又爻辰在巳。卦炁屬巽。爲進退。爲不果。

序卦傳曰。物不可以終壯。故受之以晉。晉者進也。

雜卦傳曰。晉晝也。

䷢晉康侯用錫馬蕃庶。晝日三接。一本晉下有亨字。

彖曰。晉進也。明出地上。順而麗乎大明。柔進而上行。是以康侯用錫馬蕃庶。晝日三接也。

晉从臸。到也。从日。日出萬物進也。兩至者。自北至至南至。日益進也。晉卦一作齊。卽躋。康美也。樂也。康侯猶考工記所稱寧侯也。或曰。民功曰康。書稱康功。則康庶事康兆民之侯也。或曰。康讀如康周公之康。廣也。錫者下貢上。如納錫大龜。禹錫元圭之錫。覲禮奉束帛匹馬。九馬隨之。馬者享禮之庭實也。或曰。天子嘉侯之績。寵錫以禮。采菽曰。雖無予之。路車乘馬。是也。王接諸侯之禮。凡三等。在殷則分公爵侯爵子爵也。在周則分同姓異姓庶姓也。或曰。覲禮延升一。覲畢致享升致命二。享畢王勞之升成拜三。所謂三接也。或曰。大行人職。諸公三饗三問三勞。侯三饗再問再勞。子男三饗一問一勞。所謂三接也。亦通。卦觀四進之五。坤爲牡馬。坎爲美脊馬。坤爲衆。離爲晝日。三陰在下。相見乎離。艮爲手。故曰三接。天子至明于上。公侯順承于下。臣以功進。君以恩接。艮爲門闕。離文明。故爲明堂肆覲之象。大有火在天上。君道也。晉明出地上。臣道也。以訟受服。則終朝三褫。柔進受寵。則一日三接。又晉需旁通。需不進也。晉進也。又觀四進五。處用事之位。陽中之陰。侯象。陰性安靜。故曰康侯。康安也。坤爲安。又康聿也。廣也。又初動體屯。震爲諸侯。馬謂四也。震又爲馬。坤爲用。爲衆。艮爲多。五以下羣陰錫四也。又四爲諸侯。五爲天子。又蕃庶。庶當爲遮。謂藩遮禽也。又接勝也。似作捷。又坤臣道。日君德。離爲明。坤爲順。乾爲大明。坤爲民。民功曰康。又侯謂五。錫予也。蕃殖也。庶。庶民也。錫馬。詩之秉心塞淵。騋牝三千。蕃庶。書之正德利用厚生。三接。與民相見也。又文演易時。未有唐叔虞也。而厥後文侯。則王錫馬四匹。文公朝王。出入三覲。王賜車輅弓矢。姬姓之侯。獨晉霸者數世。晉康侯之語。似爲後世之讖焉。 ○大學。皆自明也。蓋取諸晉。又君子謂觀乾。乾爲德。坤爲自。離爲明。乾五動。以離日自照。故以自照明德。謂自照己身也。昭一作照。

初六。晉如摧如。貞吉。罔孚裕无咎。

象曰。晉如摧如。獨行正也。裕无咎。未受命也。

摧退也。坤含弘爲裕。孔子曰。待價。裕于進也。孟子久于齊。裕于退也。未受命。未受一命爲士也。 又摧擠也折也。又憂愁也。應在四。故晉如。失位。故摧如。動得位。故貞吉。應離爲網。罔網古今字。坎稱孚。坤弱爲裕。欲四之五成巽。初受其命。故无咎。初動。震爲行。初者一也。稱獨。五未之巽。故未受命也。又摧讀如南山崔崔之崔。又罔孚指四。坎爲狐疑。變震爲恐懼。摧如象。又罔孚一作有孚。又爻變。震動不失順也。卦之噬嗑。如頤有物間之也。又晉中孚皆體艮。故言孚。

六二。晉如愁如。貞吉。受茲介福于其王母。

象曰。受茲介福。以中正也。

愁愀同。變色貌。爾雅。父之妣爲王母。指五也。以陰應陰。有妣婦象。不曰母而曰王母者。禮重昭穆。故孫婦祔于祖姑。以昭穆相配。喻二五相應也。與小過遇其妣同誼。坤虛互艮爲手。故稱受介大也。 又二應在坎上。坎爲加憂。故愁如。得位處中。故貞吉。乾爲介福。謂五已正。乾爲王。坤爲女也。女者處內而成德者也。五動爲正中。故二受大福。如馬與蕃庶之物也 又王母。王者之母也。又此享祖妣之吉占。又離有明辨而介之象。離爲雉。雉性介也。又晉悼公即位。年過七十者。公親見之。稱曰王父。則婦人年老。亦可稱王母。王母指二。豈必指五爲陰之至尊乎。又爻變坎。隱伏加憂心病。故愁如。卦之未濟。又詩云。靖共爾位。介爾景福。又辰在酉。王謂六五卯位之日一星。王母謂六二酉位之月一星。

六三。衆允悔亡。

象曰。衆允之志上行也。

允信也。人三爲衆。于三爻言之。初曰裕。進毋躁也。二曰貞。進以正也。三曰允。進以信也。坤爲衆爲順。土性信。衆允與初罔孚相反。信友斯獲上也。又大學得衆則得國之義。又三失正。與上易位。則悔亡。坎爲志。三之上成震。故曰上行。震爲行。三上易。卦之小過。小過飛鳥之象。亦上行也。臼杵之利。見碩鼠出入坎穴而取之。又爻變艮止。待衆心也。卦之旅。親寡似悔。又允與𠃬通。進也。

𠃬从屮从本。

九四。晉如鼫鼠。貞厲。

象曰。鼫鼠貞厲。位不當也。

鼫一作碩。碩鼠。五伎鼠也。出河東地。或曰。即螻蛄。鼫鼠五能。不成一伎。喻四體離欲升。體坎欲降。貪無藝也。能游不能度谷。不出坎也。能飛不能過屋。不至上也。能緣不能窮木。不出離也。能穴不能掩身。五坤土薄也。能走不先人。外震在下也。五伎皆劣。四爻當之。艮爲小石。又爲鼠。鼠穴地而居。象坎。又詩曰。碩鼠碩鼠。無食我黍。鼫鼠晝伏夜行。貪猥无已。謂進雖承五。然濳據下陰。久居不正之位。故危厲也。又持祿保位。患得患失之臣。有如社鼠。所據之地重。所竊之患大也。又鼫鼠。廣韻以爲螻蛄。玉篇云。形似鼠。頭類兔。尾有毛。又爻變艮爲鼠。卦之剝。小人之尤者。又辰在午。鼠善竊。柳主酒食。下有外廚。碩鼠又食黍稷。星宿上有稷五星。

六五。悔亡。矢得勿恤。往吉无不利。

象曰。矢得勿恤。往有慶也。

離爲兵。故爲矢。在旅爲矢亡。在晉爲矢得。此天子所錫之彤矢旅矢也。恤憂也。坎爲加憂。勿恤。言受天之寵。功德稱也。自喜曰喜。同喜曰慶。 又矢。一作失。火無定體。忽熾忽沒。失得其常事也。又此康侯也。所謂正誼不謀利。明道不計功。此忘私忘家之大臣。進禮退義之君子。非患得患失之鄙夫。又陰居尊故悔。以中明照。故悔亡。動之乾。乾爲慶。又矢古誓字。信也。五變得正。坎象不見。故誓得無憂。往有慶也。又在旅。爲上逮之譽命。在未濟爲有孚之暉吉。又爻變乾。明而健也。卦之否。 又辰在卯。氐下有騎陳將軍。弓矢之象。

上九。晉其角。惟用伐邑。厲吉无咎。貞吝。

象曰。維用伐邑。道未光也。

離爲畜牝牛。在上稱角。惟思也。離爲甲胄戈兵。稱伐。坤土爲國。艮爲邑。此弓矢之錫。俾康侯得專征伐者。敵王愾。討不庭。以光王道。戰雖危事。而吉无咎也。若正于用威。好大喜功。則吝矣。卦四陰二陽。四陰皆吉。二陽皆厲。進之道貴柔。不貴剛也。離上九出征。睽上九張弧。 又五已變之乾。乾爲首。位在首上稱角。坤爲邑。動成震而體師象。坎爲心。故思用伐邑。謂五使上之三伐坤也。得位乘五。故厲吉。陽雖在上。動入冥豫。故道未光。離爲光。五陽爲道。又明過乎中。則明將夷。已在角而猶進。亢矣。須攻伐然後服邑。危乃吉无咎。用斯爲正。亦已賤也。又處無可復進之時。當自反自克。正于進。則吝也。又謙六五。既濟九三。言伐不言邑。公而大。此言邑。私而小。故吝。又春秋定公十二年。公圍成。公至自圍成。成魯邑。何休謂諸侯不親征叛邑。危之故致之。所謂厲也。范甯謂以公之重而伐小邑。則爲恥深矣。所謂吝也。莊公二年。公子慶父伐於餘邱。穀梁傳曰。公子貴矣。師重矣。而敵人之邑。所以譏公。亦此義也。

又旅五百人之衆。足以伐衆居之邑。卦三變成旅。又爻變震動。震爲出威。坤在下。爲土爲衆。伐邑之象。卦之豫。鳴豫宜戒也。又惟一作維。又辰在戌。戌爲白羊有角。又奎下土司空一星。主水土。上有軍門。南門天將軍。

序卦傳曰。進必有所傷。故受之以明夷。夷者傷也。

雜卦傳曰。明夷誅也。當作昧。

☷☲明夷。利艱貞。

彖曰。明入地中明夷。內文明而外柔順。以蒙大難。文王以之。利艱貞。晦其明也。內難而能正其志。箕子以之。

象曰。明入地中明夷。君子以莅衆。用晦而明。

夷借爲痍字。傷也。滅也。日光爲地球所掩。自人目視之。則明滅也。臨二之三。坎爲艱。蒙冒也。猶遭也。以用也。又以。一作似。文王之拘。天下民命攸寄。故曰大難。箕子之狂。一家宗祏攸關。故曰內難。又反晉。五失位。變出成坎。坎爲艱。故利艱貞。三喻文王。大難謂坤。坤爲弑父。迷亂荒淫。若紂殺比干。三幽坎中。象拘羑里。震爲諸侯。喻從文王四者。紂懼出之。故以蒙大難。得身免矣。箕子紂諸父。故稱內難。五乾天位。今化爲坤。箕子之象。坤爲晦。箕子正之。出五成坎。體離重明麗正。坎爲志。故正其志。箕子以之。而紂奴之矣。又臨一變明夷。二變蒙。故言蒙。○莅臨也。而如通。王者冕旒蔽目。黈纊塞耳。不察察以爲明。亦用晦之意。又君子謂三。體師象。以坎莅坤。坤爲衆爲晦。離爲莅爲明。故用晦如明也。坎爲入。又莅衆顯明。蔽僞百姓者也。故以蒙養正。以明夷莅衆。

初九。明夷于飛。垂其翼。君子于行。三日不食。有攸往。主人有言。

象曰。君子于行。義不食也。

火性炎上。離爲雉。爲飛鳥。爲坤所抑。故垂其翼。陽爲君子。離數三。離爲日。日以喻君。不食君祿也。離大腹虛中。不食象。震爲行。爲往。主人謂四。四體震爲主。又爲雷。雷有聲爲言。又離火于五事爲言。此如夷呂遯往海濱。橫政橫民。不忍居也。主人有言。又如穆生去楚。申公白公非之。袁閎潛身土室。人以爲狂生者也。或曰。此謂所托之主人亦被讒言。伯夷于文王三十二年歸周。明年崇侯譖西伯囚羑里。是爻伯夷當之。又離爲飛鳥。蓋取小過之義。乃反對。兩象易。皆爲晉。晉四下初。體震爲行。晉初動。體噬嗑食。初從四下。不從坤變。故不食。離爲日。自四至初。三爻。故三日。又三者。陽德成也。陽爲君子。陽未居五。陰暗在上。初陽有明德。恥食其祿。衆陰在上。爲主人。初欲上居五。則衆陰有言。四五體震爲言。又此象高飛之鳥。垂其翼者。所謂怒而飛。其翼若垂天之雲也。初无傷象。舊說失之。又主人謂二也。又訟明夷旁通。故訟亦曰食舊德。又爻變艮。爲徑路。故于行。卦之謙。輕也。虛也。又離火爲言。言。揚火也。又辰在子。女宿蝠。危宿燕。元枵虛中。爲垂翼不食象。又卦烝坎爲加憂心病。亦不食象。上值人星。爲主人。又左傳昭五。穆子之生也。莊叔筮之。過明夷之謙。楚邱曰。是將行而歸爲子祀。以讒人入。其名曰牛。卒以餒死。明夷日也。日之數十。故有十時。亦當十位。自王巳下。其二爲公。其三爲卿。日上其中。食日爲二。旦日爲三。明夷之謙。明而未融。其當旦乎。故曰爲子祀。日之謙當鳥。故曰明夷于飛。明而未融。故曰垂其翼。象日之動。故曰君子于行。當三在旦。故曰三日不食。離火也。艮山也。離爲火。火焚山。山敗於人爲言。敗言爲讒。故曰有攸往。主人有言。言必讒也。純離爲牛。世亂讒勝。勝將適離。故曰其名曰牛。謙不足。飛不翔。垂不峻。翼不廣。故曰其爲子後乎。吾子亞卿也。抑少不終。又愚按雜卦。明夷昧也。明入地中。晦日之夜也。日在地中。而有月以代舒其光。則仍自文明。故曰莅衆用晦而明。如文王之周雖舊邦。其命惟新也。如箕子之明。不可息。不死而封于周也。初九取日食之象。明夷于飛。垂其翼者。日當食也。古云日中有三足烏。故云。君子實測其行。而前後三日俱不食。有攸往者。日月已相離會所也。蓋古律法尚疏。或食于晦日。或食于二日。如春秋漢書所紀。多有之。故曰三日不食。言三日中。皆未食也。義不食者。言天行有常。則視行亦有常。其不食則法本不當食也。主人有言句。是占詞。占此者。主有爭辯之事。如訟小有言之言。日月爭道而行。故有此占也。上六。不明晦。初登于天。後入于地。言月生明之初。漸登于天。生魄之後。漸入于地。至晦日則不明。天垂象。聖人則之。故曰失則。後見牛農易說。謂明夷六四。月食之象。坎月離日。地隔其間。食之象也。入左腹。象始虧。由左入中出門庭。象復圓。由中出外。月食于闇虛。闇虛者地影。外卦坤。闇虛之象也。

六二。明夷。夷于左股。用拯馬壯吉。愚按。借抍爲拔。止馬也。

象曰。六二之吉。順以則也。

夷于左股。夷當作睇。旁視爲睇。震在左。震爲足。股之下也。二體離坎。從南方北方視東。所謂旁睇。離爲目。拯升也。坎爲馬。文王囚于牖里。後散宜生獻文馬。遂得脫歸。亦其象也。順帝之則者文王。故曰順以則。折其右肱。終不可用。夷于左股。尚可用也。或以此爻文王當之。又此爻喻紂之初年。無道未甚。文王率叛國以事時也。又秦送重耳疇騎二千。單騎起于春秋。盛行于戰國。豈古亦有之耶。又二四皆臣位。故一象股。一象腹。自內出外謂左官。亦曰左遷。左猶外也。名爲股肱心腹而實外之也。又豐四之渙初。渙成中孚。豐成明夷。故渙同詞。又股一作般。旋也。日隨天左旋也。又一作右般。謂自辰右旋入丑也。又睇一作胰。字之譌也。又夷傷也。左股謂初爲二所夷也。鳥垂翼在下。故曰左股。乾金初傷。故曰夷。三體坎爲馬。二應五。三與五同功。二以中和應天。應天合衆。欲升上三。以壯于五。故曰用承馬壯吉。承升也。二欲上三居五。五爲天子。坎爲法律爲則。君有法。則衆陰當順從之矣。又拯一作抍。舉也。壯傷也。震爲馬。謂臨二震在坤下。失位而傷。三之二舉之。得位吉。又坎主左方。故曰左股。又拯救也。左股傷不能行。必乘馬矣。又拯承也。又爻變乾爲馬爲健。卦之泰。安也。又拯一作承。升也。又辰在酉。西方內卦離爲目九三體震東方。爻辰在辰。辰得巽氣爲股。此謂六二有明德。欲承九三。故云睇于左股。東爲左。又酉宮五車五星。主兵車故馬壯。

九三。明夷于南狩。得其大首。不可疾貞。

象曰。南狩之志。乃大得也。

冬終火田曰狩。坎爲冬。離爲火。爲戈兵。爲網。坎爲弓輪。震爲車爲馬。集于坤之野外。凡前爲南。後爲北。坎在北方。故狩曰南也。大首元首也。陽爲大。如成湯起于夏臺。文王假弓矢爲方伯。遂成王業。然遵時養晦。書曰。須暇之子孫。故不可疾貞。疾急也。貞正也。離上九曰。有嘉折首。此本離上。故亦云。或曰。此爻武王當之。又南者。五陽位暗昧道終。三可升上而獵于五。得據大陽首位。然自暗復明。當以漸。不可卒正也。五居暗主。三處明終。去闇主如桀紂。順時拯難者也。以臣伐君。故假言狩。既獲五上之大首。而三志乃大得也。坎爲志。又大首謂上六也。又體師象。以坎征坤。又坎爲疾。疾貞正乎坎也。言當征五成既濟也。又爻變震明威也。卦之復復。以漸不可疾正。又此爻如文王伐崇。三旬不降。脩教而復伐之。因壘而降也。又酒誥勿庸殺之。姑惟教之之意。又此爻爲武王。又辰在辰。軫主車騎。爲南方宿。龍爲陽。陽爲大角宿爲龍。角亢爲龍喉。則首也。龍難馴。故不可疾貞。

六四。入于左腹。獲明夷之心。于出門庭。

象曰。入于左腹。獲心意也。

震爲左。坤爲腹。母之爲道。出入腹我者也。醫經曰。心在左腹。爻位。初爲室。二爲戶。三爲庭。四爲門。此以子之初生爲喻。其誼則如微子之自靖行遯也。又左。九三陽也。腹爲五居坤也。四得位比三。處于順首。欲上三居五。以陽爲腹心也。三明當出門庭。升五君位也。四欲三居五爲坎。坎爲心。四坤爲腹。又爻本晉初也。在艮下。艮爲門庭。今體震。故曰出。坎爲心。明夷之心三也。四應初歷險。近得于三。故獲心意。又爻變震東方左。互巽爲入。卦之豐。日中見斗。不明也。又坤爲黑。入腹則黑。又辰在丑。河鼓在牛宿左。近天市垣帝座。門東西垣之門。如帝之遠出也。

六五。箕子之明夷。利貞。

象曰。箕子之貞。明不可息也。

箕子德可以王。故以當五位。佯狂以明爲暗。卒全身爲武王師。國于朝鮮。故曰明不可息。若楊雄逼于禍患。遂失其所守。則息矣。又箕子一作其子。周公不敢顯稱也。孔子彖傳乃顯言之。又中孚小過旁通。謂九二通小過六五。惟小過六五。不和中孚之九二。而以四之初成明夷。故云其子之明夷。苟相和則明不夷傷。又其子。其古音亥。亦作萁。坤終于亥。乾出于子。用晦而明。明不可息。又箕子一作荄滋。言根荄方滋茂也。漢書曰。陰陽氣亡箕子。箕子者。萬物方荄兹也。又坤順而藏。爻變坎爲險難。爲隱伏。爲心病。爲加憂。佯狂之象也。坎剛中。故明不息。卦之既濟。濟難之道在貞。又東海世子女病。郭璞筮得此爻動。

上六。不明晦。初登于天。後入于地。

象曰。初登于天。照四國也。後入于地。失則也。

應在三。離滅坤下。故不明晦。不明晦三字。一作至晦二字。晉時在上麗天。故照四國。今反在下。故失則。坤爲衆國。入于地謂晝變爲夜。喻紂之昏暗。爲亂世也。鹽鐵論曰。小人處盛位。雖高必崩。不盈其道。不恆其德。而能以善終身。未之有也。是以初登于天。後入于地。此爻商受當之。又三坎爲則。三在下。不應上。上失之也。又爻變艮山。日出沒之地。卦之賁。又辰在巳。值月宿張。巳爲晝辰。月不明而晦也。天者。天廟十四星。地者。土司空四星。

序卦傳曰。傷于外者必反於家。故受之以家人。

雜卦傳曰。家人內也。

䷤家人。利女貞。

彖曰。家人。女正位乎內。男正位乎外。男女正。天地之大義也。家人有嚴君焉。父母之謂也。父父子子。兄兄弟弟。夫夫婦婦。而家道正。正家而天下定矣。

象曰。風自火出。家人。君子以言有物而行有恆。

室內謂之家。家人以女爲奧主。而最難正者。亦惟女。今離二巽四得正。長女中女。各成其貞也。故曰女貞。漸曰。女歸吉利貞。此即漸女所歸之家也。離五之四。又遯四之初。其位五陽爲男爲天。二陰爲女爲地。上爲父女。五爲子爲夫爲兄。三爲子爲夫爲弟。四與二爲婦。初爲季弟。大學。齊家而后國治。國治而後天下平。孟子。人人親其親。長其長。而天下平。正家而天下定之謂也。又遯消卦。次于訟。遯乾爲天。三動坤爲地。謂五正得天。二正得地也。遯乾爲父。艮爲子。三五位正也。三動時震爲兄。艮爲弟。初五位正也。震爲夫。巽爲婦。初四位正也。蓋三權變受上。成既濟定。而家道正。天下定矣。又父謂五。子謂四。兄謂三。弟謂初。夫謂五。婦謂二也。又父謂上。子謂初。夫謂五與三。婦謂四與二。兄謂五。弟謂三也。又上父初女。五兄三弟。二四婦。又離巽中有乾坤。曰父女。○屋下有火炊爨。則尨上有風自突而出。大必有風。故曰風自火出。又若上谷郡君之教程子。乃爲母之嚴君。

風火相與。必附于物。言行相顧。必要于實。故曰言有物。大暑爍金。火不增烈。大寒凝冰。火不損熱。故曰行有恆。中庸。知風之自。此其誼也。左傳。梓愼曰。是爲融風。火之始也。風者木之兲。木火同類。又木生火。火以木爲家。故曰家人。又君子。謂遯艮賢人也。三動成震。爲言爲行。納上成坎爲法。又家人恆皆體巽。故言恆。又家人上易解三。則解成恆。故言恆。又火必附物。物大火大。物小火小。君子之言。因其位之大小。所以不在其位。不謀其政也。

初九。閑有家。悔亡。

象曰。閑有家。志未變也。

牖戶之內謂之家。閑闌也。木設于門。所以防閑也。處家宜和。治家宜嚴。顏之推曰。敎子嬰孩。敎婦初來。此之謂也。又閑習也。初在潛位。未干國政。閑習家事而已。未變從國之事也。又應在四。坎爲閑。志謂三。坎爲志。又爻變艮爲門庭。閑止也。卦之漸。漸曰女歸。初防其漸。

六二。无攸遂。在中饋。貞吉。

象曰。六二之吉。順以巽也。

攸所也。遂專成也。公羊。大夫无遂事。二處和得正。有應有實。陰道之至美者。坤道從夫從子。故无敢自遂。詩曰。無非無儀。惟酒食是議。此物此志也。爻體坎離。水上火下。亨飪之象。饋酒食也。坎爲酒食。二居內卦。位貞于中。故曰中。五爲巽主。婦順于夫。故曰順以巽。 又兩象易爲鼎。中饋之義。又爻變乾。戒其剛遂也。互兌爲口食。卦之小畜。一陰畜五陽。則嫌陰盛矣。又三動體頤。二在頤中。五在頤上。艮手饋養。故曰中饋。坤爲順。又饋。饋祭也。儀禮有饋食禮。饋祭爲婦職。巽謂五 又家人者。巽二世卦。又遯一變巽。二變家人。故言巽。 又辰在酉。胃宿主儲藏。中饋爲藏物之所。

九三。家人嗃嗃。悔厲吉。婦子嘻嘻。終吝。

象曰。家人嗃嗃。未失也。婦子嘻嘻。失家節也。

嗃嗃嚴酷。兒嘻嘻喜笑淫佚之聲。治家之道過嚴。則悔而得吉。過寬則終吝。所謂知和而和。不以禮節之。亦不可行也。節猶閑也。又嗃嗃一作熇熇。離于木爲折上熇。火熱也。苦熱之意。又悅樂自得之兒。非是。又一作確確。又嘻嘻一作嬉嬉。又太多之聲。又歎聲。過嚴而至此也。又一作熹熹。又離爲火。火聲无常。若歌若泣。嗃盛烈象。喩猛聲。嬉將息象。喩嘆聲。春秋傳。譆譆出出。詩。多將熇嬉。又詩有恍有潰。嗃嗃也。小弁。惟其忍之。不悔厲也。又三五別體异家。各據其陰。喜樂過節。故言婦子。又巽爲婦。震爲子。坎爲節。三上易。則體兩坎。又爻變巽。威震爲驚懼。離爲笑言。卦之益。家之肥也。又家人節。皆體坎。故言節。又辰在辰。亢爲喉聲之所出。

六四。富家大吉。

象曰。富家大吉。順在位也。

巽順居正。巽爲工爲帛。爲近利市三倍。陰利理財。故富家。或曰。離與巽合。此南風之歌。阜財也。禮運家之肥。論語禮之好。孝經富之守。此爻當之。又三變體艮。艮爲篤實。坤爲大業。得位應初。順五比三。據三陽。故云大。又大謂五陽。言順于五也。又爻變乾富也。卦之同人。又辰在丑。牛下有天田。織女主絲綿珍寶。女上扶筐離珠。皆富象。

九五。王假有家。勿恤吉。

象曰。王假有家。交相愛也。

陸績曰。假大也。五得尊位。據四應二。以天下爲一家也。離南方夏也。夏之爲言假也。養之長之。假之仁也。南薰解慍。故勿恤。象以家人爲主。故主嚴。五以天下爲家。故主愛。或曰。此爲聘納后妃之吉占。又假感格也。又登也。又至也。如舜能治家。處于嬀汭。即是歸讓至焉。又五爲王。二稱家。三動成震。震爲交。五得交二。初得交四也。乾爲愛。坎爲加憂。爲恤。謂三也。又爻變艮。爲門闕。卦之賁。嶽喜交愛。禮之文也。又辰在申。畢上有諸王六星。

上九。有孚威如。終吉。

象曰。威如之吉。反身之謂也。

齊家本于脩身。不怒而威也。文王刑于寡妻。以御于家邦。此之謂也。孟子曰。身不行道。不行于妻子。故曰反身。又謂三已變。與上易位成坎。坎爲孚。乾爲威如。自上乾體之坤。故威如。易則成既濟定。三動時坤爲身。上之三。故反身之謂也。又交變坎爲信。卦之既濟。家道成也。又遯二變家人。三變中孚。故言孚。又辰在戌。婁上天將軍十一星。威如象。

序卦傳曰。家道窮必乖。故受之以睽。睽者乖也。

雜卦傳曰。睽外也。

繫辭傳曰。弦木爲弧。剡木爲矢。弧矢之利。以威天下。蓋取諸睽。

䷥睽。小事吉。

彖曰。睽火動而上。澤動而下。二女同居。其志不同行。說而麗乎明。柔進而上行。得中而應乎剛。是以小事吉。天地睽而其事同也。男女睽而其志通也。萬物睽而其事類也。睽之時用大矣哉。

象曰。上火下澤睽。君子以同而异。

睽。當作聧。从耳从癸。耳不相聽也。故爲違隔乖離之義。天地异位。男女异姓。萬物异形。今本說文。耳部脫此字。移其注于目部云。目不相聽也。而通志堂本又改釋文所引說文爲目不相視。尤謬中之謬。按玉篇廣韻。聧字皆引說文。耳不相聽。睽字則引說文目少睛也。廣蒼亦云。睽目少睛。是今本說文目部注誤。耳部字脫。　離二之三。火欲上。澤欲下。中女少女。志不同歸。其性睽异。二陰爲小。私事可各行己志。故吉。定大策成大業。必共濟也。　又无妄二之五。又大壯三之上。又中孚四之五。又家人二之三。四之五。小謂五。陰有與。君應臣。故小事吉。又小謂柔也。以柔爲事則吉。又離兌二女。皆非長嫡。致睽之道。坎爲志。无妄巽爲行。巽爲同。艮爲居。二五易。震巽象壞。故不同行。明謂乾。以晉例之。當言大明。柔謂五。无妄巽爲進。二之五。故上行。剛謂應乾五伏陽。非應二也。與鼎五同義。

小事臣事也。柔得其中。而應其君。故吉。五動。乾爲天。四動。坤爲地。坤爲事。五動。體同人。故事同。四動。艮爲男。兌爲女。坎爲志爲通。故志通。四動。萬物出震。坤爲事爲類。故事類。離夏兌秋坎冬。四動震春。故曰時。乖離之卦。于義不大。故曰用。明用睽之義至大也。又兩離。爲兩目象。又離爲戈兵。坎爲弓論。兌爲毁折附決。故弧矢之利取此。

○百官殊職。四民殊業。文武並資。威德相反。共歸于治。大歸雖同。小事當异。又禹稷回同道而异趣。夷惠同聖而异術。孔子齊魯之去。异遲速。孟子今昔之饋。异辭受。亦所謂同而异也。彖傳言异而同。象傳言同而异。 又君子謂乾五伏陽。伏陽出成巽爲同。四動三上易成既濟。乾坤別异。

初九。悔亡。喪馬勿逐。自復。見惡人。无咎。

象曰。見惡人。以辟咎也。

物性劣。與人睽。如放豚之不必追也。人性惡。與己睽。如不仁之疾。不爲已甚也。勿逐。亦往者不追之義。又周禮。風獲得貨賄人民六畜者。委于朝。告于士。注。待來識之。粊誓曰。馬牛其風。臣妾逋逃。勿敢越逐。祗復之。是其事也。見惡人。亦來者不拒之義。已遯則小人當遠。人睽則惡人可見。子見南子陽貨而接互鄉。是也。汾陽之見盧杞亦然。惡人謂四。四體坎爲盜。平之交勃。實之弔讓。子產之賂伯石。仁傑之交二張。見惡人避咎者也。漢之竇何。欲除君側之姦。遂至于不可救矣。 又無應悔也。四動得位。故悔亡。應在于坎。坎爲馬。四失位之正入坤。坤爲喪。坎象不見。故喪馬。震爲逐。艮爲止。故勿逐。坤爲自。二至五體復象。故曰復。四動。震馬來。故勿逐自復也。離爲見。四離焚弃爲惡人。動入坤。初四復正。見以遜告矣。愚按卦惟此爻得正。依虞例。當云未濟坎爲馬。今爲兌。坎象不見。故喪馬。得正故勿逐。初陽得復之初。故曰自復。惡人謂四。四體坎。爲隱伏。爲盜。體離爲見。雖不我應。已无告也。辟必亦反。讕除去之。欲其變而應己。又九二以上失位之爻。皆惡人也。初以剛制之于早。見之乃以辟除之。故制于未亂而無告。又惡人醜貌者也。又大畜良馬逐。今三四易位。毁艮之閑。離乾之羣。故喪馬。又爻變坎。塞而通也。卦之未濟。愼辨物也。又辰在子。人五星。其色黑。爲惡人。又卦炁坎。坎于馬爲美脊亟心下首薄蹄。爲曳。故有勿逐自復之象。

九二。遇主于巷。无咎。

象曰。遇主于巷。未失道也。

不期而會曰遇。主謂五。巷宮中之道也。詩所謂室家之壼。離騷所謂家衖也。離中虛爲巷。禮君臣賓主相見。皆由庭以升堂。今不期而遇于巷。雖非所由之正。究不失道也。與納自牖同義。或曰巷亦側陋之象。非臣之干澤。乃君之旁求。如呂尙之渭濱。孔明之南陽也。若委曲相求。則尹割烹。奚飯牛。恐枉道矣。老子曰。大道甚夷而民好徑。委曲所謂徑也。豈若大路之道哉。　又巷者近宮垣之小徑。猶所謂循牆而走。謙卑之意也。又主謂三。三爲下卦之主。出門近遇之象。言二遇三。明非背五。未爲失道也。按主謂三。則當取易位。二之遇主。卽三之遇剛。言易位則交正也。又二動。體震爲主。爲大塗。艮爲徑路。大道而有徑路。故稱巷。變得正。故无咎。又春秋禮不備曰遇。又忠悃不能直達。必委曲抒誠而情乃可通。又爻變震。爲大塗。卦之噬嗑。又主五也。如甯戚之扣角遇桓。　又辰在寅。主謂帝座一星。在尾箕子上。尾者後宮之場。宮掖永巷近之。兌爲妾。

六三。見輿曳。其牛掣。其人天且劓。无初有終。

象曰。見輿曳。位不當也。無初有終。遇剛也。

離爲見。坎爲車輪爲曳。曳臾曳也束縛捽抴爲臾。離爲畜牝牛。掣當作觢。角一低一仰也。離性上。坎性下。故掣。兌秋爲刑。爲附決。爲毀折。黥鑿其額爲天。夏之黥卽周之墨刑。割鼻爲劓。或曰。天當作而。篆文形近。周禮。梓人。爲筍簴。作而。漢法。有罪髡其鬢髮曰而。其人謂上。　又四動坤爲牛。其人謂四。惡人也。无妄乾爲天。震二之乾五。以陰墨其天。乾五之震二。毀艮割其鼻也。失位動得正成乾。故无初有終。象所謂遇剛也。又坤六三。亦曰无成有終。又兌爲附決毀折。曳。附象。掣。決象。

天劓。毀折象。又離爲兵。又天者。如莊子言天之戮民。內卦三爲天。外卦上爲天。又爻變乾爲天。卦之大有。又掣一作挈。一角仰也。一作觢。牛角皆踊曰觢。一作觭。又劓。一作剠。一作黥。又其人指上爻也。上爲天位。稱天。又剃鬚曰而。 又辰在亥。奎上策一星。曳輿之象。劓當爲刖。象室宿之形。與履三同義。 又左傳僖廿五。筮遇大有之睽。曰大有去睽而復。亦其所也。

九四。睽孤。遇元夫。交孚。厲无咎。

象曰。交孚無咎。志行也。

在外卦始言睽。乖離之始也。元者善之長。元夫猶善士。與惡人相反。遇元夫。與遇主相承。四多懼。故厲。初以四爲惡人。二以五爲主。三以上爲其人。四以初爲元夫。五以二爲宗。上以三爲昏媾。又釋名。孤顧也。還視也。在兩陰間。睽五顧三。震爲元夫。謂二已變。動而應震。故遇也。震爲交。坎爲孚。動得正也。坎動成震。故志行。又睽中孚皆自遯生。又艮之四世爲睽。遊魂爲中孚。又四五易爲中孚。故言孚。又爻變艮少男。兌少女。遇之爲元夫。卦之損。又遇元夫。卽初之勿逐自復也。又四以初爲元夫也。又元夫謂五。乾元也。 又辰在午。子以午爲妻。元夫謂初。七星上。有御女一星。

六五。悔亡。厥宗噬膚。往何咎。

象曰。厥宗噬膚。往有慶也。

宗廟門內之牆也。君之于臣。生則受命於宗。歿則配享於宗。是謂宗禮。亦曰功宗。功臣從祀。謂之功宗。多士曰。臣我宗。多方曰。臣我監。皆指有周御事。春秋亦有宗卿之名。史傳又有宗臣之目。俱非同姓之謂。宗謂二。二兌謂口。五坎爲豕。陰爲柔脆之膚。兌口噬之。卽二之遇巷也。同人二以五爲宗。睽五以二爲宗。陰從陽也。同之時故吝。睽之時故慶。或曰。睽因家人爲義。宗宗族也。噬膚。有飲食在宗。並受福慶之象。所謂敬宗收族也。又非位悔也。有應。故悔亡。又往得位。故悔亡。動而之乾。乾爲宗。宗尊也。二動體噬嗑。故曰噬。四變時。艮爲膚。變得正成乾。乾爲慶也。是宗謂乾五伏陽。非謂二應。又宗黨也。又二至上有噬嗑象。故稱噬。噬膚言其合也。又二變爲噬嗑。噬嗑之二。亦曰噬膚。又爻變乾。虛明而健。卦之履。履位不疚。有慶也。又辰在卯。宗指二。寅卯爲同類也。

上九。睽孤。見豕負塗。載鬼一車。先張之弧。後說之弧。匪寇昏媾。往遇雨則吉。

象曰。遇雨之吉。羣疑亡也。

離爲見。六三體坎。爲豕。爲雨。爲塗泥。陰爲鬼。坎隱伏。亦爲鬼。又爲多眚之輿。爲弓輪。爲寇盜。九陽與六陰爲昏媾。上之遇雨。即三之遇剛也。物三稱羣。謂始疑三之牛爲豕。三之人爲鬼。三之曳爲寇。三疑皆亡。而實爲昏媾。所以吉矣。又睽三顧五也。四變時。坤爲土。土得雨爲泥塗。四動艮爲背。坎豕背有泥。故負也。坤爲鬼。坎爲車。四變在坎上。故載鬼一車。於禮爲魂車。既夕薦車。五已變乾爲先。上乃應在三。坎爲弧。離爲矢。四動震爲後。說猶置也。音稅。兌爲口。離爲大腹。坤爲器。大腹有口。坎酒在中。壺之象也。方壺受一斛。腹圓足口方。圓壺受一斛。腹方足口圓。又壺矢楛也。又壺一作壼。之應歷險以與兌。故後說之壺也。坎爲寇。之三歷坎。非與上應。故非寇。以上易三。陰陽相應。故昏薨。三在坎下。故遇雨。與上易位。坎象不見。各得其正。成既濟定。故吉也。物三爲羣。坎爲疑。三變坎敗。故亡。後說之弧。一作壺。又昏禮設尊。是爲壺尊。說設通。又說音稅。史記。相至以說衞入漢。稅衞。謂軍行止舍。圭爲衞。說猶舍也。弛也。一張一弛。疑之象。又兌爲說。先疑暗也。後說明也。又兌爲毀折。故說。又張弧遇雨。即无初有終也。又豕鬼皆謂五。五未變。上失正。所見如此也。又聖人不語怪。故爻辭諸喻。聖人斷之曰疑。言非實有也。又爻變震。卦之歸妹。男上女下。陰陽和會。遇雨象也。又此爻有亢旱之象。離爲熯物。夏秋缺雨。兌澤且成泥塗。豕熱極則負。鬼巫尪之類。張弧說弧。祈求祓除之事。必陰陽不相寇賊。而相親和。甘霖大沛。則吉。亦喻上之不暴虐而施膏雨也。又中心疑者其辭枝。離火性枝分爲疑。遇雨火息。故疑亡。又豕。封豕。奎宿也。鬼。輿鬼也。車。五車也。弧。弧矢也。象曰。天地睽而其事同。

地與天相去甚遠。諸星之象。皆就人目所似。强立以主名。故曰羣疑。遇雨則其象不見。自地而上皆天。其理訢合無間。則睽而合矣。又此爻與三。周公多隱語。蓋自言管蔡之事。成王疑之。又辰在戌。婁主犧牲爲豕。天溷爲塗。三合于未。鬼有積尸氣。弧九星。射天狼。婁爲聚衆。奎主溝瀆。又左傳僖十五。晉獻公筮嫁伯姬。遇歸妹之睽。曰歸妹之睽。猶無相也。震之離。亦離之震。爲雷爲火。爲嬴敗姬。又曰歸妹睽孤。寇張之弧。又宋光宗惑于其後。不朝孝宗。羣臣諫不從。太常詹禮仁因陛對。引易睽孤之義。謂易于家人之後。次之以睽。上九疑極而惑。凡所見者皆以爲寇。而不知實其親也。云云。

序卦傳曰。乖必有難。故受之以蹇。蹇者難也。

☵☶ 蹇利西南。不利東北。利見大人。貞吉。

彖曰。蹇難也。險在前也。見險而能止。知矣哉。蹇利西南。往得中也。不利東北。其道窮也。利見大人。往有功也。當位貞吉。以正邦也。蹇之時用大矣哉。

象曰。山上有水蹇。君子以反身脩德。

蹇从足。寒省。跛也。故轉訓難。卦變觀上反三。又升二之五。又小過四之五。坎艮皆東北險阻之方。涉河跋山。其象爲蹇。屯動乎險中。可爲。蹇止乎險中。不可犯。蒙險而止。止于外。蹇險在前。止于內。知者蒙之反也。離爲見。大人謂五。二得位應五。五多功。故往有功。坎于德爲貞爲智。又西南就太陽之黃道。故往得中。東北遠于太陽。故道窮。又坤西南卦。五在坤中。坎爲月。月生西南而終東北。震象出庚。兌象見丁。乾象盈甲。巽象退辛。艮象消丙。坤象窮乙。喪滅于癸。西南得朋。故往得中。東北謂三也。艮東北之卦。消艮喪乙滅癸。故道窮。謂東北喪也。終則復始。以生萬物。故用大。又西南地也。東北山也。又觀乾爲智。中和也。適也。三之復二。得中也。五當尊位正居。是羣陰順從。故能正國也。坤爲邦。○水在山上。失流通潤下之性。故曰蹇。堯時澤水之災是也。堯舜禹皆君子矣。艮爲身。反身取艮之背。脩德取坎之心。困之致命遂志。不可爲。蹇之反身脩德。以待濟。又君子謂觀乾。坤爲身。觀上反三。故反身。陽在三。乾九三。進德脩業。孔子曰。德之不脩。是吾憂也。水本應在山下。今在上。終應反下。君子處難之時。惟自反獨善其身。又愛人不親反其仁之類。又反身如水之歸下。脩德如山之日崇。又反一作正。又梁武帝時。太史獲一鼠。匣而獻之。帝筮得蹇之噬嗑。時八月庚子日也。知爲死鼠。時有闖公曰。此生鼠必四數。啓之果生。刳之腹有三子。

初六。往蹇來譽。

象曰。往蹇來譽宜待也。

內卦以外卦爲往。初失位。應陰往。歷坎險。故蹇。二多譽。初變得位。以陽承二。故來譽。坤六三。蠱六五。旅六五。皆言譽。又宜待。一作宜時。一作宜待時。艮爲時。謂變之正。以待四也。又爻變離。明哲知幾。來譽也。炎上。往蹇也。卦之未濟。

六二。王臣蹇蹇。匪躬之故。王引之曰。故事也。

象曰。王臣蹇蹇。終无尤也。

二應五。五在坎中。重坎爲蹇。蹇五蹇二亦蹇。險而入險也。二不私身遠害。志在匡王室者。故不言往來。此爻如周公之居東。詩。狼跋其胡。載疐其尾。跋猶躐。謂之躐。疐卽躓。謂之跲。躐與跲皆蹇之象也。進退維谷。蹇而又蹇矣。公遜碩膚。所謂无尤也。又如武侯鞠躬盡瘁。成敗利鈍。非所計也。初二之异。所謂曾子子思。易地皆然。又觀乾爲王。坤爲臣爲躬。坎爲蹇。之應涉坤。二五俱坎。故王與臣俱蹇蹇。觀上之三。折坤之體。臣道得正。故匪躬之故。尤謂坎也。又斯時天步艱難。故蹇之又蹇。豈一手一足。爲身之疾哉。匪躬之義如此。又爻變巽風。洛山隕其實。匪躬象。卦之井。无喪无得。不變其德者也。又辰在酉。

諸王六星。爲王臣。

九三。往蹇來反。

象曰。往蹇來反。內喜之也。

應正歷險。故往蹇。反身據二。故來反。此孔子臨河而返之義。又內謂二也。反謂三。反之復二。成臨息睽也。又爻變坤。止而順。卦之比。內喜象。之反一作正。

六四。往蹇來連。

象曰。往蹇來連。當位實也。

外卦以變爲往。在兩坎間。進則无應。退初介三且乘剛。故蹇。來還承五。則與至尊相連。故曰連。位卽來之坎。坎之位。處正承陽。故當位實也。范蠡于越。武侯于蜀。是也。又或曰。連于三。許遠謂張巡。君才十倍于遠。軍事一聽裁決。皆其誼也。又連古輦字。蹇故恃輦而行。又連難也。又連遲久之意。又往謂之三也。不得承陽。故蹇。又連于九三。合力以濟。又爻變兌。遇險而塞。卦之咸。感而相與也。

九五。大蹇朋來。

象曰。大蹇朋來。以中節也。

陽尊稱大。坎爲勞卦。故大蹇。在險之中而當上位。以正邦也。書遺大投艱于朕身。朋謂二。二五君臣濟蹇者。匪異人任。故皆不曰往蹇。湯武伊呂。先主孔明。唐肅宗郭汾陽。德宗李晟。皆是中庸發而皆中節。若守節而才不足。則如漢李固王允。晉周顗王導矣。又坤偶爲朋。得朋喪朋。朋盍簪。朋來无咎。朋從爾思。朋至斯孚。十朋之龜。皆取坤義。外卦九五變入坤。內見艮。故曰得朋。又睽兌爲朋。又文王爲紂囚。承上據四應二。衆陰並至此。蓋以託四臣能以權智相救也。然文王不改臣節。故曰中節。五比上據四應二。衆陰並至。故朋來。又蹇節皆體坎艮。故言節。又爻變坤爲朋。衆順也。卦之謙。納忠下賢。又辰在申。五諸侯星。爲朋來。天狼主殺掠。爲大蹇。

上六。往蹇來碩吉。利見大人。

象曰。往蹇來碩。志在內也。利見大人。以從貴也。

碩大也。謂三。艮爲碩。得位有應。故吉。大人謂五。五乾爲貴。坎爲志。內謂三。有應于內。心竭于五。則利見也。乾二五外。爻辭言利見大人者。惟此與萃。又來謂來就五。又以謂以三。能左右之曰以。又陰在險上。變則失位。其體爲坎。水无所之。故往蹇。退來之三。故來碩。離爲見。又內與貴皆謂五也。又爻變巽順。卦之漸。漸進也。又辰在巳。張主天廚賞賚。大人者。近翼宿之五帝座。

序卦傳曰。物不可以終難。故受之以解。解者緩也。

䷧解利西南。无所往。其來復吉。有攸往夙吉。彖言解蹇難。爻言解小人。

彖曰。解險以動。動而免乎險解。解利西南。往得衆也。其來復吉。乃得中也。有攸往夙吉。往有功也。天地解而雷雨作。雷雨作而百果艸木皆甲坼。解之時大矣哉。王引之曰。坼。馬陸作宅。蓋乇之叚借字。

象曰。雷雨作解。君子以赦過宥罪。

解从刀判牛角。又解廌獸也。故爲開散之義。此二月驚蟄之卦也。雷以動之。雨以潤之。日以晅之。萬物生乎震也。利西南者。天地間惟陽光能散幽滯。太陽自秋分後至春分前。總在赤道西南。此半年中。宜就陽和之氣。

故利西南。若无所往。則必自冬至後。俟其自然來復。至于春分當黃赤道交。適居天之中。而後漸近于人。故
象傳曰。乃得中也。夙早敬也。日出甲上爲早。離爲日爲甲。言明而動。晦而休早者。作事之時也。又夙者當斷
不斷。反受其亂。如唐時甘露之禍是也。卦臨初之四。又升三之四。又明夷上承初。又萃五之二。得坤衆。坤西南之卦。故
彖傳曰。往得衆。往得衆。往有功。亦寬則得衆。敏則有功之義。仲春之月。草萌芽。甲皮也。木實曰果。震爲艸木。
離爲甲。屯雨未降。故屯。解雨已施。故解。難已解。非治難時。故不言用。解之名意已盡。故不曰義。又陰處尊位。陽
无所往。來復。居二處中也。又四本從初之四。失位于外。而无應。宜來反初。復得正位也。二往之五。四來之初。成屯。體復象。故稱復也。五位无君。
二陽又卑。九二失正。早往之五則吉。據五解難。故有功。乾坤交通。故雷雨作而成解。又四在震。二往之五成兌。震西兌南。西南得朋。正坤五也。
又復。謂二來則得復之初。又皆。鄭讀爲解。謂坼罅也。坼作宅。根也。宅居之意。艮爲宅。又乾爲百果。又彖傳。其來復吉上。一本有无所往三字。○
赦過宥罪。行春令也。又君子謂三。伏陽出。成大過。坎爲罪。入則大過象壞。故以赦過。二四失位。皆在坎獄中。三出體乾。兩坎不見。震喜兌
悅。罪人皆出。故以宥罪。謂三入則赦過。出則宥罪也。又宥一作尤。又大難初平。宜有殊恩。若王允不赦西涼將士。激成大變。

初六。无咎。

象曰。剛柔之際。義无咎也。

陰陽應。故際。此與既濟初爻同誼。故象辭亦同。與四易位。體屯初震得正。剛柔始交也。失位咎也。之正則无咎。又坎變兌說。應
剛也。卦之歸妹。天地合而少長交也。

九二。田獲三狐。得黃矢。貞吉。

象曰。九二貞吉。得中道也。

田獵也。二稱田。坎爲狐。亦爲弓。離爲黃矢。狐穴地隱伏。黃矢剛中。橫貫狐體爲獲。離三數。獲狐則亦得矢。坎冬多言田獵。黃中色。此如文王田于渭濱。得呂散之剛直如矢者也。卽可用以射隼。又變之正。艮爲狐。二之五歷三爻。之正得中。故貞吉。五乾爲道。又應爻爲震。坤爲衆。田象。又離象文狐。又弧矢之利。取諸睽。又爻變坤。致役之象。三陰三狐也。卦之豫。居樂出咸。田象。又三狐。如虞之共驩在內者。又辰在寅。卦炁艮。艮爲狐。

六三。負且乘。寇至。貞吝。

象曰。負且乘。亦可醜也。自我致戎。又誰咎也。

子曰。作易者其知盜乎。易曰。負且乘。致寇至。負也者。小人之事也。乘也者。君子之器也。小人而乘君子之器。盜思奪之矣。上慢下暴。盜思伐之矣。慢藏誨盜。冶容誨淫。易曰。負且乘。致寇至。盜之招也。

坎爲輪。爲寇盜。負乘者小人。我致戎者。用小人以召亂。又負讀爲倍。與倍同物同音。禹貢倍尾。史記作負尾。二變時。艮爲背。謂三以四艮倍五也。五來寇三時。坤爲車。三在坤上。故云。五之二成坎爲寇盜。上位慢五下暴于二。慢藏誨盜。故言致寇。萃坤爲醜。坤爲自我。以離兵伐三。故轉寇爲戎。艮手招盜。又誰咎也。又負之云者。抱背爲樂。如彌子鄧通董賢之流。得尊位也。繫辭。冶容誨淫。雖連及之詞。而可醜義自貫。又坎變巽。巽入也。伏負也。爲高乘也。卦之恆。恆三或乘之羞。亦可醜也。又爻辰在亥。負鈇鉞也。乘羽林軍也。寇北落師門。主兵者也。戒兵之不戢。

九四。解而拇。朋至斯孚。

象曰。解而拇。未當位也。

而汝也。四體震。震爲足。拇足大指也。三在足下。拇之象。四得二曰朋。又二動時。艮爲指。拇一作母。四變之坤爲母。故解而毋。隨兌爲朋。坎爲孚。四陽从初。故朋至斯孚。又拇。手大指也。又拇指初。又拇駢者也。解謂雙解之象。與咸初不同。朋至。雙至也。連坎非一解也。又爻變坤。足解象。卦之師。衆信順從也。又如百里奚。勞不坐乘，故未當位也。三之負乘。則如彌子瑕矯駕君車。 又辰在午。天相三星爲朋。

六五。君子維有解吉。有孚于小人。

象曰。君子有解。小人退也。

維作惟。思也。坎爲孚。君子謂二之五。得正成坎。坎爲心。故君子惟有解吉。小人謂五。陰爲小人。君子升位。則小人退在二也。又解中孚皆體震。又中孚爲大離。解體離。故稱孚。又孚驗也。君子有解。以小人之退爲驗也。又爻變兌。卦之困。困而亨也。又爻變體巽。巽爲繩。維繫象。維于應比之二四。親賢遠佞也。又自古黨人之禍。未始非君子自爲固結。有以啓之。元祐之初。程子知溫公必作相。一切當與元豐大臣同。使自變其已甚害民之法則善矣。若先分黨與。衣冠之禍未艾也。旣而果驗。

上六。公用射隼于高墉之上。獲之无不利。

象曰。公用射隼。以解悖也。

子曰。隼者禽也。弓矢者器也。射之者人也。君子藏器于身。待時而動。何不利之有。動而不括。是以出而有獲。語成器而動者也。

震長子爲公侯。坎弓離矢爲射。離有飛鳥之象。墉城也。高墉王宮之牆。離中虛。象城狐社鼠。是莽操挾天子。悖逆無道。宜誅者也。隼祝鳩也。鷙鳥。鶻屬。能捕食雀。其性疾害。喻小人之凶暴者。爾雅。鷹隼醜。其飛也翬。又曰。狐邪而穴于社。在內之奸。隼鷙而翔于野。化外之悍。此如虞之有三苗也。文王時。崇密之屬亦然。公。如文王爲西伯。又如平勃之誅諸呂。王允之誅董卓。狄梁公之誅諸武。皆是。 又上應在三。公謂三伏陽也。離爲隼。三失位。動出成乾。賁隼入大過死象。又二變時體艮。艮爲山。爲宮闕。三在山半。高墉之象也。坎爲悖。三出成乾而坎象壞。故解悖。又鷙鳥喻桀君。陰盜陽位。萬事悖亂。今射去之。又巽爲墉。又公謂四。近君故公之。又解與家人旁通。同人乘其墉。四之師初成家人也。宗人上巽爲高墉。又爻變離。威而明。中虛藏用也。卦之未濟。又爻辰在巳。卦炁爲巽。巽爲高。翼宿爲鳥。鳥飛莫高于隼。朱鳥之次象之。

六十四卦經解卷六

元和朱駿聲集注

序卦傳曰。緩必有所失。故受之以損。

繫辭傳曰。損德之脩也。　損先難而後易。損以遠害。

雜卦傳曰。損益盛衰之始也。

䷨損有孚。元吉。无咎。可貞。利有攸往。曷之用。二簋可用享。

彖曰。損。損下益上。其道上行。損而有孚。元吉无咎。可貞。利有攸往。曷之用。二簋可用享。二簋應有時。損剛益柔有時。損益盈虛。與時偕行。

象曰。山下有澤。損。君子以懲忿窒欲。

損減也。余讀雜卦傳。孔子曰。損益盛衰之始。而歎聖人。上律天時。實能洞悉于天行之終始也。天本無度。準太陽之行而設爲度。以古法平分四限。每限當得九十一度三千一百零六分二十五秒。則此四限。太陽皆應歷九十一日奇。然而秋分至冬至。冬至至春分。皆祇八十八日九十刻零九十二分二十五秒。則太陽于平行外。益二度四千零十四分也。春分至夏至。夏至至秋分。皆須九十三日七十一刻二十分零二十五秒。則太陽于平行內。損二度四千零十四分也。此律家所謂盈縮差。但其差絕非勻派。一自多而漸少。一自少而漸多。故律法有平立定三差。以測其每日參差之數。如春分前子正初刻。至春分時夜子初四刻。命曰初日。黃道適足一度。交春分後一日。其度卽盈二分九十七秒。是爲最小之益差。遞及夏至初日。益至四百八十四分八十四秒。是爲最大之益差。交夏至後一日。其益度少損。爲四百八十分零四十一秒矣。又遞損至秋分初日。適足一度。然統計太陽之行此兩限。實皆于一度之內有損也。交秋分後一日。其度損五分零五秒。是爲最小之損差。遞及冬至初日。損至五百十分零八十五秒。是爲最大之損差。交冬至後一日。其損度稍益。爲五百零五分九十一秒矣。又遞益至春分初日。適足一度。然統計太陽之行此兩限。實皆于一度之外有益也。天度所損之度。卽日行所益之度。天度損少。日度益多。則晝短。日行所損之度。卽天度所益之度。天度益多。日度損少。則晝長。此四時盛衰之根也。此以國初歲實言之。凡歲實隔年稍遠。其尾數卽微有參差。總須隨時實測。卽盈初盈末二限。每年皆有遞消。縮初縮末二限。每年皆有遞長。且盈縮生于最卑行最高行。其行亦有歲差。治律明時。所以取諸革也。

損卦言夏至之候也。夏至日。天度積贏二萬四千零十三分五十秒三十二微。太陽之行。最在赤道北。最近天頂。晝最長。益無可益。而爲損之始。然所謂損者。損前之所益也。夏至以後爲下。以前爲上。夏至後所損之度分。與夏至前所益之度分。其數適均。是爲損下益上。其道上行。故曰。損而有孚。孚者言損益之數恰相符合也。二簋。范長生作二軌。古通字。軌車轍跡。以喻半周天。從春秋分兩交勻剖之爲二道也。享亨古同字。當以可用絕句。與上元吉可貞。利有攸往。合爲四德也。子曰。二簋應有時。應者損益之數相應。此以半年言也。損剛益柔有時者。損于晝而日漸短。益于夜而宵漸長。此以一日言也。總釋之曰。損益盈虛。與時偕行。厥旨微矣。損時尙盛。而實爲衰之始。益時猶衰。而實爲盛之始。盛衰互爲倚伏。孔子于損卦互言益。于益卦互言損。比物比志也。損卦泰三之上。又泰初乘上。損下益上。以孚二陰。故有孚元吉无咎。往陽往居上也。陽德上行。昔夫子讀易至損益。喟然而歎。子夏避席而問焉。子曰。夫自損者益。自益者缺。或欲利之。適足以害之。或欲害之。適足以利之。利害禍福之門。不可不察。吾是以歎也。互體坤地。山在地上。澤在地下。澤以自損。增山之高。猶諸侯損其國之富以貢獻天子也。艮少男。兌以少女相承。上下位正。故可貞利。有攸往。易何也。言其道上行。將何所用。可用二簋而享也。以喻享多儀。惟在乎心。何必竭于不足而補有餘。又坤為用。上為宗廟。震長子主祭。坤為器。艮手執器。享祭之象。簋黍稷器。受斗二升。足高一寸。中圓外圓。挫其四角。漆赤中。其飾如簠。蓋簋以木為之。儀禮。宰夫設黍稷六簋于俎西。圓曰簋。方曰簠。周禮。旊人為簋。則以瓦為之。坤為土。上之三成兩離。離火燒土而中虛。體乾為圓。在祭器則簋也。又簋者外圓內方。以盛稻粱。兌為食。震為竹器。又四以簋進黍稷于神也。初與二直其四與五承上。故用二簋。四巽爻也。巽為木。五離爻也。離為日。日體圓。木器而圓。簋象也。曷之用。何用豐也。行損以信。雖質薄之器。亦可用享。應有時。時謂春秋也。損二之五。震二月。益正月。春也。損七月。兌八月。秋也。謂春秋祭祀。以時思之。艮為時。震為應。損剛益柔有時。謂冬夏也。二五已易成益。坤為柔。謂損上之剛。益三之柔。成既濟。坎冬離夏也。乾為盈。坤為虛。損剛益柔。故損益盈虛。謂泰初之上。損二之五。益上之三。變通趨時也。又二簋謂上體二陰。上為宗廟。簋以享之。益道成。既濟定。耒耨之利。薦之宗廟。當泰之後。王者治定制禮也。又卦互頤。有飲食燕樂之象。凡艮震合體。多云簋。仰盂覆盆之義。又此言稅斂之道利于薄。斯可常。無大桀小貉之告。禹貢所謂厥賦貞也。故可貞。又二益五。自二往。上益三。則自三往也。又損為艮三世卦。中孚為艮遊魂卦。皆貞兌。故稱孚。損益反對卦。故兼言益。又簋。說文作匭。又有時之有。音又。

○澤以自損。增山之高。故為損。山墳起。有忿象。澤流罔極。有欲象。又兌為羊。性很而好鬥。動于忿也。兌為說。感物而多情。欲也。艮止以懲窒之。君子思難思義。顏子不遷不貳。此義也。詩曰。不忮不求。何用不臧。又懲。一作徵。一作澂。猶清也。窒。一作恎。一作眘。一作懫。止也。欲一作浴。一作慾。君子謂泰乾。乾陽剛武為忿。坤陰吝嗇為欲。損乾之初成兌悅。故清忿。初上據坤。艮為止。故塞欲也。

初九。已事遄往。无咎。酌損之。

象曰。已事遄往。尚合志也。

已當作祀。祭祀也。遄速也。往來數曰遄。酌損之。損減五齊三酒之類。尚上也。或曰。已事。先王已行之事也。大戴禮。不習爲吏。而視已事。國策。前事不忘。後事之師。國語。咨于故實。又天子爲政。使公卿獻詩。至耆艾脩之。而後王斟酌焉。又坤爲事。謂二也。酌取也。二失正。初利二速往合志于五。得正无咎。已得之應。故遄往无咎。酌損之。謂終成既濟也。又酌損之者。五酌上之剛以益三也。又已事。猶農事既畢。遄往以奉上也。我稼既同。尚入執宮功。亦此義也。又謂有不得已之事。用民之財。偶然故无咎。然亦必酌其多寡。此用一緩二之意。又已音紀。謂盡已之事。乃往及人。學優而仕之謂也。又已。謂已其疾也。義與六四應。又已事遄往。功成則速去也。又已。我也。初以三當損。視爲已之事。而速之使往也。尚作上。謂上九也。又兌變坎。剛中而有制。卦之蒙。損已之有餘。益人之不足。發蒙之道也。又已一作以。遄一作顓。又已事當絕句。下四字句。

九二。利貞。征凶。弗損益之。

象曰。九二利貞。中以爲志也。

貞卽書所謂厥賦貞也。征橫征也。弗損益之。什一者天下之中道。弗可損。弗可益也。又失位當之正。故利貞。征行也。震爲征。失正毀折。故不貞之五則凶。謂不正而應之也。征之爲言應也。二之五成益。小損大益。故弗損益之矣。動體離中。二離在坎爲志。又此言不仕而啓君尊德樂道之心。止士大夫奮緣奔競之習。桐江一絲。繫漢九鼎。淸風高節。披拂士類。是弗損乃以益之也。又兌變震動卦之頤。損剛養柔拂頤也。

六三。三人行。則損一人。一人行。則得其友。

象曰。一人行。三則疑也。

子曰。天地絪緼。萬物化醇。男女構精。萬物化生。易曰。三人行。則損一人。一人行。則得其友。言致一也。

三居人位。故言人。震爲大塗。故言行。疑。如陰疑于陽必戰之疑。卦變歸妹。觀繫辭所釋。當言夫婦一倫。行者。女子有行。如歸妹反娣之占。友順也。琴瑟友之。妻亦友也。酌酒損在飲食。此爻損在男女。所謂窒欲也。才疑則厚薄分。色疑則愛憎判。又泰乾三爻爲三人。拔茅茹以其彙者。損初之上。故損一人。謂泰初行之上也。三兌爲友。初之上。據坤應兌。故得友也。一陽在上。則教令行。三陽在下。則民衆疑也。又坎爲疑。上益三成坎。故三則疑也。又兌變乾。卦之大畜。三陽並行于下也。又三則疑。如季文子之三思。則私意起而反惑。又辰在亥。三人謂三離宮。共六星。一人謂室宿主星二也。室距星似一足。二離宮爲手。一離宮爲首。

六四。損其疾。使遄有喜。无咎。

象曰。損其疾。亦可喜也。

此卽懲忿窒欲也。天地之疾。多藏于山澤之間。生人之疾。多在于飲食男女之際。復之出入无疾。无妄之勿藥有喜。卽損其疾之謂。以視介疾有喜。爲尤速矣。又四謂二也。四得位。遠應初。二疾上。五已得承之。謂二之五。三上復坎。爲心疾也。陽在五稱喜。二上體大觀象。得正承五。故无咎。又四當承上。而有初應。必上之所疑矣。初四之疾也。宜損去初。使上速善。又遄初九也。損其疾。則使初之从我也。又疾亦有速訓。與遄同義。所謂疾敬德也。又艮變離。火焚山。疾象。卦之睽。乖也。弧矢之利。損疾之所用也。

六五。或益之。十朋之龜。弗克違。元吉。古者貨貝而寶龜。食貨志。王莽貝貨五品。大壯幺小。皆二枚爲一朋。不成貝不得爲朋。龜貨四品。元龜當大貝十朋。公龜當壯貝十朋。侯龜當幺貝十朋。子龜當小貝十朋。此自莽法慕古者也。

象曰。六五元吉。自上祐也。

坤數十。卦肖長離。內柔外剛爲龜。龜背曰貝。兩貝曰朋。十謂神靈攝寶文筮山澤水大之龜也。見爾雅。元龜岠背長尺二寸。直二千一百六十。當大貝十朋。龜甲緣爲背。度背兩巨緣尺二寸也。雙背爲朋。朋直二百十六。兌爲澤龜。艮爲山龜。頤象亦言龜。龜不食之物。古者刻于尊彝器。示飲食之節也。或益之絕句。或之者。疑之也。故用龜卜以決之。不能違其益之義。乃獲元吉。又謂二五已變成益。故或益之。或卽上也。之指二也。三上失位。三動離爲龜。三上易位成既濟。故不違龜筮元吉。右助也。自上益三。所以右五也。又六五處尊損己奉上。人謀允協。龜筮不違。卽洪範所謂大同。故能延上九之祐。而來十朋之益也。崔憬曰。又元龜價直二十大貝。龜之最神靈者。雙貝曰朋也。坤爲地龜。體爲木龜。朋類也。兌爲朋。言雖益之十朋之多。而弗違其二簋之儉。自爲天所助也。又楚語。以二臣之善。珍乎白珩。齊威以四子之功。美于照乘。所謂十朋之龜也。龜以決疑。敬大臣則不眩。故以爲象也。又艮變巽。順也。卦之中孚。信及豚魚也。中孚內剛外柔。龜象。又辰在卯。尾下有龜五星。

上九。弗損。益之无咎。貞吉。利有攸往。得臣无家。

象曰。弗損益之。大得志也。

弗損。弗浚民以生。弗益。弗加于常額。故能四海一家也。率土之濱。莫非王臣。天下之人士財用。皆其所有。皆其所不有也。艮爲門。家象。又弗損益之。所謂惠而不費也。又謂損上益三也。上失正之三得位。謂二五已變。上下益三。成既濟定。利往。三往之上。二五已動成益。坤爲臣。三變據坤成家人。故曰得臣。動而應三。成既濟。則家人壞。故曰无家。離坎體正。故大得志也。坎爲志。又處損極則反益。故曰弗損。益之非无咎也。爲下所益。故无咎。又據五應三。三陰上附。外內相應。上下交接。之正。吉也。剛陽居上。羣下共臣。得臣則萬方一軌。故无家也。又艮爲門闕。家也。坤爲國。國而忘家。故无家。又損肖長離。家人貞離。故稱家。又艮變坤。坤爲純臣。卦之臨。剛長也。

序卦傳曰。損而不已必益。故受之以益。

繫辭傳曰。益德之裕也。　益長裕而不設。　益以興利。　包犧氏沒。神農氏作。斵木爲耜。揉木爲耒。耒耨之利。以教天下。蓋取諸益。

䷩益。利有攸往。利涉大川。

彖曰。益。損上益下。民說无疆。自上下下。其道大光。利有攸往。中正有慶。利涉大川。木道乃行。益動而巽。日進无疆。天施地生。其益无方。凡益之道。與時偕行。

象曰。風雷益。君子以見善則遷。有過則改。

益从水从皿。饒也。益卦言冬至之候也。冬至日天度積虧二萬四千零十四分四十一秒六十一微。太陽之行。最在赤道南。最遠天頂。晝最短。損無可損。而爲益之始。然所謂益者。益前之所損也。冬至以前爲上。以後爲下。冬至前所損之度分。與冬至後所益之度分。其數適均。是爲損上益下。民說无疆。自上下下。其道大光。冬至後陽氣漸長。故說。民如以前民用。務民之義。對物言。不對君言也。行至春分。黃赤道交。是爲利有攸往。中正有慶。左氏傳。所謂日中而出。日中而入。中之義也。凡易言地。皆以水言之。以全地之中。水居大半。猶之言天。皆以日天言之。以推步之法。必準于日也。冬至後。百果艸木發育。故曰利涉大川。木道乃行。而統贊之曰。益動而巽。日進无疆。天施地生。其益无方。凡益之道。與時偕行。此天人一貫之理也。益卦否三之初。又否上承初。體長離。中虛象舟。利涉之義。耒耨之利。取諸此。亦木道之行也。　又二往坎應五。明君之德。志在惠下。故取下爲損。與下爲益。三失正。動成坎。體渙。坎爲大川。渙舟楫象。巽木得水。木道乃行也。又震巽皆木象。雷動風行。二者相成。猶人君出教令。臣奉行之。故利有攸往。否坤爲民。爲疆。震爲喜笑。以貴下賤。大得民也。乾爲大明。以乾照坤。故大光。乾爲道。中正謂五。而二應之。乾爲慶。震三動爲離。離爲日。巽爲進。坤爲疆。日與巽俱進。故日進无疆也。乾下之坤。震爲出生。萬物出震。故天施地生。陽在坤爲无方。坤爲方上來益三。坎冬離夏。益初反泰。震春兌秋。四時象正。艮爲時。震爲行。與損同義。故與時偕行也。又上之三成離。爲大光。又損益反對卦。故兼言損。又木。一作大。一作益。

○降陰大地中所函皆水。地面廣受日照。無論土面水面。皆有熱氣上騰。溫熱之氣。騰至冷際爲雲。則散爲雨。乾熱之氣。則散爲風。乾熱之氣。亦天地間陰氣也。地面之上陰爲陽隔。故旋繞而爲風也。春則向上。夏則橫空。秋則向下。冬則刮地。雷破地而出。天地間陽氣也。地下之陽爲地面之陰掩。則激而爲雷。烈者爲霹靂之震。遷善如風速。改過如雷猛。　又降陰下迎。陰起合和。而陽氣用上薄之。則爲雷。又陽氣風也。風之益雷自上下也。又君子謂乾也。上之三。離爲見。乾爲善。坤爲過。上之初。則坤三進之乾四。故遷。乾上之坤初。改坤之過。體復象。復以自知。故改。又益卿。小過侯。皆辟泰。正月卦。故稱過。

初九。利用爲大作。元吉无咎。

象曰。元吉无咎。下不厚事也。

陽爲大。震爲作。堯典曰。平豒東作。周語曰。民之大事在農。大作謂耕種。耒耨之利。善取諸此也。震二月卦。日中星鳥。敬授民時。震又爲稼穡。益莫大于此。若能不厚勞于下民。不奪時于農畯。則大吉无咎。又益正月之卦。啓蟄郊而祈穀。農事之始也。　又坤爲用。體復初得正。朋來无咎。又坤爲厚。爲事。又厚重大之意。厚事。卽大作也。又言上當大作有爲以益民。民不能自厚事也。又佚道使下。雖勞不怨也。又震變坤。順動也。卦之觀。大觀在上也。

六二。或益之十朋之龜。弗克違。永貞吉。王用享于帝吉。

象曰。或益之。自外來也。

益二卽損五。故與損五同誼。聖王先成民而後致力于神。自上祐。謂泰三之上。自外來。謂否四來初。震爲帝。享帝。祭天也。在巽之宮。處震之象。是則蒼精之帝配始祖矣。三王郊皆用夏正。泰與益。皆夏正月也。又乾上稱外。來益初則反泰。來益三則定既濟。二得正遠應。利三之正。已得承之。坤數十。損兌爲朋。謂三變離爲龜。坤爲永。上之三得正。故永貞吉。王謂五。否乾爲王。體觀象。艮爲宗廟。三變折坤牛。體噬嗑食。故王用享。祭感生帝也。得位故吉。又柔順受益之臣。如尹躬暨湯。咸有一德。克享天心也。太戊之用伊陟。而格上帝。亦然。又正月天氣下施。王者法天施政敎。如美寶莫能違害。永貞其道。咸受德化也。又震驚也。此言受寵不驚。又震動變兌說。長子出享帝也。卦之中孚。又亨一音許庚反。又辰在酉。衡對卯位龜星。王謂畢上諸王六星。帝謂天街二星之次也。胃爲飲食之府。

六三。益之用凶事。无咎。有孚。中行告公用圭。

象曰。益用凶事。固有之也。

三多凶。凶文。象地穿交陷其中。坤而震則地陷。爻變爲坎。亦陷。故言凶。周禮以荒禮哀凶札。坎爲孚。震爲行。漢汲長孺矯詔發倉賑貸。有孚中行也。用圭。如珍圭以恤凶荒。穀圭以和難。琰圭以易行。以除慝。詩。圭璧既卒。春秋傳。用圭請糴。用瓘斝玉瓚弭災。皆損上益下。堯九年水。湯七年旱。此天行人事所有之凶也。臧文仲以紀甗玉磬告糴于齊。視用圭爲殺。公謂四也。四位公侯。又凶禮有賵賻贈含。含者執璧將命。賵者執圭將命。皆西面坐委之。宰舉璧與圭。將命所以告也。諸侯相含且賵。故云。又求益近利。惟凶事則可。又圭桓圭也。天子以尺二寸玄圭事天。以九寸事地。上公桓圭九寸。侯信圭七寸。子穀璧五寸。男蒲璧五寸。五等諸侯。各執以朝見天子。三爲公位。乾爲玉。乾之三。故告公用圭。初以上之圭告于三之伏陽也。坤爲事。三多凶。上來益三得正。故益用凶事无咎。公謂三伏陽也。三動體坎。故有孚。震爲行爲告。位在中。故曰中行。謂初體復也。三上失位當變。是固有之。又固有如桓文之徒。罪近篡逆。功實濟世。六三失位而體奸邪。處震之動。懷巽之權。是矯命之士。爭奪之臣也。故凶事。在益之家而居坤中。能保社稷。愛撫人民。故无咎。旣乃中行近仁。然後俯列盟會。仰致錫命。又凶事。喪事也。坤爲死。三陽伏坤中。上來益之。象凶事。又凶事如行拂亂其所爲。正以增益所不能。故曰益之。又益中孚皆體巽震艮。故稱孚。又用圭。所以通信。孚也。又爻變離爲兵。震爲殺。凶事也。卦之家人。又用圭。一本作用桓圭。又辰在亥。室下壘壁陳。羽林軍。鈇鉞。北落師門諸星。璧下鈇鑕五星。皆主兵。凶器也。

六四。中行告公從。利用爲依遷國。

象曰。告公從。以益志也。

居益之時。履當其位。與五近比。而四上公。得藩屏之寄。爲依從之國。若周平王東遷。七姓從王。而晉鄭焉依。是也。邢依齊。許依楚。亦此爻之象。又無事而遷。晉從韓獻之言而遷新田。有事而遷。楚從子西之言而遷鄀。皆中行告公之益也。六位以三四爲中。故復四亦曰中行獨復。巽爲工爲繩直。遷造宮室之用。益亦象棟宇。又此當指盤庚五遷之類也。又中行謂震位在中。震爲行爲從。公謂三。三上失位。四利三之正。已得以爲實。告公者初也。從者四也。坤爲國。遷徙也。三動坤徙。故利用也。坎爲志。三之上有兩坎象。故以益志。益其勤王之志也。又五爲天子。益其忠志以勑之也。又公從者。猶言執事。不斥言公也。又此爻卽見善則遷之義。如適樂郊也。又巽變乾健。依健而行也。卦之无妄。又一云依字句。又辰在丑。斗上建星。建國之象。又斗主擧政進賢。告公之占也。

九五。有孚惠心。勿問元吉。有孚惠我德。

王引之曰。惠順也。上句我信民順民。下句民信我順我。巽爲順。互坤亦爲順。

象曰。有孚惠心。勿問之矣。惠我德。大得志也。

愛民好與曰惠。巽爲命。艮爲止。勿問之義。如田單衣食人。汲黯發倉粟。可便宜行事也。僞書。克寬克仁。彰信兆民。故孚。詩云。羣黎百姓。徧爲爾德。故得志。陽爲大。又問猶言也。雖孚惠于下。終不言以彰己功。然爲下所信。而懷己德也。又謂三也。震爲問。三上易位。三五體坎。以成旣濟。坎爲心。坤爲我。乾爲德。坎爲孚。上益三成坎爲志。五得之也。又巽變艮爲背。惠心勿問也。卦之頤。頤有中孚象。養萬物也。又辰在申。井旁天罇三星。畢下天園十三星。九州殊域九星。惠孚之象。

上九。莫益之。或擊之。立心勿恆。凶。

象曰。莫益之。偏辭也。或擊之。自外來也。

子曰。君子安其身而後動。易其心而後語。定其交而後求。君子脩此三者。故全也。危以動。則民不與也。懼以語。則民不應也。无交而求。則民不與也。莫之與。則傷之者至矣。易曰。莫益之。或擊之。立心勿恆。凶。

處位之極。益無可益。變坎爲隱伏爲盜。或反擊之。故象傳曰。自外來。巽爲進退。爲不果。故勿恆。益與恆爲旁通卦。又兩象易卦。上卽恆之三。恆亦曰不恆其德。或承之羞。偏周匝也。又莫无也。自非上无益初者。惟上當无應之時也。或擊謂上不益初。則以剝滅乾。艮爲手。離爲戈兵。有擊象。動成坎爲心。以陰乘陽。故凶也。三體剝凶。故至上應乃益之矣。外謂上。上來之三也。又巽變坎爲心病。卦之屯。動乎險中。凶也。又偏一作偏。偏見不廣之辭。所謂辟則爲天下戮也。

序卦傳曰。益而不已必決。故受之以夬。夬者決也。

雜卦傳曰。剛決柔也。君子道長。小人道憂也。

繫辭傳曰。上古結繩而治。後世聖人易之以書契。百官以治。萬民以察。蓋取諸夬。易字世說引作代。

䷪ 夬揚于王庭。孚號有厲。告自邑。不利卽戎。利有攸往。

彖曰。夬決也。剛決柔也。健而說。決而和。揚于王庭。柔乘五剛也。孚號有厲。其危乃光也。告自邑。不利即戎。所尚乃窮也。利有攸往。剛長乃終也。

象曰。澤上于天夬。君子以施祿及下。居德則忌。

工物也。手以之決之。分也。象形。爾雅。肉好一者玦。蓋闕者玦。工象環缺之形。夬卦坤息至五。以陽決陰。三月之卦也。又復息至五。揚越也。戉同。高舉在上曰揚。推播在前曰揚。乾爲君。故曰王。兌爲口。故曰號曰告。董子曰。謞而效天地曰號。即雌雄牝牡相呼之聲。上六小人在王庭。乘君子之上。難于決去。然當道憂之時。雖伏戎于心。興戎于口。不能與君子爭也。乾金兌金兩敵。故曰戎。往謂往決之。小人不利。則君子利矣。自古小人在上。難去而終必去。四凶歷堯至舜而終決之。所謂所尚乃窮也。又如決澤而涸之。故爲夬。又陽長至五。五尊位而陰先之。是猶聖人積德悅天下。以漸消去小人。至于受命爲天子也。又彖辭皆言小人。孚號自首其罪。告自邑。退老田里。不利即戎。戒之也。利攸往。利去位也。愚按如此。不可泥易不爲小人謀之說。又告自邑。如殷民告周以紂無道也。五飛龍在天。雖號令孚信。然以臣伐君。君子危之。故厲德大而心小。功高而意下。故光。又乾居尊位。王庭之象。陰爻越其上。小人乘君子。罪惡上聞于聖人之朝也。又卦與剝旁通。乾爲揚爲王。艮爲庭。陽在二五稱孚。坎爲孚也。孚謂五。二失位動體巽。巽爲號。離爲光。不變則危厲也。震爲告。坤爲自。爲邑。夬从復升。坤逆在上。當漸散其民衆。使之消滅不尚兵也。二變時。離爲戎。故不利。又不利即戎。所謂疾之已甚亂也。又後漢何進欲誅宦官。至召董卓而反以亡漢。故不利即戎。又剛德齊長。一柔爲逆。衆所同謀而无忌者也。故可揚于王庭。孚信其號令于下。又決而和。以乾陽獲陰之和也。衆陽危去上六。獲有成功。陽乃光明也。決盡則終乾之剛矣。又夬有快意。君子道長。人心大快。又號一讀如字。

○水氣上天。陽決之降成雨也。乾陽爲施。忌畏也。戒懼也。如書敬忌之忌。所謂危乃光也。又居德。猶言屯膏。故忌。又則約也。忌防也。又君子謂乾。下謂剝坤。坤爲衆臣。以乾應坤。

故及下。乾爲德。艮爲居。故居德。忌者陽極陰生。謂陽忌陰也。又則一作明。

初九。壯于前趾。往不勝爲咎。

象曰。不勝而往。咎也。

初爲士。在下位。夬非其任。如宋明諸小臣。持正攖鋒。反罹其既。故咎。易例初爲前。上爲後。又壯傷也。夬自大壯來。震爲趾。位在前。故壯于前。謂四也。剛以應剛。乃能克之。往而失位不正。故不勝。又乾變巽。巽爲進退。卦之大過。本末弱也。不勝其任。則咎。又夬坤五世卦。大壯坤四世卦。故稱壯。又趾當作止。勝平聲。任也。

九二。惕號莫夜有戎。勿恤。

象曰。有戎勿恤。得中道也。

惕懼也。兌爲口。爲號。兌西于日爲莫。乾西北戌亥。子時爲夜。戎謂上也。小人道憂之時。君子勿憂。惟當常存戒懼也。又小人陰象。莫夜故亦稱宵人也。又二失位。變成巽。故號。剝坤爲莫夜。二動成離。離爲戎。變而得正。故有戎備。四變成坎。坎爲憂。坎又得正。故勿恤。謂成既濟定也。又乾變離。二爲地位。離日在地下。夜象。離又爲甲兵。卦之革。去故也。健且明。得中道也。又惕一作錫。賜也。又莫无也。無夜。非一夜也。又卦炁艮。艮爲鬼門。又艮爲鼠。皆夜竊象。陽盛時。小人不敢顯害君子。暗中伏戎也。又五代唐明宗時。路晏如廁。有伏盜。後召董賀筮之。得此爻。

九三。壯于頄。有凶。君子夬夬。獨行遇雨。若濡有慍。无咎。

象曰。君子夬夬。終无咎也。

頄夾面也。頰間骨。三在乾首之上。稱頄。壯頄。倖倖然怒于面。赤于顴之意。疾之已甚。激則生變。故凶。獨行謂一爻獨上與陰應。爲陰所施。故遇雨。雖若爲陰所濡。能慍不悅。故无咎。慍恚也。若王允之于董卓。溫嶠之于王敦。顏杲卿之于安祿山。狄仁傑之于武氏。以君子之心。不動聲色。調停其間。卒至功成。正所以夬夬也。又上處乾首之前。稱頄。三往壯上。故凶。壯傷也。乾爲君子。三五同功。二爻俱欲決上。故曰夬夬。又慍如慍于羣小。肆不殄厥慍之慍。又有慍謂雖似一人獨私干澤于上六。爲衆君子所慍。然實存夬夬之心。故无咎。又大壯震爲行。又四變澤爲坎雨。坎爲心。不應上。故慍。又爻變兌澤。卦之兌澤。天而爲澤。遇雨若濡之象。兌爲說。若濡有慍。所謂決而和也。又君子夬夬。一本在有慍下。一本在遇雨下。又頄。一作頯。一作仇。一作尻。又辰在辰。月當本卦。角亢爲龍首。頄象。氐邸也。行而托宿之所。

九四。臀无膚。其行次且。牽羊悔亡。聞言不信。

象曰。其行次且。位不當也。聞言不信。聰不明也。

初在下卦之下。象趾。四在上卦之下。象臀。倒姤爲夬。故姤三夬四同。臀从殿。殿後也。兌爲羊。羊性狠。凡牽牲者。人在前。惟羊則人在後。陽順之而陰制之。此制小人之權術也。兌上爲口。下爲臀。不柔故无膚。次且行止之礙也。倒巽爲繩。故牽。口以出言。故稱言。聞言不信。謂小人曾不覺其夬之也。又坎爲溝瀆。臀以出腹中之物。取象爲。二四已變。坎爲臀。剝艮爲膚。毁滅不見。故臀无膚。大壯震爲足爲行。坎爲破爲曳。故次且。二變巽爲繩。剝艮手持繩。故牽羊。謂四之正。得位承五。故悔亡。震爲言。坎爲耳。震坎象不正。故聞言不信也。四不變則體兌。坎耳離目。折入于兌。故聰不明。同于噬嗑滅耳之凶。又九四居柔。故居不安。行不進。不能決斷之象。如亡羊而悔。因不信衆君子之言故也。後漢何進不從主簿陳琳之諫。意更狐疑。其象如此。又兌變坎。坎血卦。无膚象。卦變需。險在前也。坎耳而兌塞之。不聰也。又次卻行不前也。且詞也。又次且。一作趑趄。一作欧。一作趦。倉卒也。一作趚。一作忞睢。猶放縱也。又牽一作擊。又當一作平聲。五近上。決去小人。正當其位。四尙隔也。

九五。莧陸夬夬。中行无咎。

象曰。中行无咎。中未光也。

莧从卄从見。音完。山羊細角者。从兔足。陸獸。陸地之高平者也。兌爲羊。虞曰。莧讀如莧爾而笑之莧。悅也。陸和睦也。兌爲和說。所謂健而說。決而和亦通。莞本當作莧。傳寫譌字。陸睦古通字。或虞本本作睦。睦親也。通也。又莧人莧也。蕢也。箕也。葉柔而根堅。且亦卽馬齒莧。陸商陸也。當陸也。章陸也。葍也。薚也。馬尾也。多當陸路而生。亦葉柔根堅。其物有毒。莧根小。陸根大。根至蔓。雖盡取之。旁根復生。又莧陸一艸。木根艸莖。剛下柔上。兌之象也。又莧謂五。陸謂三。兩爻決上。故夬夬。三去陰遠。故曰陸。言羗堅于莧也。五體兌。柔居上。爲莧。三體乾。剛在下。根深爲陸。又震爲笑言。五得正位。兌爲悅。故莞陸。大壯震爲行。五在上中。動而得正。故中行无咎。在坎陰中。故未光也。又爻變震動也。卦之大壯。剛壯也。又辰在申。畢下有天園星。莧陸所產也。卦炁三月。始生之時。

上六。无號。終有凶。

象曰。无號之凶。終不可長也。

兌爲口。爲號。五爻皆非其類。故无號。位極乘陽。故終有凶。陰道消滅。故不可長。一陽之剝曰終不可用。一陰之夬曰終不可長。凡終皆言上。又應在三。三動時體巽。巽爲號令。四已變坎之應歷險。巽象不見。故无號。三不應之也。又无號。謂君子不敬戒。則終凶也。如後漢之竇游平陳仲舉。彖傳曰。孚號有厲。其危乃光。昜不爲小人謀。又兌變乾口象不見。故无號。卦之乾。陰數極也。又无號。言小人若不自首其罪。怙惡不悛。戀棧輿戎。而自古終無不敗之小人。言凶以儆之也。愚按如此。與困上同義。

序卦傳曰。決必有所遇。故受之以姤。姤者遇也。

雜卦傳曰。姤遇也。柔遇剛也。

䷫姤女壯。勿用取女。

彖曰。姤遇也。柔遇剛也。勿用取女。不可與長也。天地相遇。品物咸章也。剛遇中正。天下大行也。姤之時義大矣哉。

象曰。天下有風姤。后以施命誥四方。

姤从女从后。偶也。借爲遘字。遇也。不期而會曰遇。固有而來曰復。巽爲長女。又一女當五男。壯健之甚。故曰壯。婦人以婉娩爲德。苟于相遇。非禮之正。故勿用取女。純乾消初。又反剝。五月之卦也。陰柔之長。其所由來者漸。齊桓七年始伯。而陳敬仲卽于十四年奔齊。亡齊者已至矣。漢宣中興。匈奴來朝。而王政君已在太子宮。唐貞觀之治平。而武氏已選入掖庭。宋藝祖受命二年。女眞來貢。而宣和之難乃作于女眞。卽林甫進而唐禍。丁謂進而宋危。亦此義也。故君子愼之。巽爲長。又消卦也。與復旁通。巽長女。壯傷也。陰傷陽也。又乾成于巽。而舍于離。坤出于離。與乾相遇。南方夏位。萬物章明也。謂陽起子。運行至四月。六爻成乾。巽位在巳。既成而轉舍于離。坤萬物皆盛大。坤从離出。與乾相遇。所謂萬物皆相見也。又剛謂九五。遇中處正。敎化大行也。又五使初上四。以剛遇柔。五中正也。又彖辭勿用取女。一本无女字。彖傳柔遇剛也下。一本有女壯字。取下。亦無女字。○誥當作詰。止也。書。作刑以詰四方。僞書。司寇詰姦慝。姤一陰生。防微杜漸之意。其職在周禮匡人匡邦國而觀其慝。姤觀同象。省觀從地言。施誥從天言也。乾陽爲施。兌口向下爲誥。施命所以除積弊。消陰慝也。重巽亦曰申命。所謂樹之風聲也。又后繼體之君。姤陰在下。故稱后。與泰稱后同義。巽爲命爲誥。復震二月東方。姤五月南方。巽八月西方。復十一月北方。皆總在初也。經用周家之月。夫子行夏之時。傳彖象以下。皆夏家月。故姤爲五月。復爲十一月。又誥一作詁。止也。又正也。

初六。繫于金柅。貞吉。有攸往。見凶。羸豕孚蹢躅。

象曰。繫于金柅。柔道牽也。

柅當作檷。絡絲籰。織績之具也。女所用。巽爲繩。乾爲金。金者柅上之孔。巽木入金。柅之象也。絲繫于柅。猶女繫于男。初繫于二。故以爲喻。往謂進而上也。不可與長。故凶。羸作纍。大索所以繫豕。蹢躅住足不進之皃。巽爲股。爲進退。象之象。傳曰。柔道牽。陰道柔。牽于二也。牽引前也。有屈服之意。故臣字訓牽。又柅在車下。止輪之動者。所謂軔也。又金柅木名。實如梨而黃。故名。又羸豕。瘠豕也。又羸豕。牝豕也。豕豭强而牝弱。孚猶務。躁也。陰質而躁恣者。羸豕爲甚。喻女淫也。蹢躅。跳躑不靜也。又初宜繫二。不可往應四。初應四。爲二所據。不得從應。故蹢躑不安也。體巽爲風。動搖之皃。初四失正。易位乃吉。又以陰消陽。往謂成坤。遯子弑父。否臣弑君。夬時。三動離爲見。故有攸往見凶。三卽夬之四。在夬動而體坎。坎爲豕爲孚。巽繩操之。故稱羸。累也。陽息震爲鼓。陰消巽爲舞。巽爲舞爲進退。操而舞。故羸豕孚蹢躅。以喻姤女望于五陽。如蹢躅也。又中孚姤皆體巽。故稱孚。又爻變乾。卦之乾。所謂其究爲躁卦也。又柅一作抳。一作尼。止也。一作鑈。又羸一作虆。又蹢一作蹄。愚按此躓字之譌。一作躑。又躅一作[illegible]。一作[illegible]。又蹢躅一作彳亍。

九二。包有魚。无咎。不利賓。

象曰。包有魚。義不及賓也。

魚陰物。謂初。巽爲白茅。在中稱包。詩。白茅包之。古士大夫相見。各有贄獻。卽民庶相遇。亦必有包苴之物餽餉。此風之所以言野麕也。又公食大夫禮。饗賓有腥魚。魚腊飪七。縮俎寢右。包者。是尙未及賓。國猶水。民猶魚。各子其民。故不及賓。復二象傳言仁。此言義。仁陽而義陰也。又魚必餒。瓜必潰。故曰包。卽書有容得乃大。無忿疾于頑意。又巽爲臭。鮑魚从包。故不足饗賓。又包有魚者。寬而有制。敝笱在梁之詩。是不能制而及賓矣。又包之情實私而不及賓則義。巫臣勸楚莊勿納夏姬而自取之似此。又包一作庖。廚也。一作胞。禮祭統云。胞者肉吏之賤者也。又巽爲魚。二雖失位。然陰非陽不能包之。故包有魚、无咎。賓謂四。乾爲稱賓。二據四應。故不利賓。又倒兌爲澤。魚澤物也。魚而包者必乾臭。又姤取魚瓜。魚爛瓜潰。皆自內始也。又巽變艮。魚伏而止也。卦之遯。不利賓也。又賓衆也。然古無此訓。又五月陰爲主。而陽爲賓。故五月之律名蕤賓。陰長則不利于陽。有二包之。斯不及也。　又辰在寅。尾旁魚一星。箕上糠皮一星。不可以饗賓。

九三。臀无膚。其行次且。厲。无大咎。

象曰。其行次且。行未牽也。

巽爲股。三居上臀也。爻非柔。故无膚。夬四即姤三。在夬失位故牽羊。在姤得正故未牽。夬臀對趾。姤臀對角。又夬時動之坎爲臀。豫艮爲膚。二折艮體。故臀无膚。復震爲行。其象不正。故行次且。三得正位。雖則危厲。无大咎也。又牽牽制也。又巽變坎。入險爲血卦。卦之訟。惕中吉也。　又辰在辰。平道二星。所行之道也。

九四。包无魚。起凶。

象曰。无魚之凶。遠民也。

民謂初魚也。僞尚書曰。民可近。不可下。乾上亦以无民而有悔。　二有魚。故四失之。无民而動。失應而作，故凶。四雖應初。而二有之。若起魚競。涉遠行難。終不遂心也。又起起用小人也。又爻變巽。卦之巽。失制也。又无魚一作失魚。　又辰在午。柳主酒食。旁有酒旗。下有外廚。无魚。與寅宮魚一星相遠也。

九五。以杞包瓜。含章。有隕自天。

象曰。九五含章。中正也。有隕自天。志不舍命也。

杞有三。此杞柳也。非杞梓。亦非枸杞。性柔韌。宜屈撓以包物。初巽爲艸木。二位爲田。田中之果。柔而蔓者。瓜象。在木曰果。在地曰蓏。故剝上曰果。姤初曰瓜也。瓜者外延離本而實。女子外屬之象。一陰在下。如瓜之始生。勢必延蔓。五以陽剛包之。使無所緣。孔子曰。女子小人爲難養也。坤爲文。故陰爲章。卽天地相遇。品物咸章。倒兌爲口。爲含。含章。猶包瓜也。與坤三同義。隕落也。乾爲天。不舍命。謂后施之命。下不舍也。禮曰。上酌民言。則下天上施。此之謂也。四不中不正。故遠民。五中正。故得民。 又巽爲杞爲苞。乾圓稱瓜。含章謂五也。五欲使初四易位。以陰含陽。已得乘之。初之四體兌爲口。故稱含也。杞。枸檵也。卽地骨根。杞生于肥地。瓠瓜爲物。繫而不食。隕自天。爲四隕之初。初上承五也。巽爲命。欲初之四承己。故不舍命也。又上變坎爲志。舍猶守也。又杞。杞梓也。山材連抱。其樹如樗。瓜實而蔓生。象陰之來。綿綿不已也。又卦體乾。乾爲木果。又爻變離。文明之象。卦之鼎。正位凝命。又以。一作似。一作作。一作柞。又包一作苞。蔓也。一作匏。一作瓠。 又辰在申。與夬五同象。畢下有天園。又畢上有天高天潢天關諸星。卦炁五月。瓜熟之時。

上九。姤其角。吝无咎。

象曰。姤其角。上窮吝也。

乾爲首位。在首上。故稱角。乾又爲龍。龍首有角。此遯世之事。不能救時。身亦不與亂也。 又動而得正。故无咎。又乾變兌。兌爲羊。上爲角。卦之大過。剛過也。 又辰在戌。戌稱白羊有角。

序卦傳曰。物相遇而後聚。故受之以萃。萃者聚也。

䷬萃亨。王假有廟。利見大人。亨利貞。用大牲吉。利有攸往。一本無萃下亨字。

彖曰。萃聚也。順以說。剛中而應。故聚也。一本無也字。王假有廟。致孝享也。利見大人亨。一本下有利貞字。聚以正也。用大牲吉。利有攸往。順天命也。觀其所聚。而天地萬物之情可見矣。

象曰。澤上于地萃。君子以除戎器戒不虞。

萃艸兒。物之聚者。莫甚于艸。假至也。巽爲木。艮爲闕。木在闕上。宮室之象。故曰有廟。大人謂五。利見謂助祭者。王者聚百物以祀其先。諸侯百官助祭于廟中。大牲太牢少牢也。坤爲牛。兌爲羊。又巽木下克坤土。殺牛之象。卦坎二之四。又觀上之四。又屯初之四。此郊祀后稷以配天。宗祀文王于明堂之爻。又觀乾爲王。艮爲廟。五至初。禮觀享祀。上之四。故有廟。王五廟上。故假。假感也。言五親奉上。鬼神享德。不在食也。三四失位。利之正。變成離。離爲見。又四本震爻。震爲長子。五本坎爻。坎爲隱伏。居尊而隱伏。鬼神之象。長子入闕升堂。祭祖禰之禮也。二本離爻。離爲目。居正應五。故利見。又言大人有嘉會時可幹事。必殺牛而盟。既盟則可以往也。大牲牛也。四之三。折坤牛得正。故用吉。坤爲順。巽爲命。三往之四。順天命也。又五剛居中。羣陰順悅而從之。故聚彖。坤爲聚。坤三之四。故聚以正。又利貞。五以正聚陽也。又三四易位成離坎。坎月以見地。離日以見天。與大壯咸恆同義。又卦炁辟觀。又萃與觀皆臨之三變。皆體坤。故稱觀。又假大也。又坤臣以順道承事。其君悅德。居上待之。上下相應。有事而和通。故亨。又聚。一作取。〇澤卑下。流潦歸之。萬物生焉。故萃。坎水流故曰比。澤水止故曰聚。澤上有地臨。聚水者地也。澤上于地。則聚水者隄防耳。故有潰決之虞。除去也。開也。去舊開新。脩治之事也。詩。脩爾車馬。弓矢戎兵。兌西方金。故象焉。國之大事。在祀與戎。彖象兼言之。又君子謂五。乾陽在三四爲脩。坤爲器。三四之正。離爲戎兵甲冑飛矢。坎爲弓弧。巽爲繩。艮爲石。謂繳乃甲冑。鍛厲矛矢也。坎爲寇。坤爲亂。故戒不虞。又除。一作儲。一作治。一作慮。又除去也。謂脩行文德。除去戎器。偃伯靈臺。虎賁說劍。惟備不虞而已。

初六。有孚不終。乃亂乃萃。若號。一握爲笑。勿恤。往无咎。

象曰。乃亂乃萃。其志亂也。

比一陽。故上下皆應。萃二陽。故無所適從而志亂。初本應四。欲舍四從五。必勿恤。往乃不亂也。僞書曰。無主乃亂。孟子曰。定于一。如楚漢方爭。諸侯王叛附无常。乃亂乃萃之象。黥布叛楚歸漢。始欲自殺。終乃大喜過望。勿恤往无咎之象。握讀如夫三爲屋之屋。一屋謂三陰也。坤爲迷爲衆。若號若笑。憂喜不決也。故勉以勿恤。此卦六爻皆无咎。又握古文作𪔂。中心爲𪔂。一名靈𪔂。誤作靈臺。淮南子曰。𪔂無所鑒。謂之狂生。注。𪔂持也。俶眞訓曰。其所居神者。𪔂簡以游太清。莊子曰。靈𪔂者有持。注。靈𪔂謂心。然則一握猶一心也。又握具也。與屋通。詩。夏屋渠渠。又一握小小皃也。笑者懦劣之皃也。又一握謂轉移之間。猶彈指之頃也。若號爲笑。猶破涕爲笑也。又一握。猶諺語所謂一團也。又初若往號四。則仍握手爲歡。無憂不終矣。又握一作渥。又孚謂五也。初四易位。五坎中爲孚。坤爲終。失正當變也。坤爲聚爲亂。失位不變。則相聚爲亂也。四巽爲號之三。艮爲手。初稱一。故一握。初動成震。震爲笑。四動成坎。坎爲恤。初應四得正。故往无咎。坎爲志。初不之四。則亂也。又兌爲口爲說。故號笑。又四于己爲正配。而三以近寵。卑以自牧。則无咎也。又乃亂乃萃。上虛字下。乃汝也。猶書言而康而色。又萃中孚皆體艮巽兌。故稱孚。又坤變震。動也。笑言啞啞。卦之隨。以喜隨人也。又號令也。去聲。

六二。引吉无咎。孚乃利用禴。

象曰。引吉无咎。中未變也。

引汲引也。二與五中正相應。故引初以從五。艮爲手。孚謂五。禴同瀹。謂瀹煮薪菜以祀。如蘋蘩之類。所謂可羞于王公。可薦于鬼神。此薄祭也。大牲王者所以隨時。用瀹。人臣所以獲上。中未變。達不離道也。中庸曰。不變塞焉。又應巽爲繩。艮爲手。故引吉。吉謂四。二欲引之至初也。得正應五。故无告。二利引四之初。使避己。己得之五也。二得正。故不變。又引。引弓也。坎爲弓。如射之得中道。又引援引也。然在下位。不援上。非其誼矣。又引迎也。爲吉所迎。何告之有。又引者牽羊以祭也。禴夏祭也。又體觀象。故利用禴。離爲夏。故禴。詩曰。禴祭烝嘗。周禮以禴夏享先王。又禴殷春祭名。禮記。春曰礿。同禴。四時祭之省者也。又龠者樂之竹管。三孔从侖。有倫理也。坎爲律爲耳。作樂以薦祖考。又坤變坎信。孚也。卦之困。困二亦曰利用祭祀。又卦炁八月。辟觀。觀彖辭。盥而不薦。又禴。一作躍。又一作爚。

六三。萃如嗟如。无攸利。往无咎。小吝。

象曰。往无咎。上巽也。

三近四。與初同象。故嗟如。倒兌爲口。三體巽。三爲巽主而互上卦。且萃與巽皆八月卦。故象傳曰上巽。又坤爲萃。故萃如。巽爲號。故嗟如。失正故无利。動得位。故往无告。非正。故小吝。上巽謂往之四也。又坤變艮。止也。卦之咸。感應以相與也。又嗟一作差。

九四。大吉无咎。

象曰。大吉无咎。位不當也。

下坤爲民。此亦大人之一輔。九五以萃天下者也。位高而不震主。故大吉无咎。若齊之陳恆。魯之季氏。其得民未可爲大吉矣。又陽居陰。不當位。動得正。承五應初。則大吉矣。失位咎也。變而得正。則无告。又兌變坎。說而信也。卦之比。比吉也。又大牲以吉禮事鬼神。故曰吉。又爻不正。故戒占者必大吉。然後得无告也。然因象辭望文生義。終嫌无理。或曰。惟其不當位而能萃。故吉尢大。皆强解不中正矣。何能萃乎。

九五。萃有位。无咎。匪孚元永貞。悔亡。

象曰。萃有位。志未光也。

得中得正。合萬國以事先王。所謂萃有位也。苟非富天下之心。尚未能共信于天下。則寧守其始節。永貞其志。如文王之用晦。庶幾悔亡耳。故象曰。志未光。又匪孚。謂四也。坎爲孚。四變之正。則五體皆正。故元永貞。元始也。爻正。四始之。四本豫四。復初乾元也。與比彖同義。四動應初。故悔亡。陽在坎中。故志未光。與屯五同義。又元。元善也。雖有其位。苟無其德。匪孚也。又五疑四得衆。如成王始疑周公。而終孚也。又五本坎爻。爲隱伏。故未光。又兌變震。動也。卦之豫。不能制權臣。又一本無志字。

上六。齎資涕洟。无咎。

象曰。齎資涕洟。未安上也。

兌爲口。齎資悲歎聲。自目曰涕。自鼻曰洟。上六陰爻。勝國之象。若夏之後封東樓公于杞。殷之後封微子于宋。去其骨肉。臣服异姓。受人封土。未安居位也。詩曰。商之孫子。侯服于周。祼將于京。周赧漢獻亦似之。又齎持也。資賻也。貨財喪稱賻。坤爲財。巽爲進。故齎資。三之四體離坎。艮爲鼻。涕淚流鼻目。故涕洟。得位應三。故无咎。上體大過。死象。四易三位。大過象破。故无咎。又祭之日。樂與哀半。饗之必樂。已至必哀。故齎咨涕洟也。又如舜號泣深山。周公悲于東國。故无咎。又說極生悲也。又憂患正所以生。孤臣孽子。操心慮患。故无咎。又獨陰不萃。故悲。又兌變乾。發于口而上首。齎咨涕洟之象。卦之否。塞也。否終則傾。故无咎。又此本否卦。上九陽爻見滅。遷移。以喻夏桀殷紂。以上六陰爻代之。亡國而不絕祀。故无咎。又乘剛遠應。故未安上也。

序卦傳曰。聚而上者謂之升。故受之以升。

雜卦傳曰。萃聚而升不來也。

䷭升元亨。用見大人。勿恤。南征吉。

彖曰。柔以時升。巽而順。剛中而應。是以大亨。用見大人。勿恤。有慶也。南征吉。志行也。

象曰。地中生木升。君子以順德積小以成高大。

升。十龠也。从斗象形。當作昪。日上也。故訓高。猶聖人在諸侯之中。明德日益高大。故謂之升。進益之象也。卦艮二之上。又臨初之三。又解三之四。柔升而二得中。故元亨。大人謂二。尊爻無此人。故不曰利見。曰用見。卦肖長坎。坎爲加憂。故勿恤。巽東南。坤西南。故南征吉。卦有師象。稱征。又有明夷象。與九三之南狩同義。此蓋托文王伐崇之事也。文王自岐遷程。程即畢郢。在岐東。崇在程南。克之而作都。所謂作邑于豐也。程今陝西西安府咸陽縣。豐今西安府鄠縣。自程伐崇。爲南征。故象傳曰。志行。遷豐而國愈大。即君子順德積小高大之義也。按文王釋羑里。賜弓矢。在紂之十三祀。明年。虞芮質成。明年。伐犬戎。明年。伐密須。明年伐耆。明年伐邘。明年伐崇。逾年而薨。則伐崇當文王立國之四十九年也。書曰。文王受命惟中身。厥享國五十年。詩曰。文王受命。有此武功。受命者。受紂得專征伐之命也。又卦有臨象。猶人日思善道。進而不已也。二當之五爲大人。離爲見。坎爲恤。二之五得正。故用見大人。離南方卦。二之五成離。故征吉。柔謂五。坤也。升謂二。坤邑无君。二當升五虛。震兌爲春秋。二升坎離爲冬夏。四時象正。故曰時升。大人天子。二剛升居五中。四陰應之。羣陰有主。无所復憂。故勿恤。陽爲慶。坤有陽故慶。二之五。坎爲志。震爲行。又巽東南。坤西南。巽之坤。必歷正南離。位。故南征。又南郊亦曰升中也。又用見。一作利見。又彖傳大亨。一作元亨。與大有同。○自本達莖以生枝葉。順也。坤爲順。巽亦爲順。不躐等而進之義。巽爲高。又君子謂三。小謂陽息復時。復小爲德之本。至二成臨。臨大也。臨二之五。艮爲慎。坤爲積。

故云。君子謹習爲先。脩習道德。積其微小。以至高大也。又順一作愼。按卦無愼象。德一作得。又一本無成字。

初六。允升大吉。

象曰。允升大吉。上合志也。

允當作鞂。進也。从屮上出也。从本疾趨也。允聲。向南爲進。反北爲退。故卦詞曰南征。此爻爲伐崇定策之始。上合志者。上謂上天。猶詩云帝謂文王也。又一體相隨。允然俱升。初失正。欲與巽一體。升居坤上。位尊得正也。允信也。又當也。坤土爲信。坎爲志。又與坤三陰合志。坤在上。故曰上。上又上謂二也。又巽變乾。舜元德之升也。卦之泰。君子集征時也。又如公叔文子之臣。同升諸公也。

九二。孚乃利用禴。无咎。

象曰。九二之孚。有喜也。

禴祭禮之省者。文王儉以恤民。四時之祭。皆以禴禮。神享德與信。不求備也。故旣濟九五。不如西鄰之禴祭。九五坎爲豕。然則禴用豕而已。紀年紂六祀。文王初禴于畢。巽二用史巫。亦言祭祀。兌爲巫。爲喜說。震爲祭主。坤爲吝嗇。此爻將伐崇而受命于祖也。又非時而祭曰禴。言乃利用禴于春時也。又禴夏祭也。孚謂二之五成坎。坎爲孚。離爲夏也。二升五艮爲宗廟。坤爲用。坎爲思。祭享以時思之也。坎水沃艮手。觀之盥象也。二上折坤牛。萃用大牲象也。陽爲喜。又兌爲祭祀。又升上承初。爲小過。與中孚旁通。升中孚皆體巽震兌。故稱孚。又巽爲艮。止也。卦之謙。不足也。輕而薄也。

九三。升虛邑。

象曰。升虛邑。无所疑也。

坤稱邑。四邑爲邱。四邱爲虛。疑如陰疑于陽之疑。无疑言无敵也。此伐崇克邑。所謂因壘而降也。韓非子。文王伐崇。至鳳皇虛。自結韈繫。又坤爲邑。五虛无君。利二上居之也。坎爲疑。上得中。故无疑。又虛邱也。虛邑謂上爻。又巽志虛心也。又入虛。如入无人之境。言易升也。又疑礙也。又巽變坎。一在木中。卦之師。民從之也。又按九三之升而爲坤。知卦之自坎來也。六五曰。貞吉升階。又辰在辰。土司空四星。治國邑之象。

六四。王用亨于岐山。吉无咎。

象曰。王用亨于岐山。順事也。

亨祭也。獻也。岐山歧出之山。兩峰如天柱。在雍州境南。冀州之望。詩所云天作高山者也。坤西南象。兌在西而兩岐。岐山象。儀禮。祭山邱陵升。疏云。祭山曰庪縣。不言升。此山云升者。升卽庪縣也。此伐崇歆至策勳之後。行大享禮于岐山陵寢。故象傳曰。順事。春秋傳。順事先公。坤爲順。兌爲澤。乾鑿度曰。六四蒙澤而居。則享者。念太王肇基王迹之功也。史記。武王卽位九年。祭文王之墓于畢。此則文王祭太王王季之墓于岐也。又六二柔以時升。太王之德。隨之上六。天下悅隨。文王之德。太王在岐。直曰岐山。武王在鎬。故曰西山。亨一讀如字。通也。太王爲狄所逼。徙居岐山之下。一年成邑。二年成都。三年五倍其初。通而王矣。故曰亨。又此本升卦也。巽升坤上。據三成艮。巽爲岐。艮爲山。王謂二。已正位于五也。通有兩體。位正衆服。故吉。四能與衆陰退避當升者。故无眚。又爲順之初。在升當位。近比于五。乘剛于三。宜以進德可脩守。此象太王遷岐也。又坤爲用。二用禴。四用享。二升五。艮爲山。體兌在西。兌象不見。故不言西山。體離爲火。火性枝分爲岐。坤爲順爲事。謂四順承五。下比三也。又享岐山。猶孔子言登東山登泰山。孔子在東言東。周公在西言西。非義所存。又用賢以事天。故曰順。又坤變震爲諸侯。文王服事之象。卦之恆。久道化成也。又辰在丑。斗可挹酒。王享之義。卦炁。月辟臨。

六五。貞吉升階。

象曰。貞吉升階。大得志也。

坤爲土階。震升高故升階。升階踐阼也。巽東南。坤西南。二五相應。有賓階阼階之象。升階三揖三讓。亦遜順之義。此滅崇後。建豐邑作都。立靈臺辟雍。詩所云遹追來孝也。 又二之五得正。故貞吉。巽爲高升階象。陰正居中。爲陽作階使升已下降二與陽應。故大得志而吉。五降二。二五皆體坎。坎爲志。又坤變坎。卦之井。井德之地。升階之義。又此如舜禹宅揆之象。又此爻元德升聞。舜尙見帝。迭爲賓主時也。又書曰允升于大猷。升階也。

上六。冥升。利于不息之貞。

象曰。冥升在上。消不富也。

坤性暗昧而靜。在上曰冥。陰用事爲消。陽用事爲息。此爻豐邑既成。安民休衆。不息之貞。言不動而貞固也。消不富者。消兵甲。不驕滿也。又陰正在上。陽道不息。陰之所利。二升五。積小以成高大。故曰不息。陰升失實。故消不富也。巽爲近利市三倍。又之亦往也。又冥謂冥漠。猶升中于天也。又如天之不可階而升也。中庸。上天之載。無聲無臭。故曰冥。又坤變艮止。地而爲山也。卦之蠱。風落山。隕其實。故曰消不富。又與晉其角同義。一剛一柔。故角冥异詞。又升極無適而利。但可反其不已于外之心。施之于不息之正而已。又衞武耄而好學。曾子臨終易簀。皆不息之貞也。

序卦傳曰。升而不已必困。故受之以困。

繫辭傳曰。困德之辨也。 困窮而通。 困以寡怨。

雜卦傳曰。井通而困相遇也。

䷮困亨貞大人吉无咎。有言不信。

彖曰。困剛揜也。險以說。困而不失其所亨。其唯君子乎。貞大人吉。以剛中也。有言不信。尚口乃窮也。王念孫曰。表記。篤以不揜。鄭注。揜猶困迫也。揜卽困迫之名。

象曰。澤无水困。君子以致命遂志。

困从木在口中。故廬也。坎爲月。互離爲日。兌西方日所入也。今上掩日月之明。猶君子處亂代。爲小人所不容。故困。君子居險能說。危行言遜。故通。君子之困。由小人之讒。故有言不信。兌爲口舌。曰有言。中庸。素患難。行乎患難。孟子。生于憂患。所謂貞大人也。卦否二之上。又坎陽爲兌陰所掩。二五爲三上所掩。故剛揜。否上陽降爲險。否二陰升爲說。二雖掩于陰。陷險不失中。與正陰合。故通。五雖掩于陰。近无所據。遠无所應。以剛中。故吉也。陰升成兌。爲有言。失中爲不信。動而乘陽。故窮也。兌爲口。上變口滅乾也。乾爲信。乾滅故不信。君子謂五。又否二之上。乾坤交。故通。貞大人。謂五也。乾五大人。在困无應。宜靜則无咎。讋爲言。折入兌。故不信。又坎險之時。不可尚兌口。又不言而信。故通。尚口乃窮。故困。又信讀如屈伸之伸。又象傳。不失其所當絕句。○水在澤下。澤洩而涸。故无水。致猶委也。有命焉。君子不謂性。所謂行法以俟命也。求志尚志。故遂志。又致命。猶言見危授命也。又君子。謂三伏陽也。否坤爲致。巽爲命。坎爲志。三入陰中。故致命遂志也。又道將行。道將廢。命也。非仁无爲。非禮无行。志也。又互離爲乾卦。水澤中乾。離爲虛。故无水。

初六。臀困于株木。入于幽谷。三歲不覿。

象曰。入于幽谷。幽不明也。

坎爲穴爲隱伏。穴隱伏在下。臀象。行則趾爲下。坐則臀爲下。故象初。坎木堅多心。一在木下爲本。一在木上爲末。一在木中爲朱。即株。坎木多心。故言株。坎水下注爲谷。无水之澤。是空谷也。故可入。三者離數。初在離外。故不覿。覿音瀆。與木谷叶。見也。此始困之象。 又臀謂四。株木爲三。三體爲木。澤中无水。兌金傷木。故枯而爲株也。初者四應。欲進之四。四困于三也。又初在坎穴。爲臀。三坎爲木。兌金毁折故株枯。初動體兌。坎水半見于口。故爲谷。谷文口上半水也。坎爲入。初應在四。四體離爲覿。自初至四。三爻爲三歲。又巽爲木。離爲朱。合之則株也。株木猶喬木。言困而不能遷也。又兌爲孔穴。坎隱伏而漏孔穴者爲臀。幽二也。此本否卦。陰來入坎。與初同體。故曰入。三陽數。陽陷陰中。爲陰所掩。終不得見。故曰不覿。又坎變兌。卦之兌。川壅澤。入幽谷也。又木。一作朮。張一反。又象傳。幽不明。一本無幽字。又此爻。即論語困而不學之象。 又辰在未。柳主艸木。井有谷象。鬼爲幽。又卦炁六月。避遯。幽隱之義也。

九二。困于酒食。朱紱方來。利用享祀。征凶。无咎。

象曰。困于酒食。中有慶也。

兌酉流坎。爲酒。兌秋成穀之時。離火坎水。爨之爲食。食音嗣。與祀叶。紱一作韍。蔽膝也。宗廟之服。冕服謂之芾。他服謂之韠。天子三公九卿朱紱。諸侯赤紱。離色爲朱。在巽股下。詩曰。朱紱斯皇。室家君王。離又爲牛。坎隱伏。有人鬼象。故享祀。二陰位中。饋之職。大烹以養聖賢。困于酒食也。來朱紱之服而享祀。如受福于祖宗。書予不敢宿。則禋于文王武王之義也。 又兌爲食。坎爲酒。上爲宗廟。今二陰升上。則酒食入廟。故困于酒食。上九降二。故朱紱方來。乾爲大赤。南方之物也。二升在廟。五親奉之。故利用享祀。陰動而上失中。乘陽。陽下而陷爲陰所掩。故征凶。二雖不正。而得中有實。陰雖去中。上得正。皆免咎也。陽來富有二陰。故中有慶也。陽爲慶。又二困于三。四變體頤。爲食。坎爲酒。朱韍謂五。乾爲朱。坤爲紱。自外曰來。五來應二。二當之正也。初四已之正。體損。二變應五。則三伏陽出成既濟。二簋用享也。坤爲用。征行也。動入坤。坤爲凶得位。故无咎。又坎變坤。坤下順。紱象。卦之萃。孝享之時也。又酒食朱紱。膏粱文繡之美之也。又此爻周公居東之象。詩伐柯。籩豆有踐。困于酒食也。以燕以樂謂之需。既醉既飽謂之困。困者厭飫之名。九罭。衮衣繡裳。朱紱方來也。謂王欲迎公。當以卷龍之衣。上公之服。往迎之。洛誥。公欲明農。王賜以秬鬯。公禋于文王武王。利用享祀也。公爲陰掩。辟處于東。如降居于二。位雖不正。得中有實也。與蹇二同象。又困酒食。武侯之臥南陽也。朱紱。先主三顧也。享祀。鞠躬盡瘁也。征凶。死而後已也。又二據初。辰在未。未爲土。此二爲大夫有地者。未上值天廚。酒食象。困于酒食者。采地薄不足于用也。又二與日爲體。離爲鎭震。爻四爲諸侯。有明德受命當王者。離爲火。火色赤。四爻辰在午。時離氣赤爲朱是也。文王將王。天子之制用朱紱。又二爻辰在寅。斗可以斟。建星似簋。酒食之象。朱黻天子之服。帝座一星也。艮方爲鬼門。享祀象。

六三。困于石。據于蒺藜。入于其宮。不見其妻。凶。

象曰。據于蒺藜。乘剛也。入于其宮。不見其妻。不祥也。

繫辭傳曰。子曰。非所困而困焉。名必辱。非所據而據焉。身必危。既辱且危。死期將至。妻其可得見耶。

兌于地爲剛。三在兌下。故困于石。蒺藜木名。坎爲叢棘。于木爲多心。蒺藜之象。謂二也。巽爲工爲高。宮象。亦爲入離爲見。兌爲妻。妻在外。故不見。初坐而困者。三與四行而困者。又二變正時三在艮山下。故于石。石謂四也。艮手據坎爲蒺藜。蒺藜謂二也。艮爲宮。兌爲妻。謂上无應也。三伏陽在陰下。離象。毀壞隱在坤中。致命遂志。死期將至。三又體大過。死也。初已正爲剛。二雖變。三逆乘。猶爲乘剛也。祥作詳。善也。乾爲詳。伏陽出乃爲乾也。又此本否卦。二四同功。爲艮之門闕。宮象。六三居困。而位不正。上困子民。內无仁恩。親戚叛逆。誅將加身也。又坎變巽爲進退。爲不果。卦之大過。棺椁象。故不見其妻凶。又辰在亥。室宿有三離宮。其宮也。定星。火宿也。亦稱水星。火爲水妃。妻也。又左傳襄公廿五年。崔武子娶棠姜。筮之遇困之大過。示陳文子。文子曰。夫從風。風隕妻。不可妻也。困于石。往不濟也。據于蒺藜。所恃傷也。入于其宮。不見其妻凶。無所歸也。

九四。來徐徐。困于金車。吝有終。

象曰。來徐徐。志在下也。雖不當位。有與也。

徐徐安行見。舒遲也。巽爲進退不果。見險故來徐徐。坎轝爲多眚。兌爲金。雖金車而多眚。故困。 又來欲之初。二否乾爲金。坤爲輿。之應歷險。困于二之金車。易位得正。故吝有終。坎爲志。以四尊位降而來初。故不當。有與謂有應。又金資斧也。車所來之具也。困乏之象。又兌變坎。卦之坎。澤始通也。又徐徐。一作荼荼。內不定之意。荼古舒字。徐舒同物同音。一作余余。又下謂初也。又下謂二君子也。又周禮。金輅鉤繁纓九就建大旗以賓同姓以封。又昏禮諸侯親迎。乘金車。九四來迎初六。而初入于幽。不可得見。猶魏文侯欲見段干木。而不得見。似可羞吝矣。然文侯之名顯于諸侯。皆三士羽之而然。故象曰有與。爻曰有終。又車。一作轝。 又辰在午。七星上軒轅。車象。又五月辟姤。姤初六言金柅。乾爲金也。

九五。劓刖。困于赤紱。乃徐有說。利用祭祀。

象曰。劓刖。志未得也。乃徐有說。以中直也。利用祭祀。受福也。

割鼻曰劓。斷足曰刖。兌爲毀折。上六鼻象。六三足象。皆掩剛者。故刑而去之。朱深曰赤。坎爲赤。再命赤韍黝珩。三命赤韍葱珩。離爲牛韋。兌爲說。兌又爲巫。祭祀所用。五剛中據國。去邪遠佞。當位而主祭祀。大人能救困者。故王明並受其福也。 又四動時艮爲鼻。震爲足。離爲兵。兌爲刑。赤紱謂二。否乾爲朱。故赤。坤爲紱。二未變應五。故困也。兌爲說。坤爲徐。二動應已故也。又之五深。故朱色。二淺。故赤色也。乾爲直。又乃徐者。九四爻也。又劓刖。刑之小者也。困時不崇柔德。以剛遇剛。雖行其小刑。而失其大柄也。赤紱。天子祭服之飾。所以稱困者。被奪其政。唯得祭祀。若春秋傳曰。政由甯氏。祭則寡人也。五應二。二體離文明。赤紱之象无據无應。故志未得也。謂二困五。三困四。五初困上。斯乃迭困之義也。又此象文王脫羑里之囚。賜西伯之服。而遂用享于岐山也。若英布黥而封王。孫臏刖而爲將。未足當之。又此五不取君象。位高而益困者也。知我其天。韓子惟乖于時。乃與天通之意。又兌變震爲威武。刑象。爲諸侯。赤紱象。爲祭主。祭祀象。卦之解。乃徐有說也。又刖一作劊。又劓刖。一作鯢𦨭。一作倪仉。一作槷𣂪。不安皃。九五人君不當有劓刖之象。又說一讀如字。又說一音脫。言脫二陰之困。又祭祀。一作享祀。又此爻爲成王之象。頌之小毖曰。莫予荓蜂。自求辛螫。言莫敢庵曳譎詐誑欺。自取辛苦毒螫之害。辛苦毒螫。劓刖之象也。予又集于蓼。困于赤紱也。洛誥。所謂公無困我。王卒悔悟迎公。乃徐有說也。册命周公。王賓殺禋咸格。王入太室祼。利用祭祀也。又辰在申。亦鍼天狼一星。主殺掠。爲劓刖之象。獵以祭祀。畢者獵具也。

上六。困于葛藟。于臲卼。曰動悔。有悔征吉。王引之曰。動絕句。有讀爲又。悔有悔絕句。非是。

象曰。困于葛藟。未當也。動悔有悔。吉行也。

柔在巽木之上。施于條枚之象。故言葛藟。臲卼不安也。兌爲口。故言曰。乘陽故動悔。動悔當絕句。有悔征吉。謂能悔而變計則吉也。爻變乾健。故曰征。又巽爲艸莽。謂三也。兌爲刑人故困。乘陽故動悔。變而失正。故有悔。三已變正。已德應之。故征吉也。曰者。言其无不然也。未當。三未變當位應上故也。行。謂三變乃得當位之應。故吉也。又臲卼兀刑也。五之劓刖。正施于三。四動。三在震。受離兵兌刑。曰者。三戒上之詞。二變三在震爲言。三不欲上動。故三之正而上得征吉。又兌變乾。健而說。出于困也。卦之訟。動悔也。又上爲天道。謂困極而亨。天亦悔禍也。又曰動悔者。卽尙口乃窮之意。又藟一作蘽。又臲一作劓。卼一作𣄰。一作杌。又象傳。動悔絕句。下五字句。又一讀吉字句。行也。釋征。二字句。又曰字疑衍。又辰在巳。軫主任載。巽爲高。臲卼車不安皃。卦炁爲巽。巽爲木。葛藟緣木之艸。

序卦傳曰。困乎上者必反下。故受之以井。

繫辭傳曰。井德之地也。井居其所而遷。井以辨義。

雜卦傳曰。井通而困相遇也。

䷯井改邑不改井。无喪无得。往來井井。汔至亦未繘豐按繘讀爲矞。說文。滿有所出也。井。羸其瓶。凶。

彖曰。巽乎水而上水井。井養而不窮也。改邑不改井。乃以剛中也。汔至亦未繘井。未有功也。井羸其瓶。是以凶也。一羸上無井字。

象曰。木上有水井。君子以勞民勸相。

井本作丼。穴地以達泉。世本伯益作井。古者八家一井。象構韓形。中點。圓罋之象也。韓井垣也。罋汲瓶也。汔幾也。繘綆也。汲水索。羸作纍。鈎羅拘攣也。坎爲水。巽木爲桔槔。離外堅而中虛。兌暗澤爲泉口。木入水出。井之象也。巽爲入。巽繩爲繘。離腹虛爲瓶。言桔槔引瓶。下入泉口。汲水而出。井之用也。汔至謂二。未至下而瓶羸。即爻辭甕敝漏也。司馬法。四井爲邑。積爲邱甸而出賦。此兵制也。三代封建。沿革不一。人民登耗不恆。故分此邑之餘。以補彼邑。若井以分田制稅。公田之中。廬舍之間。居中作井。而百畝環之。溝洫隧路塍埒。視以爲經界之準。而永無所改也。此井無所失。彼井無可混。永爲標準。故得喪兩忘也。井以養人。兌口飲水。坎爲通。故不窮。卦泰初之五。其象備四時四方。巽木春。東方也。坎水冬。北方也。兌秋金。西方也。離夏火。南方也。古文人立邑必相泉源。不得則改邑以就之。故改邑不改井。又井以汲人。水無空竭。猶君子以政教養天下。惠澤无窮也。井法也。以清潔而不變更爲義。又改邑不改井。言凡井皆無異製也。井之體。无喪无得者。井道可久。往來井井者。井道可大。汔至羸瓶。以喻治國之用人。如汲井之需器也。又卦自泰來。坤爲邑。乾初之五折坤。剛得中。故改邑。初爲舊井。柔不得中。四應繫之。故不改。陰來居初，有實爲无喪。失中爲无得。陽往居五。

上得坎水爲井。陰來在下。巽乎水亦爲井。故曰往來井井。又坤爲喪。无喪。泰初之五。坤象毁壞也。五來之初。失位无應。故无得。汔竟也。陰來居初。下至汔。竟也。繘者所以出水。通井道也。今乃在初。未得應五。故未繘也。五初上改邑。二幾至泉。二變爲艮。手持繘。未變應五。故未有功也。凡功皆謂五。又井謂二。瓶謂初。初欲應五。今爲二所拘羸。故凶。又羸敗也。艮爲手。巽爲繘。離爲瓶。手繘折其中。體兌毁折。故敗其瓶。又汔涸也。又汔一作仡。勇皃。又水殷德也。木周德也。夫井德之地也。所以養民性命。而清潔之至者也。自震化行。至于五世。改殷紂比屋之亂俗。而不易成湯昭格之法度。故改邑不改井。二代之制。各因時宜。損益雖异。虁括則同。故曰无喪无得。往來井井也。當殷之末。井道之窮。故曰汔。至周德雖興。未及革正。故曰亦未繘井。井泥爲穢。百姓无聊。比屋之間。交受塗炭。故曰羸其瓶凶。又五穀不如荑稗。九仞猶爲棄井。故未有功。○井之爲物。有木底以隔泥。使清泉上出木上。故木上有水。坎爲勞。巽爲勸。又君謂泰乾。坤爲民。初上成坎爲勸。相助也。謂以陽助坤。勸助民人。使功日濟。又相如字。卽井田八家相友相助相扶持意。

初六。井泥不食。舊井无禽。王引之曰。舊井之井。讀爲阱。別一義。非是。

象曰。井泥不食。下也。舊井无禽。時舍也。

初在井之下稱泥。巽又爲臭。兌爲口。初爻不比。故不食。初象廢井。人所不食。禽所不居。禽川禽。謂魚也。又在井下。體本坤土。故曰泥。不可食。此託紂之穢政。不可以養民也。舊井謂殷之未喪師時。亦皆清潔。无水禽之穢。又況泥土乎。又食用也。巽爲不果。无噬嗑食象。故不食。乾爲舊。位在陰下。故舊井无禽。初二正。體離爲飛鳥。乃有禽也。時舍于初。非其位也。與乾二同義。又坎有飛鳥象。爲禽。又巽爲鳥。又北方謂轆轤之軸爲禽。所以運繘汲水者。又禽古擒字。言不得水。无所獲也。又巽變乾。卦之需。需初亦曰需于泥。又五祀門戶中霤井竈。冬祀井。白虎通云。井以魚。魚爲川禽。廢井不食。亦不祀也。又兌爲澤。離爲鳥。鳥集于澤。不集于井。四不應初之象也。故无禽。又難經。井屬東方春。井水生木。木王春。諸物莫不以春生。井巽爲魚。魚者井中蟲蛕。卽初之禽。二之鮒。井二射鮒。猶姤二包魚。鮒爲二所射。故初无禽。猶姤魚爲二所包。故四无魚也。又辰在未。井宿下雉一星。雉非川禽。爲无禽也。上又有積薪一星。不食之象。

九二。井谷射鮒。甕敝漏。王引之曰。呂氏春秋。若射魚指天而欲發之當也。淮南書。天子親往射魚。是古有射魚之法。豐按春秋公矢魚于棠。傳言則君不射。矢字不當作陳字訓。古原有射魚。惟施之于鮒。疑鮒非可射之魚。

象曰。井谷射鮒。无與也。

爾雅。注谿曰谷。井止水。谷流水。井谷井渠也。河渠書。自徵引洛水至商顏下岸。善崩。乃鑿井深者四十餘丈。往往爲井。井下相通行水。水頹以絕。所謂井渠。不必始于漢也。或曰。谷如莊子所謂缺甃之崖。井一面崩塌若谷。水不能停其流旁出者。流水之激者。其象爲射。射者下注旁注之名。鮒鱝也。鯽也。卽今鯽魚。似鯉。色黑而耐寒。旅行。相卽相附。善井水。凡魚皆待積水深廣而後可活。惟鯽得少水沾濡而足。或以溼紙裹之。可行數十里。言井不脩治。水泉漬稀。惟可射鮒而已。甕敝漏者。井敗器頹。久不用汲之象。故曰无與。離爲甕。兌爲毀折。中孚感動天地。魚之至大。井射鮒井谷。魚之至小。故以相況。又鮒蝦蟇也。九二坎爻。坎爲水。上直巽。九三艮爻。艮爲山。山下有井。必因如水所生。無大魚也。又巽爲谷。爲魚。鮒小魚也。謂初。莊子。轍中有鮒魚焉。又曰。守鯢鮒。呂覽。鮒入而鯢居。蓋魚善入者也。離爲甕。卽羸瓶。魚陰蟲也。處下陰爻。鮒象。又甕停水器。井之爲道。上汲者也。今與五非應。與初爲比。是若谷水不注。唯及于魚。甕敝漏者。水下注不汲之義也。又谷文近兌。爲決射也。兌爲附。鮒也。兌爲毀折。甕敝漏也。甕仰口。亦象兌。又鮒之往來如射也。坎爲弓。離爲矢。卽水火不相射之射。又射一音亦。厭也。又射一作耶。又谷一音浴。又敝一音扶滅反。又巽變艮。山下谷也。巽伏鮒也。艮土甕之質也。甕汲井時。形下注。卦之蹇。又春秋稱矢魚。易言射鮒。漢武紀。射蛟。古實有射魚之事。公羊百金之魚公張之。又辰在寅。斗上天弁九星。似缶甕象。尾旁魚一星。鮒象。

九三。井渫不食。爲我心惻。可用汲。王明。並受其福。王引之曰。並普也。豐按。普溥也。

象曰。井渫不食。行惻也。求王明。受福也。

渫謂自浚渫。治去泥濁。清潔之意也。行潦洞酌。可以餴饎。王公羞薦。不棄潢汙。不食。喻人脩正其身。而不見用。行道之人。爲心惻也。子曰。夫明王不興。而天下孰能宗予。此爻象之巽爲潔齋。故渫。兌爲口。口在四。故不食。坎爲加憂。故惻。離爲明。　又三得正。故渫。不得據陰。猶臣以道事君。而道未行也。五可用汲。三則王道明而天下受福矣。又可用汲二句。言我道可汲引而用也。又二句爲惻之者之宗。又管子舍糾而事桓。韓信舍羽而事劉。馬援舍隗囂而事光武也。又二變。坎爲心。二折坎心。故惻。王謂五。體離爲明。三利二正。既濟定。巳爲五汲也。行道之人心惻。明非三求用。三體噬嗑食。震爲行。二變艮爲求。又巽變坎。卦之坎。爲通。爲加憂。爲心病。又渫。一作渫。又此託殷之公侯。時有賢者獨守成湯之法度。而不見任。謂微箕之倫也。惻傷悼也。民乃外附。故曰可用汲。周德來被。故曰王明。王得其民。民得其王。故曰求王明受福。　又辰在辰。元池六星。渫象。左右攝提。汲象。角旁進賢一星。王明之象。

六四。井甃。无咎。

象曰。井甃无咎。脩井也。

以甎甓壘井曰甃。爲瓦裏下達上也。陰爲土。離火燒土爲瓦。三之渫。治井內。去污也。四之甃。治井外。禦污也。又坎性下降。嫌于从三。能自脩治。以甃輔五。故无咎。坤爲土。初之五成離。以火燒土甎也。又兌秋離火成瓦。甃字之義。又坎變兌。爲甃。爲毀折。卦之大過。本末弱。當脩治。　又辰在丑。斗主挹注。甃井之象。

九五。井洌。寒泉食。

象曰。寒泉之食。中正也。

洌甘潔也。兌爲口。五在兌上。故食。詩曰。泉之竭矣。不云自中。又曰。洌彼下泉。浸彼苞稂。故泉必中正也。　又泉自下出稱井。周七月。夏之五月。陰氣在下。二巳變坎。十一月爲寒。泉初二巳變。體噬嗑。食也。又五乾爻也。乾爲寒爲冰。又坤爲甘。萬物皆致養。故食。又坎變坤。泉出地中也。卦之升。井道上行也。　又辰在申。參足有玉井四星。下有軍井四星。爲冽食象。

上六。井收勿幕。有孚元吉。

象曰。元吉在上。大成也。

收井幹也。以轆轤收繘之處。故曰收。坎爲矯輮。爲輿。爲輪。應巽爲繩。幕覆蓋也。勿一作网。井上以水出井爲用。猶鼎上以烹出鼎爲用也。取物之卦惟二而上皆大吉。　又收汲也。謂初二巳變成既濟定。故大成也。處井上位。在瓶之水也。故曰收。有孚謂五坎。坎爲孚。井以養生。政以養德。无覆水泉而不惠民。无蘊典禮而不興敎。敬信于民。則大化成也。又井中孚。皆體離兌巽。故稱孚。又坎變巽。卦之巽。井成而設幹之象。又收一作甃。　又辰在巳。軫宿左右轄。有轆轤象。軫口四方不掩。勿幕也。

序卦傳曰。井道不可不革。故受之以革。

雜卦傳曰。革去故也。

䷰革。己日乃孚。元亨利貞悔亡。

彖曰。革水火相息。二女同居。其志不相得。曰革。己日乃孚。革而信之。文明以說。大亨以正。革而當。其悔乃亡。天地革而四時成。湯武革命。順乎天而應乎人。革之時大矣哉。

象曰。澤中有火。革。君子以治曆明時。

革从三十。从臼。改也。三十年爲一世而道更。又獸皮治去其毛也。兌爲金。離爲火。火上革金。故曰革。四時之序。木火金水皆相生。惟夏秋之交。火克金。故月令取中央土聯屬其間也。卦兌三之二。又大壯五之二。又遯上之初。己日。天有十日。第六幹也。太陽一周天。爲三百六十五日二時七刻奇。今鐘表法。卽自今年冬至。距明年冬至之日數。所謂恆氣也。古以十一月甲子朔夜半冬至爲律元。以起算。甲子至癸亥名目。古以紀旬。不以紀年。旬法六十日一週。一歲六週。故今年甲子日子正初刻初分冬至。則明年必己巳日卯初三刻奇冬至也。計閏三百七十一年。而又爲甲子日子正初刻初分冬至。但不在朔日耳。內有閏一百三十二月又十七日四時六刻奇。故甲子之周。應三百六十年。而云三百七十一年也。然則己日爲太陽一歲週而復始之日。舉一年以概三百六十年也。天運有常。不忒于期。故孚。所謂革而信之也。所謂天地革而四時成也。所謂行有嘉也。所謂革去故也。故象傳統一卦之象而揭之曰。君子以治曆明時。又革兼四義。時之革也。命之革二也。火革金三也。獸革毛四也。故曰革。又遁上之初。與蒙旁通。悔亡謂四也。四失正。動得位。故悔亡。離爲日。離象就己。孚謂坎。四動體離。五在坎中。故己日乃孚。以成既濟。乾道變化。各正性命。保合太和。故元亨利貞。與乾同義。乾金兌金。金曰從革。故稱革。說文。己象人腹。離亦爲大腹。此虞翻義也。虞之納甲自成一家言。又卦應天氣。天以六節。用天氣者。六期爲備。自甲至己。其數六。猶六日也。七日則庚。庚更新之象矣。又戊己于干爲中。而己已過中。故受以庚。改更之義也。漢書理紀于己。又庚爲更革。自庚至己十日浹矣。乃者有待之詞也。以上三說。皆以庚爲解。然文不曰庚日乃孚也。又離夏兌秋。夏秋交革之時。中央土寄旺。故曰己日。又己居丁火庚金之間。革之時也。以上二說。皆以土爲解。然文何以但言己不言戊己耶。又天有十日。甲至戊爲前五日。己至癸爲後五日。變革不當輕遽。宜在後也。凡民可與習常。難與適變。可與樂成。難與慮始。故革命之事。己日乃孚此以後五日爲解。然文不曰後日乃孚也。若己字亦從無後訓。又己竟也。十干之己。亦謂成功者退也。此以己爲已事遄往之已。試問何日爲己日耶。又辰巳之巳。與已止之已。字畫音聲。本皆無異。皆羊里反。以陽氣至。巳而盡出。至午則陰生。故轉訓爲既爲止。日在澤下。尚未出地。必如日之加巳。照臨萬方。昭著天下。乃信從也。以喻革之初。人心疑懼。必王道大行始信也。乃者難詞。此以巳爲辰巳之巳。按說文巳居擬切。象萬物辟藏詘形也。巳承戊。象人腹。巳爲蛇。象形。詳里切。四月陽氣巳出陰氣巳藏。萬物見成文章。故象蛇形也。已羊止切用也。从反巳。賈侍中說。巳意巳實也。象形。三字音聲略同。字畫迥殊。意義亦別。況文豈言已時乃孚耶。又已日天命已至之日。武王陳兵孟津。八百國皆曰紂可伐矣。武王曰。爾未知天命。未可也。還歸二年。紂殺比干。囚箕子。乃伐之。所謂已日。然已至之日。安得但云已日。又湯有慙德。武曰。小子無良。所謂悔也。又革中孚。皆自遁生。皆體離兌。故稱孚。又乾爲孚。故乾三爻皆稱孚。坎之爲孚。亦坎中體乾也。

息。一作熄。滅也。離爲中女。兌爲少女。離火志上。兌水志下。故不相得。革與睽兩象易。睽曰二女同居。其志不同行。革水流下。火炎上。其行雖若相就。而水勝火。火損水。其志終不相得也。又息長也。澤中有火。如海之尾閭。名爲焦釜之谷。水入其中。猶沃焦釜而乾也。若曰澤在火上。則水滅火矣。非相息也。又四革之正。體兩坎象。故兌爲澤爲雨。而獨于此稱水也。坎爲志。又卦本無坎。二至上。二陰夾乾陽。則坎水生焉。故曰水。又初至五。體同人象。蒙艮爲居。二女同自蒙來也。大亨謂乾。四動成既濟定。革而當位也。五位成。乾爲天。蒙坤爲地。震春兌秋。四之正。坎冬離夏。則四時具。坤革而成乾也。湯武謂乾。乾爲聖人。天謂五位。人謂三位。四動順五應三。巽爲命也。又革天地成四時。誅二叔。除民害。天下定。武功成。故大也。又君子謂遁乾也。曆象日月星辰也。離爲明。坎月離日。蒙艮爲星。四動成坎離。日月得正也。又火燥澤溼。二物不相得。終宜易之。故曰澤中有火革。〇治曆。治歲時節氣之曆。明時者。明東作西成之時。古者授時以大火心星爲驗。離爲火。藏于兌。

初九。鞏用黃牛之革。

象曰。鞏用黃牛。不可以有爲也。

鞏以韋束物也。固也。離爲畜牝牛。離又爲甲胄。鞏則以忠信爲甲胄也。在革之初。得位而無應據。未可以動。此如文王雖有聖德。三分天下有二。而服事殷也。又蒙坤爲黃牛。艮皮爲革。又離變艮。外剛而止。卦之咸。又辰在子。位近牛。

六二。己日乃革之。征吉。无咎。

象曰。己日革之。行有嘉也。

二爲離明之主。而得位。故與彖同辭。配偶爲嘉。易凡二五應。多稱嘉。又日以喻君也。謂五己居位爲君。二乃革意去三應五。去卑事尊。上行日五。故征吉。二應五。爲四所隔。故己日乃革之。二爲離。水火相息也。體蒙震爲征。正位。故无告。又嘉謂五。乾爲嘉也。四動承五。故行有嘉。湯武行善。桀紂行惡。各終其日。然後革之。又征吉。若伊尹幡然就聘。无告。若咸有一德。又離變乾。明健也。卦之夬。剛決柔也。又行。一作下孟反。又辰在酉。納甲之法。離納己。己之化曜爲月。昴下月一星。己土爲酉金之母也。

九三。征凶。貞厲。革言三就。有孚。

象曰。革言三就。又何之矣。

儀禮。馬纓三就。注。刺繡一匝。還復刺爲一就。則三就。猶三匝。言固結也。征凶貞厲者。如周之五年養晦須晦之時歟。言順天應人俟之而已。故象傳曰。又何之。火主言揚。兌爲口舌。故稱言。又乾三爻在需曰三人。在革曰三就。易傳曰。物有始有壯有究。故三畫成乾。就之言究也。熟也善也成也。凡物至秋冬則老而成就。乾老陽。故稱就。三就者。革于三。改于四。變于五。革之循序而有漸也。又蒙震爲征爲言。三應于上。欲往而爲陰所乘。故征凶。謂四未變。逆乘也。若正居三而據二陰。則五來危之。故貞厲。三就上二陽。得共有信。據于二陰。故曰革言三就。有孚于二矣。有孚謂五。三至五三爻。四變。五三皆坎。故有孚。就合也。四動成既濟定。故又何之矣。又就取火就燥之義。離爲火。又離變震爲威武。離于人爲言。卦之隨。就也。天下隨之。又言。言說也。言則當三就。行不可三思。又文三分有二。以服事。尹五就桀。三就也。又武王克紂。不即行周命。乃反商政。一就也。釋囚封墓式閭。二就也。散財發粟。大賚四海。三就也。又三就謂用刑。書曰。五刑有服。五服三就。謂大罪于原野。大夫于朝。士于市。凡卦有離者皆言刑。湯武革命。大刑用甲兵也。書曰。五辭簡孚。又曰獄成而孚。所謂有孚也。允征曰。先時後時者殺無赦。象傳故言明時。

九四。悔亡。有孚。改命吉。

象曰。改命之吉。信志也。

湯曰慚德。武曰無良。似悔。然以逆取而四海順之。動凶器而前歌後舞。故悔亡。有孚改命吉。命猶令也。將革而謀謂之言。革而行之謂之命。離夏兌秋。四爻入上卦。秋改夏令。猶伊相湯。太公相武。改夏殷命也。革命統卦之辭。改命按爻之辭。不正言革。別乎離也。又孚謂五。四動成坎爲孚爲志。巽爲命。四變五。坎改巽。故改命吉。四乾爲君。進退無恆。在離焚棄。體大過死。以比桀紂貫盈。湯武改其命也。詩。周雖舊邦。其命維新。又爻入上象。喻紂之郊也。中流而白魚入舟。天命信矣。故有孚。甲子夜陣。雨甚至。水德賓服之祥也。故又兌變坎爲衆爲信爲聽。互巽巽爲申命。爲行權。改命也。卦之既濟。水火相革也。

九五。大人虎變。未占有孚。

象曰。大人虎變。其文炳也。文字韻。古人用韻。間有在句中者。遽數之不能終也。

乾五爲大人。兌西方爲虎。鳥獸更四時。則皮毛革換。變卽革也。不言革者。疑于鞟也。占覘通。視也。離爲目。虎之威。威于視。虎變威德。折衝萬里。望風而信。以喻四方誠服。聖人作而民莫不想望丰采也。改正朔。易服色。制禮作樂。宇宙新爲變。虎文疏而著曰炳。離文明爲炳。文炳如禮樂敎化之類。中庸明則動。動則變。此爻當之。又蒙坤爲虎變。自坤變也。傳論湯武。以坤臣爲君。象之。又四未之正。五未在坎。而陽在五具坎體。故未占有孚。又兌爲虎。九者變爻。故曰虎變。又乾爲大明。四動成離。爲虎爲文。故文炳也。又卜以決疑。不疑何卜。故曰未占。又乾變而兌。龍變爲虎也。又兌變震。帝出乎震。震動威武。卦之豐日中。文炳也。又此爻喻舜舞干羽而有苗自服。周公脩文德。越裳獻雉也。　又辰在申。參爲白虎之身。觜爲口。井旁鉞一星。爲左仗之大人。

上六。君子豹變。小人革面。征凶。居貞吉。王引之曰。面嚮也。上三相應。三剛不中。今改其所向。而向九五也。夏官撢人。使萬民和說而正南面。

象曰。君子豹變。其文蔚也。小人革面。順以從君也。文蔚亦文字韻。

三不可妄動。上已動而當靜。故征凶。五爲掫業。上爲守文。僞書所謂既歷三紀。世變風移時也。故居貞吉。兌之陽爻稱虎。陰爻稱豹。豹似虎而小。面白毛赤。黃圓文。有黑如錢。又如艾葉。居山隱霧。澤其毛衣。言豹多稱玄豹。以黑文多也。蔚薉也。艸多皃。巽爲艸木。豹文密而理。故曰蔚。兌爲口。乾爲首。口見首上。面之象。又蒙艮爲君子。爲豹。從乾而更。故君子豹變也。陰稱小人。面謂四。革爲離。以順承五。故小人革面。乘陽失正。故征凶。得位。故居貞吉。蒙艮爲君。又乾爲大人。兌爲小人。豹者虎類而小者也。君子小于大人。故言豹。又獸猩猩猿猴之類。皆革其面而近人。故以爲丕變之喻。又五爲君。乾體。四變順五。故順從。又君子者。大賢次聖之人。若太公周召之徒也。君聖臣賢。殷頑民皆改志從化。天下既定。必到載干戈。包之以虎皮。將率之士。使爲諸侯。故征凶。居貞吉者。得正有應。君子之象也。又文蔚者。睟面盎背之意。又革面卽皮面。所謂鞟也。君子。在上之人。有位者也。小人猶野人。從上之革者也。不可梗化。故曰征凶。又小人不可破其面。宋斥夏竦。而石介作詩。韓富以爲鬼怪輩壞事人。又兌變乾。豹健物。卦之同人。天下同文也。又蔚一作斐。又辰在巳。巳與申合。豹蒙九五虎。君子蒙九五大人。

序卦傳曰。革物者莫若鼎。故受之以鼎。

雜卦傳曰。鼎取新也。

䷱鼎。元吉亨。愚按元吉是占詞。亨音烹。故彖傳曰。烹飪也。是以元亨當作是以元吉。

彖曰。鼎象也。以木巽火。亨飪也。聖人亨以享上帝。而大亨以養聖賢。巽而耳目聰明。柔進而上行。得中而應乎剛。是以元亨。

象曰。木上有火鼎。君子以正位凝命。

鼎三足兩耳。折木以炊于下。故文从鼎。爿與片木之分體也。或曰。于文上體爲目。離爲目也。下體折木。巽爲木也。古者鑄金爲此器。烹調五味。變故取新。以供天廟。養聖賢。如用犢以祀帝于南郊。饋牢以尙賓于澤宮。是也。凡物先煮于鑊。既熟。乃脀于鼎。和調之。牛鼎受一斛。天子飾以黃金。諸侯白金。羊鼎受五斗。天子飾以黃金。諸侯白金。大夫以銅。豕鼎受三斗。天子飾以黃金。諸侯白金。大夫銅。士鐵。三鼎形同。皆三足。以象三台。足上皆作鼻目爲飾。鼎神器也。上世傳國以鼎。猶後代之璽。庖犧神鼎一。黃帝寶鼎三。禹鼎九。定鼎之後。禮莫大于祀與賓也。卦巽四之五。又遁二之五。又大壯上之初。 乾爲金。兌爲澤。澤鍾金而含水。巽入也。巽爲木。巽入離下。木火在外。金在其內。下穴爲足。中虛見納。巽者潔齋。兌者甘美。離者文明。鼎烹熟物。用成大禮之象。孔子于六十四卦。皆觀繫辭。獨于鼎言象者。象事知器也。井亦象而不言象者。井有詞也。呂氏春秋。周鼎饕餮。注古器鑄饕餮羸面大目。耳與目皆鼎自具之象。又大壯上之初。與屯旁通。天地交。柔進上行。得中而應乾五之剛也。聖人謂乾。初四易位。體大畜震爲帝。在乾天上。故曰上帝。體頤三動爲噬嗑食。故以享。大亨謂天地養萬物。聖人養賢以及民。賢之能者稱聖人矣。三往巽上。動成坎離。有兩坎兩離象。乃稱聰明。日月相推。而明生焉。眇而視。不足以有明。聞言不信。聰不明。皆一坎一離也。又鼎之養人。猶聖君興仁義之道。以敎天下。又亨飪煮肉。上離陰爻爲肉也。又烹飪也。一作熟飪也。 ○鼎重鎭喩位。鼎有實喩命。凝成也。堅也。王者位乎天位。脩德凝道。乃能凝命。故德之休明。雖小亦重。其奸回昏亂。雖大亦輕。舉者莫能勝。鼎是也。荀子曰。

兼幷易能也。惟堅凝之難焉。故凝士以禮。凝民以政。夫是之謂大凝。卽所謂凝命也。昔者夏后開使蜚廉在
金于山川。陶鑄之于昆吾。乃使翁難卜于白若之龜。其兆之由曰。逢逢白雲。東西南北。九鼎既成。遷于三國。
夏命革而鼎遷于商。商命革而鼎遷于周。成王定鼎于郟鄏。卜世三十。卜年七百。天所命也。秦幷六國。而不
能凝。故至秦而鼎亡。莫知其所在矣。秦不郊天。是不享上帝也。焚書坑儒。是不養聖賢也。不能凝命。焉能定
鼎。天子以天下爲鼎。諸侯以國爲鼎。卽三公上而調和陰陽。下而撫育百姓。鼎三足。以法三台。亦象三公之
位也。又君子謂三也。折五爻失正。獨三得位。故以正位。巽爲命。體姤。謂陰始凝初。又凝一作擬。度也。又馬周筮仕隋。得鼎。占者曰。易代乃貴。
蓋取倒卦之革。俟革命也。一作李綱。

初六。鼎顚趾。利出否。得妾以其子。无咎。

象曰。鼎顚趾。未悖也。利出否。以從貴也。

巽爲股。初在股之下。則足也。陳設曰足。有事曰趾。顚踣也。古鼎三足皆空。所以容物者。所謂鬲也。煎和之法。
清在下。體在上。及升于鼎。則濁滓皆歸足中。故曰顚趾出否。兌爲妾。卦惟二陰。五兌主爲妾。初與之同。是其
子也。凡所生男女皆爲子。巽初爲長女。二應五得妾。又比初兼得其子。故曰得妾以其子。又趾足也。應在四。大壯
震爲足。折入大過。大過顚也。初陰初下故否。否閉也。利出之四。承乾五。故傳曰。從貴兌爲妾。四變得正成震。震爲長子。繼世守宗廟而爲祭主。
故得妾以其子。又足所以承正鼎。初陰爻而柔。與乾同體。以否正承乾。乾爲君。以喻君夫人事君。若失正禮。踣其爲足之道。情無怨。則當以和
義處之。故曰利。然如否者嫁于天子。雖失禮。無出道。廢遠之而已。若其无子。不廢遠之。后尊如故。其犯六出。則廢之遠之。子亦廢。又以者左右
佀助之義。離五爲中女。巽初爲長女。而在下妾也。初能以柔順佐六五之女子成婦道者。又坤爲順爲子母牛。今在后妃之旁側。妾之例也。有

順德。子必賢。賢而立爲世子。又何咎也。以陰承陽。倒以寫否。故未悖。又顚趾卽內象自反也。成坎男。故有子。又顚頂也。與趾對。猶言本末也。又巽變乾。父道也。卦之大有。又否鼎俱體乾。故稱否。又出一音去聲。又母以子貴。故曰從貴。否字乃妻字之譌。又辰在未。鬼中有積尸氣。否也。爟與外廚。所以利鼎者。老人一星。丈人二星。子二星。大人而有子。故和得妾也。

九二。鼎有實。我仇有疾。不我能卽。吉。

象曰。鼎有實。愼所之也。我仇有疾。終无尤也。

陽中爲實。仇匹也。謂五。詩公侯好仇。疾病也。伐木之詩曰。陳饋八簋。鼎有實也。諸父諸舅。我仇也。寧彼不來。疾不能卽也。无乾餱失德之愆。故吉也。象傳曰。愼所之。卽微我弗顧之意。又二陽爲實。坤爲我。謂四當變也。二據四婦。故相與爲仇。怨耦曰仇。謂三變時。四體坎。坎爲疾。四之二歷險。二不變則與四爭初。二動得正。故不我能卽吉。二變之正。艮爲愼。又仇指四也。又仇指初也。又詩云。執我仇仇。仇仇猶傲也。上曰不我克不我得。下曰不我力古人文筆如此。又仇讎也。敵也。詩與子同仇。又疾妒也。所謂入朝見疾也。又悔者己之過。尤則人之怨尤也。又巽變艮止。卦之旅。處不安也。旅二曰卽次。 又辰在寅。斗下鱉。鱉上天鷄狗尾。其下龜。旁有魚。鼎實也。寅以未爲妻。仇爲怨耦。指初也。

九三。鼎耳革。其行塞。雉膏不食。方雨虧悔。終吉。

象曰。鼎耳革。失其義也。

三迫近火。如烹飪失宜。鼎中之沸。幾欲鑠鼎。故熱不可舉以行。火在上。故鑠鼎上之耳。在下卦之上。改革之時。故曰革。古膏以雉爲貴。八珍之一。彭鏗斟焉。然函牛之鼎。不可以烹雉。少洎之則焦。多洎之則淡。故失其宜而不食。象傳。義者宜也。離爲雉。互兌爲澤。雨猶水也。加以水勿令乾。則水火交濟。剛柔節而陰陽知矣。兌初爲毁折。故曰虧。謂衰火勢之烈也。此爻變卽成未濟。故云。又動成兩坎。坎爲耳。而革在乾也。初四變時。震爲行。鼎以耳行。伏坎。震折而入乾。故塞也。離爲雉。坎爲膏。雉膏食之美者。初四已變。三動體頤。頤中无物。離象不見。兌爲口。三變兌毁。故不食也。四已變。三動成坤。坤爲方。坎爲雨。雨者陰陽和交。三動虧乾而失位。悔也。終復之正。故吉。又鼎與革反對。皆自遯來。故稱革。又鼎屯旁通。故屯亦曰屯其膏。又巽變坎。卦之未濟。水火相革。則无以成烹飪之用。陰陽和則雨。又一作方雨虧絶句。又辰在辰。角宿。龍角也。龍以角聽。卽耳也。上有周鼎三星。辰亦爲龍。能興雨。

九四。鼎折足。覆公餗。其刑渥。凶。王引之曰。餗當依馬注訓鬻。及說文陳留謂健爲鬻。非大雅其蔌維何之蔌。

象曰。覆公餗。信如何也。

子曰。德薄而位尊。知小而謀大。力小而任重。鮮不及矣。易曰。鼎折足。覆公餗。其刑渥凶。言不勝其任也。錢竹汀師曰。力小當从唐石經作力少。

鼎三足一體。猶三公承天子也。三公調陰陽。鼎調五味。三公不勝其任。傾敗天子之美也。左傳饘于是。鬻于是。杜注。于是鼎中爲饘鬻。是健爲鼎實也。四爲諸侯上公之位。餗餰通。或譌健。鼎實也。初未有鼎實。故可顚以出否。四已有鼎實。故不可覆。形當作刑。兌秋官爲刑。渥當作屋。刑屋。如周禮司烜氏屋誅。謂不戮于市。而以適甸師也。象傳信如何者。言末如之何也。故凶。又四變時。震爲足。足折入兌。兌爲刑。渥大刑也。象入大過死。凶也。餗者雉膏之屬。三已變。四在坎爲信。故曰信如何也。言非信。又餗糝也。又糝也。以米和羹也。又同蔌菜也。震爲竹。竹萌曰筍。筍者餗之爲菜也。是八珍之食。又餗一作鬻。說文小篆作鬻。陳留謂健爲鬻。鼎實惟葦及蒲。又渥沾濡之皃。覆則湆流也。又渥者赧甚顏汗也。詩。顏如渥赭。顏如渥丹。又渥一作剭。刑在𡨋爲剭。又渥厚大也。言罪重大也。又屋中刑之也。又渥。一作握。又信如何者。言人君如何信而用之也。又離變艮。火焚山。敗其質也。卦之蠱，風落山。隕其實。皿蟲爲蠱。形渥之象。又論衡。魯伐越。筮得此爻。子貢以爲凶。夫子曰。行用舟。不用足。魯以舟師克之。又衡波傳孔子使子貢往外未來。占之遇鼎。顏子曰。无足者乘舟而來。果至。唐李綱在隋時。筮得此爻。

六五。鼎黃耳。金鉉。利貞。

象曰。鼎黃耳。中以爲實也。

五當耳。中色黃。故稱黃耳。兌秋爲金。鼎之蓋曰鉉。飾以金玉。鼎不皆有蓋。其有蓋者尙溫也。儀禮。歸饔餼。鼎九。陪鼎三。設扃鼏。腳臐膮。蓋。扃鼏言設。蓋在鼎上。故不言設。卽所謂鉉也。或取貫以舉鼎之扃當之。長者三尺。短者二尺。木爲之。或取覆以辟塵之鼏當之。以編茅爲之。若尊鼏則以布。皆非也。鉉鼎得其物。施令得其道。故利貞。五爲公侯。上尊故玉。下卑故金。金和良可柔屈。喩諸侯順天子。得中承陽。故象傳曰。中以爲實。又離爲黃。三變坎爲耳。故鼎黃耳。鉉謂三。貫鼎兩耳。乾爲金。故金鉉。動而得正。故利貞。又扛鼎而舉之曰鉉。喩明道能舉君之官職也。又六五委任賢臣。假之位也。又尙三公者王也。金喩可貴。中之美也。又乾爲玄爲金。兌亦爲金。合金于玄。則鉉也。乾又爲玉。又離變乾爲金。卦之姤。又辰在卯。房四星微曲如耳。房之上有貫索。曰黃曰金者。房爲日宿。上鍵閉一星。色黃。

上九。鼎玉鉉。大吉无不利。

象曰。玉鉉在上。剛柔節也。

玉貴于金。凡烹飪自鑊升于鼎。自鼎載于俎。乃入于口。馨香上達。動而彌貴。故鼎象上爻大吉也。與井同誼。象傳曰節。卽周官所謂水火之齊也。又鉉謂三。乾爲玉鉉。體大有上九自天祐之。位貴據五。三動承上。故大吉无不利。謂三虧悔應上成未濟。雖不當位。六位相應。陰陽相承。故剛柔節。又鼎主烹飪。不失其和。金玉之鉉。不失其所。公卿仁賢。天王聖明之象。君臣相臨。剛柔得節也。又鼎節皆體兌。故象傳言節。又玉鉉者。金而飾以玉。非以玉爲鉉也。又震爲玉。又離變震。剛動也。卦之恆。

六十四卦經解卷七

元和朱駿聲集注

序卦傳曰。主器者莫若長子。故受之以震。

說卦傳曰。帝出乎震。　萬物出乎震。震東方也。　震動也。　震爲龍。　震爲足。　震一索而得男。故謂之長男。

震爲雷。爲龍。爲玄黃。爲旉。爲大塗。爲長子。爲決躁。豐按決讀爲趹奔也。爲蒼筤竹。爲萑葦。其於馬也爲善鳴。爲馵足。爲作足。爲的顙。其於稼也爲反生。其究爲健。爲蕃鮮。又爲王。爲鵠。爲鼓。又爲車。又爲穀。又爲出威。又爲諸侯。又爲鶴。鶴鵠古通字。

雜卦傳曰。震起也。

䷲震亨。震來虩虩。笑言啞啞。震驚百里。不喪匕鬯。

彖曰。震亨。震來虩虩。恐致福也。笑言啞啞。後有則也。震驚百里。驚遠而懼邇也。出可以守宗廟社稷。以爲祭主也。

象曰。洊雷震。君子以恐懼脩省。

震劈歷也。動萬物者莫疾乎雷。雷能振物。故謂之震。水雷玄。火雷赫。土雷連。石雷霹。虩虩。恐懼皃。虩蠅虎也。始在穴中。跳躍而出。象人心之恐動。啞啞笑聲。不欲肆之狀。雷發聲聞百里。古列國之地。不過一同。諸侯之象。天子至尊貴。當乾天。諸侯出政威嚴。當震雷。匕者撓鼎之器。形似畢而不兩歧。以棘木爲之。長二尺。或作三尺。刋柄與末。詩有捄棘匕。是也。用棘者取赤心之義。若喪祭則用桑。祭祀升牢于俎。君匕之。臣載之。鬯以香艸釀黑黍爲酒。文象米在器中形。芬芳條暢也。人君于祭之禮。匕牲體。薦鬯酒而已。其餘不親爲也。震自坤來。分乾之一以主坤土。侯象。震。歸藏作釐。震交坎險。故虩虩。震爲善鳴。而體艮止。故啞啞。雷不過百里。故震驚百里。震爲長男。主祭器。艮爲門闕。象宗廟。艮爲邱陵。象社稷。坎于木爲堅多心。象棘匕。震爲蕃鮮爲稼。坎爲酒。艮爲手。匕鬯皆器之仰受者。象震體。故不喪匕鬯。帝出乎震。震爲出威。故象傳曰。出守。雷春發聲。猶人君出政敎以動國中。齋莊中正。發强剛毅。足以有臨矣。尸居龍見。淵默雷聲。君子之虩虩也。仰不愧天。俯不怍人。君子之啞啞也。又舜之烈風雷雨弗迷。亦象辭之誼。 又臨二之四。天地交。故通。虩虩謂四也。來應于初。初命四變而來應已。四失位多懼。之內曰來。啞啞樂也。謂初。則法也。得正有則。謂四變來應。後謂初。坎爲則。臨二息時。有五陰。陰爻二十四。五爻爲百二十。舉其大數爲百。坤方爲里。坎爲棘匕。上震爲鬯。震禾稼。坎水和之。坤爲喪。二上之坤。成震體坎。得其匕鬯。故不喪也。遠謂四。近謂初。謂四出驚遠。初應懼近也。五出之正。震爲守。主器者長子。故爲祭主。又人主有善聲敎。則嘉會之禮通焉。政令能警戒其國內。則可守宗廟社稷也。又卦四上易爲頤。虩卽頤虎視。虎山伯也。笑言亦頤象。匕鬯飲食具。亦取頤。又四五易爲屯。建侯之象。震爲伯。亦百義。又周以木德王。震之正象也。爲殷諸侯。殷諸侯之制。其地百里。是以文王小心翼翼。聿懷多福。以受方國。故以百里而臣諸侯也。處則諸侯執其政。出則長子掌其祀。又後之云者。先難後獲。先事後得之義。又虩虩。一作愬愬。一作覤覤。又言一作語。又出字疑衍。 〇迅雷必變。君子之恐懼。遷善改過。君子之脩省。 又君子謂臨二。二出之坤四。體復以脩身。坤爲身。二之四。以陽照坤。故以恐懼脩省者。老子曰。脩之身。德乃眞。

初九。震來虩虩。後笑言啞啞。吉。

象曰。震來虩虩。恐致福也。笑言啞啞。後有則也。

初得震之正。首震之象者。故爻象同辭。弗畏入畏。能懼不懼。又虩虩謂四。初位在下。故言後得位故吉也。陽稱福。得正故有則也。又爻變坤卦之豫。豫樂也。又震來虩虩羑里之危也。笑言啞啞。後受方國也。又一本無後字。又卦炁此爻當春分。又辰在子。虛旁司危一星。下哭泣四星。故後笑言。

六二。震來厲。億喪貝。躋于九陵。勿逐七日得。

象曰。震來厲。乘剛也。

厲危也。十萬曰億。大也。多也。貝水介蟲。背隆如龜。腹下兩開相向如魚齒形。種類不一。又有水陸二種。亦在海。亦在山。古者貨貝而寶龜。猶後世之幣。周而有泉。秦而廢貝。九陵。如孟子云。雖若邱陵。言多也。初至四體離。故稱貝。互艮爲山陵。四陽爲九。躋齊足也。震爲足。陰爻對舉之象。逐文从豕从辵。坎爲豕。震足合之。七日復之七日來復也。震陽動坤爲復。震即復也。又億與抑通。古抑讀如懿。大雅抑戒。楚語作懿戒。懿億同音。又億一作噫。惜詞也。又億度也。漢有意錢之戲。今之錢。古之貝也。又躋于九陵。猶安于泰山之意。文義屬下。又周禮朝士職曰。凡得獲貨賄人民六畜者委于朝。告于士。旬而舉之。注。委于朝十日。待來識之者。司市職曰。凡得貨賄六畜者。三日而舉之。是喪貝在市三日。在朝十日。而後舉之。未滿日數。猶可識而復得焉。周之法也。七日在旬內。故得之。九陵喻朝。朝有九重。闕有九棘。九陵之象也。書曰。勿敢越逐。越逐者。在國越鄉。在軍越伍。越伍有常刑。越鄉入圜土。故喪馬喪茀喪貝。皆曰勿逐。六十四卦無虛象也。又此爻太王以珠玉皮幣事狄。而往遷于邠岐之象。又六二本爻。震之身也。得位无應。而以乘剛爲危。此託文王積德累功。以被囚爲禍。故厲。貝產乎東方。行乎大塗。此喻紂拘文王。閎夭之徒。乃于江淮之浦。求盈箱之貝。以賂紂也。貝水物。而方升于九陵。今雖喪之。猶外府也。故曰勿逐。七日得者。七年之日也。書曰。誕保文武受命。惟七年。又乘剛故厲。噫歎詞也。坤爲喪。三動離爲蠃蚌。故稱貝。在艮山下。故稱陵。震爲足。足乘初九。故躋于九陵。震爲逐。謂四已變。體復象。故喪貝勿逐。三動時。離爲日。震得庚數七故七日得也。又喪一讀如字。又貝一作敗。覆也。又躋一作隮。又震變兌。兌數七卦之歸妹。又卦炁。此爻當淸明。又辰在酉。胃上有大陵八星。昴上有礪石四星。曰七日者。昴一星實有七星也。

六三。震蘇蘇。震行无眚。

象曰。震蘇蘇。位不當也。

死而復生曰蘇。甦同。春秋傳。晉獲秦諜。六日而蘇。春時百果艸木皆甲坼。无屯結之象。又三死坤中。動出得正。震爲生。故蘇蘇。坎爲眚。三出得正。坎象不見。故无眚。又蘇蘇尸位素餐之皃。又躁動皃。又緩散皃。又不安也。又書曰。後來其蘇。時尙未當位也。又震變離。陰卦也。卦之豐。明動也。又卦炁。此爻當穀雨。又辰在亥。室下雷電六星。壁下霹靂五星。雲雨四星。皆天地所以蘇物之具。

九四。震遂泥。

象曰。震遂泥。未光也。

遂當作隊。古墜字。此車馬陷淖之象。震爲車。坤土得坎雨爲泥。位在坎中。坎爲隱伏。故未光。亦與屯同義。又奮而上達曰遂。不能振故泥。又身既不安。豈能安衆。又武王伐紂甲子日雨。震奮而行。不由豫慾期。故光也。又離爲光。无離故未光。又爻變坤。雷入地。坤土也。互坎爲泥。京房傳曰。震遂泥。厥咎國多麋。卦之復。又卦炁。此爻當立夏。

六五。震往來厲。億无喪有事。

象曰。震往來厲。危行也。其事在中。大无喪也。

億。先君子曰。大也。事謂祭祀。春秋書祭祀曰有事。卽象傳云。不喪匕鬯也。五在中。故曰往來。又往謂乘陽。來謂應陰。失位乘剛。故厲。坤爲喪。事祀事。出而體隨。王享于西山。則可以守宗廟社稷爲祭主也。危行。乘剛山頂也。動得正。故无喪。陽爲大。又有事謂國之大事。在祀與戎。又有事卽有得也。論語。先事後得。又有事于脩省也。孟子曰。必有事焉。又震變兌。卦之隨。有失權之戒。又卦炁。此爻當小滿。又辰在卯。承二爻辭。酉者。卯之衝對。

上六。震索索。視矍矍。征凶。震不于其躬。于其鄰。无咎。婚媾有言。

象曰。震索索。中未得也。雖凶无咎。畏鄰戒也。

索索卽踧踧。足不正也。矍矍目不正也。汗簡引古周易作䀝。是正字。震驚之兒。鄰者躬之資。遠者邇之漸。喪者得之符也。恐懼脩省。故无咎。 又上謂四也。欲之三隔坎。故震索索。三巳動。應在離。故矍矍。上得位。震爲征。故征凶。上之凶由四也。四變時。坤爲躬。鄰謂五也。四上之五。震東兌西。故稱鄰之五得正。故不于躬于鄰。无告者。三巳變。上應三。震爲言。故雖婚媾而有言。中未得。四未之五也。鄰戒。謂五正位。已乘之逆也。又索索內不安兒。矍矍中未得之兒。又兌爲言。又震一索。重震則索索矣。二五乘剛近。三上乘剛遠。故曰于鄰。指五也。又鄰謂二也。又鄰謂三也。三內卦乘剛迫。上外卦乘剛緩。又爻變離。離爲目。卦之噬嗑。婚媾有言象。又征一作往。又卦炁。此爻當芒種。又辰在巳。承三亥。鄰指三也。索矍鳥張翼驚避兒。巳爲雙女。故婚媾有言。

序卦傳曰。物不可以終動。動必止之。故受之以艮。艮者止也。

說卦傳曰。艮以止之。　艮東北之卦也。萬物之所成終而所成始也。故曰。成言乎艮。　終萬物始萬物者。莫盛乎艮。王引之曰。盛讀爲成。鄭注。盛音成。裹也　艮爲狗。　艮爲手。　艮三索而得男。故謂之中男。　艮爲山。爲徑路。爲小石。爲門闕。爲果蓏。爲閽事。爲指。爲狗。爲鼠。爲黔喙之屬。其于木也爲堅多節。又爲鼻。爲虎。爲狐。爲肱。

䷳艮其背。不獲其身。行其庭。不見其人。无咎。

彖曰。艮止也。時止則止。時行則行。動靜不失其時。其道光明。艮其止。止其所也。上下敵應。不相與也。是以不獲其身。行其庭不見其人。无咎也。

象曰。兼山艮。君子以思不出其位。

艮从目从匕。目相比不相下也。故有止義。艮三畫。形如人文。人古作冂。故三正乾天坤地艮人。夏以寅爲人正。首艮。曰連山。人身之靜止者莫如背。艮爲多節。背脊之象。艮于文爲反身。故爲背。然反身爲㐆殷字从之。不獲其身者。人之一身。耳目口鼻四肢。皆易誘于物。故君子不謂性。惟背无思无爲。有定靜安之象。所謂无用之爲用大也。非老子吾所以有大患者。爲吾有身。及我无身。吾有何患之謂。艮爲門闕。今純艮重其門闕。兩門之間。庭中之象。震爲行。禮天子外屏。諸侯內屏。大夫帷。士簾。所以隔絕門庭。使內外不相見。故曰行其庭不見其人。坎爲隱伏。故不見。不獲其身。毋我也。行其庭。誰能出不由戶。素位而行也。不見其人。不交物。不願外也。此舜居深山。與木石居之象。卦自坤來。三上陽息。又觀五之三也。觀坤爲身。觀五之三。折坤爲背。故艮其背。坤象不見。故不獲其身。震爲行人。艮爲庭。坎隱伏。故不見。三得正。故无咎。又艮之言很也。山立峙各于其所。无相順之時。猶君在上。臣在下。恩敬不相于通也。又艮爲宮室。宮後之宮爲背。詩。言樹之背。北堂也。亦背義。又人身面南背北。故背从北。艮東北卦。彖傳。艮其止。止當爲背。古文背作北。因譌止。止其所者。兩艮相背。剛柔相敵。內外相限。兩象各止其所也。所文从戶。庭戶也。莊子曰。惟止能止衆止。又謂窮于上。故止。時止謂上陽窮止。時行謂三體處震。動謂三。靜謂上。五動時行成離。故光明。莊子。泰宇定而天光發。不相與。謂兩象相背也。○兼从手持兩禾。幷之也。論語四勿。中庸四素。所謂不出位也。又君子謂三也。三君子位。震爲出。坎爲隱伏。爲思。又左傳襄九年。穆姜筮艮之八。史曰。是謂艮之隨。

初六。艮其趾。无咎。利永貞。

象曰。艮其趾。未失正也。

此卦與咸取象略同。但俱從人背後看。艮趾所謂山立也。又震爲趾。失位。變而得正。故无咎。永貞。坤爲永。又爻變離。卦之賁，賁初亦曰賁其趾。又趾一作止。

六二。艮其腓。不拯其隨。其心不快。

象曰。不拯其隨。未違聽也。

巽長爲股。艮小爲腓。拯取也。艮爲手。隨謂隨三也。坎爲心病。爲加憂。故不快。坎又爲耳。故象傳曰未違聽。又隨謂初二。二陰也。艮爲止。震爲動。三坎爲心。又隨體艮。艮隨皆體震。故稱隨。又艮五與兌二易。兌先成隨。故曰隨。又爻變巽。巽爲股。爲進退。爲不果。卦之蠱。風落山。女惑男。又腓一作肥。又拯一作承。舉也。一作抍。又象傳違聽一作退聽。又左傳襄九年。穆姜所筮。正遇此爻。

九三。艮其限。列其夤。厲薰心。

象曰。艮其限。危熏心也。

限爲身半。腰帶處也。內經謂之天樞。夤。夾脊肉。列者脊肉中有所裹之肉。左右分列也。薰熏通。火烟上也。三當氣交氣。運動不宜滯。止焉則病關格。氣屬火。故熏灼其心。三上下之交。體震爲動。此失時行則行之誼者也。故厲。韓詩外傳。孔子曰。口欲味。心欲佚。敎之以仁。心欲輿。身惡勞。敎之以恭。好辨論而畏懼。敎之以勇。目好色。耳好聲。敎之以義。易曰。艮其限。列其夤。危熏心。又限門限也。一陽在四陰之中。又艮當寅位。坎之終。震之始。列于冬春之限。九三在內爲艮。在外爲震。且在坎中震初之間。曰列夤。亦取寅義。又坎爲腰。五來之三。故艮其限。夤脊肉。艮爲背。坎爲脊。艮爲手。震起艮止。

故裂其夤。坎爲心。厲危也。艮爲閽。閽守門人。坎盜動門。故危閽心。古文閽作熏。又五動則三體離。故稱熏。又爻變。坤爲腹。艮爲背。腹背之間。體之限。身之膑也。卦之剝。危也。又夤腰兩旁之絡。又列峙也。又列一作裂。拆也。又夤一作膑。一作朋。一作胂。又一作腎。坎爲腎也。又爻辭厲一作危。又熏一作勳。又一作動。震爲動也。

六四。艮其身。无咎。

象曰。艮其身。止諸躬也。

身者伸也。躬者屈也。傴背而僂其身爲躬。見背不見面。躳从呂。呂背脊也。象形卦。惟九三當上下之交。不當止。餘爻皆取止義。又身腹也。觀坤爲身。得位承五。故无咎。或謂姙身也。艮謂四。五動則乘四。四體離婦。離爲大腹。孕之象也。故艮其身。得正承五而受陽施。故无咎。詩曰。太任有身。又爻變離。明哲保身也。卦之旅。親寡也。

六五。艮其輔。言有孚。悔亡。輔當作酺。頰也。面旁也。以面言之。輔人頰車也。齒牙所載也。以口中骨言之。咸卦亦當作酺。

象曰。艮其輔。以中也。

輔面頰骨上頰車者也。一曰牙車。一曰鼸車。鼸鼠之食積于頰。人口頰間與車同用。故牙輔之名。與車相通。輔从後略可見者。又三至上體頤象。艮爲止。在坎車上。故艮其輔。謂口輔牙車相依。震爲言。五失位。悔也。動得中正。故言有孚悔亡。陽在二五稱孚。又中孚體艮。故稱孚。又爻變巽。巽以出言申命。卦之漸。動不窮也。又孚一作序。時然後言。曰有序。然堂東西牆爲序。庠序之稱。亦本于此。卽次第之意。亦取廟中行禮。長幼秩然。而敘陳之義。亦作序。則借字。至朱子避家諱。則凡敘述皆作序矣。據漢易自當作孚爲是。又象傳以中下。一本有正字。虞氏亦然。但以韻協之。恐無此字。虞氏以卦變爲解。則其例也。易有韻。故夫子十翼。皆有韻。觀需訟之或言以中正。或言以正中。皆叶。而此爻非正。知當曰以中。又辰在卯。房上有鍵門一星。故艮輔。或曰。輔車也。氐下有陳車車騎天輻諸星。房上有鈎鈐兩星。

上九。敦艮吉。

象曰。敦艮之吉。以厚終也。

敦厚也。艮爲山。爾雅。邱一成爲敦邱。成猶重也。初趾二腓三限四身五輔。此爻則不言背。而背之象也。一身之敦厚者。莫如背。背在後。故比之上曰後。夫上爲後。背北面南。所謂負陰抱陽也。艮之在上者八卦。皆吉。艮者物之所以成始而所成終也。故象傳曰。厚終。上爻所謂惟止能止衆止者。故敦。又无應靜止。下據二陰。故敦。坤爲厚。陽上據坤。或以厚終也。又爻變坤。厚德載物。土加山上。亦厚義。卦之謙。君子有終。以厚終也。

序卦傳曰。物不可以終止。故受之以漸。漸者進也。

雜卦傳曰。漸女歸待男行也。

䷴漸。女歸吉。利貞。

彖曰。漸之進也。女歸吉也。進得位。往有功也。進以正。可以正邦也。其位剛得中也。止而巽。動不窮也。一云。之字疑衍。

象曰。山上有木漸。君子以居賢德善俗。一云。賢字衍。

漸水名。出丹陽黟南蠻中。東入海。漸江今浙江也。借爲趣字。進也。漸卦否三之四。又渙二之三。又旅四之五。漸與歸妹反對卦。又旁通卦。故取象女歸。女禮不備則不行。自問名至親迎。有漸進之誼。咸爲取女家之占。漸爲嫁女家之占。又離女謂四也。歸嫁也。坤三之四承五。進得位。往有功。反成歸妹。兌女歸吉。初上失位。故利貞。之往也。三進四得位。陰陽體正。

故吉。功謂五。四進承五。故有功。巽爲進。初已變爲家人。四進已正而上不正。三動成坤爲邦。上來反三。故進以正邦。其位剛得中。與家人道正同文。三在外體之內。故稱得中。乾文言曰。中不在人。謂三也。此可謂上變既濟定者也。止艮也。三變震爲動。上之三據坤。動震成坎。坎爲通。故動不窮。往來不窮謂之通。又得位。謂巽六居四也。與渙同義。又艮變八卦。終于漸。漸終降純陰入坤分長女三陰之兆也。柔道行也。又艮爲宮室。巽爲乙鳥。文鳥來巢。孚乳孕育。女歸象。又卦炁艮至巽之候。當冰泮桃夭之期。故女歸。又往有功謂坎。坎爲勞卦。民功曰勞。又彖傳。女歸吉。一作女歸吉利貞。○艮爲居德。巽爲善俗。又君子謂否乾。乾爲賢德。坤陰小人柔弱爲俗。乾四之坤。爲艮爲居。以陽善陰。故以居賢德善俗也。又賢者成德之名。德是資賢之實也。又人宜居于賢德之善俗。如木生于山也。孔子曰。里仁爲美。善俗一作善風俗。

初六。鴻漸于干。小子厲。有言。无咎。

象曰。小子之厲。義无咎也。

鴻大雁也。木落南翔。冰泮北徂。飛不獨行。先後有次列。鴻隨陽。女從夫之象。昏禮用雁。取不再偶之義。艮爲黔喙之屬。離爲飛鳥。居坎爲水。巽爲風。鴻之象。坎爲水。巽爲工。又爲鳥。鴻之文。卦明漸義。爻皆稱焉。干山間澗水也。小水從山流下稱干。艮爲山。爲小徑。坎水流下山。故爲干。艮少男。初爲小子。小子者女未笄。男未冠之稱。倒兌爲言。詩芄蘭之所爲刺也。初爻未得遠舉之象。故疑有懷安敗名之咎。又離五爲鴻。漸進也。艮爲小子。初失位。故厲。變得正。三動受上成震。震爲言。動而得正。故无咎。又干者大水之傍。故停水處也。又干涯也。水之畔。又爻變離。爲鳥爲言。卦之家人。小子象。又辰在未。井圭水衡。上下有南河北河四瀆。旁有積水一星。水府四星。子二星。孫二星。爲小子。

六二。鴻漸于磐。飲食衎衎。吉。王引之曰。干水涯也。磐讀爲泮。史記封禪書作般。蓋借字。孟康注。水涯堆也。泮高于干。陸高于泮。

象曰。飲食衎衎。不素飽也。

艮爲山石。山中石磐紆。故稱磐。篕从艮。坎滿盈。飲食象。衎衎寬饒衍溢之皃。或曰。和樂也。鴻得食則呼衆。素空也。此賢人進于朝。退食委蛇之象。又坎爲聚。聚石稱磐。初巳之正。體噬嗑食。坎爲水。陽爲物。並在頤中。故飲食衎衎。得正承三應五。故吉。衎衎。飲食皃。又坎爲飲。倒兌爲食。又爻變巽。卦之巽。安順之象。又磐史記作般。水涯堆也。又素或曰當作槀。求也。論語。食無求飽。　又辰在酉。礪石四星。磐也。胃爲五穀之藏。樂飲食者。又天囷天廩。主給御糧。

九三。鴻漸于陸。夫征不復。婦孕不育。凶。利禦寇。

象曰。夫征不復。離羣醜也。婦孕不育。失其道也。利用禦寇。順相保也。

高平曰陸。詩曰。鴻飛遵陸。二至四體坎。坎爲水。水流而往不復之象。孕姙娠也。育生也。三至五體離。離爲中女。爲大腹。婦孕之象。禦當也。艮止離戈爲武。坎爲寇盜。爲弓輪。勞卦也。禦寇之象。鴻行列有陣。亦其誼也。物三爲羣。初二三羣之象。三離類以進于險。故失道而凶。止而相保。故利禦寇。又高平稱陸。謂初巳變坎水爲平。三動之坤。故漸于陸。初巳之正。三動成震。震爲征爲夫。而體復象。坎陽死坤中。坎象不見。故夫征不復。巽爲婦。離爲孕。三動成坤。陽隕坤中。離毀失位也。陽爲道。坤爲用。巽爲高。艮爲山。離爲戈兵甲胄。坎爲寇。五自上禦下。三動坤順。坎象不見。故利禦寇。順相保。保大也。坤三爻爲醜。離猶去也。又陸山上高平處。又坎爲丈夫。三位爲腹。互坎中滿爲孕。又夫爲坎。三也。離爲婦。四也。又巽爲順。故象傳曰。順相保。又爻變坤土。陸也。卦之觀。陰長陽不復。陽消陰不育也。又陽皆復象。故稱復。漸互離。而離與漸皆體巽。故稱離。又周公東征。育子閔斯。此爻禦寇之義也。又孕一作乘。又爻辭利禦寇。一作利用禦寇。又象傳順一作愼。　又辰在辰。天田二星。陸也。騎官。夫征也。天乳。婦孕也。騎陳將軍。利禦寇也。

六四。鴻漸于木。或得其桷。无咎。

象曰。或得其桷。順以巽也。

鴻趾連而長不能握枝故不木棲漸于木者言過其上也巽爲木桷椽也榱也方者謂之桷坎爲宮巽爲交
爲長木艮爲小木坎爲脊離爲麗小木麗長木巽繩束之象脊之形椽桷象也四爻巽初故象傳曰順以巽
又四居巽木六陰爻陰位正直桷之象又四得位順五故无咎四已承五又顧得三故或得其桷也五爲木三爲桷坤爲順以巽順五又爻變
乾卦之遁　又辰在丑斗爲木宿牛上有漸臺四星在織女足

九五鴻漸于陵婦三歲不孕終莫之勝吉

象曰終莫之勝吉得所願也

陵高阜也詩曰歔彼飛隼率彼中陵三至五三爻爲三歲勝堪也任也莫之勝吉言不勝其吉也三年始孕
貞靜不淫之女故吉三聘之後尹不却湯三顧之餘亮不辭備此其誼也　又陵邱也婦謂四也三動受上時四體半艮
山故稱陵巽爲婦離爲孕坎爲歲自三至上三爻故三歲　三動離壞故不孕莫无也勝陵也得正居中故吉　上終變之三成既濟定坎爲心故
得願又陵陸俱高處然陵卑于陸又爻變艮卦之艮陵阜也又勝一讀去聲　又辰在申星有三柱陵也參爲虎身實三星虎最節不再交故曰
不孕莫勝

上九鴻漸于阿其羽可用爲儀吉

象曰其羽可用爲儀吉不可亂也

陸如日在北陸日在西陸之陸天衢也處漸高位斷漸之進順艮之言謹巽之含履坎之通據離之耀婦德
既終母敎又明有德而可受有儀而可象者也此如高賢之翔于天際超出世外鴻飛冥冥矰繳不能及綱
羅不能嬰魏之田子方段干木漢之黃綺嚴陵天子諸侯不得臣亦足以爲朝廷之矜式邦國之羽儀則其

人也。齊桓曰。寡人之有仲父。猶飛鴻之羽翼。漢紀曰。鴻雁高飛。一舉千里。羽翮已成。橫絕四海。此鴻羽爲賢人之喻。又陸謂三也。三坎爲平。變而成坤。退而從陸。故稱陸。三變受上成既濟。與家人彖同義。上之三得正。離爲鳥。故羽儀吉。三動失位。坤爲亂。三正坤。彖曰。進以正邦。爲此爻發也。三已得位。又變受上。權也。子曰。可與適道。未可與權。宜无怪焉。上來正坤。六爻得位。成既濟定。故不可亂也。又此爻爲女之貞潔自守者。儀。儀則也。又儀者禮也。用以奠幣。卽女歸之儀也。又儀執鴻羽以舞也。羽舞有次第。故不可亂。詩云。右手秉翟。又爻變。坎爲雲。風雲之路也。卦之蹇。又陸一作逵。雲路也。按韻與儀不叶。儀古音莪。菁莪之詩。可證。又陸當作阿。大陵也。與儀叶。又辰在戌。閼道附路。陸也。位近昴。昴爲西陸。故亦言陸也。

序卦傳曰。進必有所歸。故受之以歸妹。

雜卦傳曰。歸妹。女之終也。

䷵歸妹。征凶。无攸利。

彖曰。歸妹。天地之大義也。天地不交。而萬物不興。歸妹。人之終始也。說以動。所歸妹也。征凶。位不當也。无攸利。柔乘剛也。

象曰。澤上有雷。歸妹。君子以永終知敝。

歸嫁也。兌爲少女。故稱妹。卦泰三之四。坎月離日。陰陽之義配日月。天地交而萬物通。男女交而人民育。故嫁娶也。古者天子一娶九女。諸侯一娶三女。姪娣從之。何則。貴其男女繼嗣。宗享不絕也。長男偶少女。氣非配合。嫁不及時。且女先乎男。不待取而自歸。失禮也。與咸相反。故不曰妹歸。不曰歸女。而曰歸妹。震爲征。三之四。不當位。故凶。謂四也。四之三。失正无應。故无利。謂三也。以征則有不正之凶。以處則有乘剛之逆。故无吉占。若以卦變言之。則乾天坤地。三之四。天地交。以離日坎月戰陰陽。則萬物興矣。震東兌西離南坎北。六十四卦中。此象最備。四時正卦。故義大也。 又征則凶者。歸則吉也。猶漸之貞則利而吉反正之詞也。與漸无二義。非歸妹之卦凶也。此如桓王下姬。孫權嫁妹之占。又自東來。乾主壬。坤主癸。日月會北。震爲玄黃。天地之雜也。震爲興。天地以離坎交陰陽。故不交則不興矣。人始生乾而終于坤。雜卦曰歸妹女之終。謂陰終坤癸。則乾始震庚也。歸妹者。衰落之女也。父既殁矣。兄主其禮。子續父業。人道所以相終始也。震嫁兌所歸必妹也。中四爻皆失位。以象歸妹非正嫡。故凶。又說以動者。不待媒妁之言。父母之命。柔乘剛者。牝鷄司晨。維家之索也。又彖傳所歸妹。一作所以歸妹。○歸妹始則征凶。終則无攸利。故君子戒之。氓蚩谷風之詩。不知敝者也。 又雷薄于澤。八月九月將藏之時也。君子象之。故不敢當今之虞。而慮將來之禍也。 君子謂乾。坤爲永終。爲敝。乾爲知。三之四。爲永知。四之三。兌爲毁折。故以永終知敝。又永終謂生息嗣續。知敝謂知物有敝壞。而爲相繼之道也。又敝一作弊。或曰翟本作擬。 又顧士羣筮母病。得歸妹之隨。郭景純謂秋必亡。

初九。歸妹以娣。跛能履。征吉。

象曰。歸妹以娣。以恆也。跛能履。吉相承也。

從婦來者曰娣。娣之爲言第也。謂以次弟御于君也。天子諸侯娶女。同姓媵之。穀梁所謂一人有子。三人緩帶是也。初在下。履象。兌毁折之。故跛。兌爲妾。娣不嫌失禮失時。故征吉。小星肅肅仲氏淑愼之詩。足以當之。此爻賤而能賢。 又震爲兄。故嫁妹。謂三也。初在三下。動而應四。故稱娣。履禮也。娣從媵。禮也。初无應。變成坎。坎爲曳。故跛而履。二變震爲足。應在震爲征。初爲娣。變爲陰。故征吉。陽得正。故以恆。動初承四。故吉相承也。 又歸妹履皆體離兌。故稱履。又歸妹恆皆自泰來。故象傳稱恆。

又爻變坎卦之解。動免于險也。又象傳以恆也。一本無以字。又辰在子。女主嫁娶。杵臼四星。知賤娣也。位近室。室宿與離宮。似人形一足。

九二。眇能視。利幽人之貞。

象曰。利幽人之貞未變常也。

離爲目。兌毀折之。故眇。幽人靜女也。柏舟之詩。足以當之。此爻賢而不遇。莊姜失位當之。又視應五也。震上兌下。離目不正。故眇而視。幽人謂二。初動二在坎中。故稱幽人。又幽人男未仕女未嫁之名。蓋女子貞而不字者。文王幽于羑里。變得正。震喜兌說。故利。與履二同義也。常恆也。乘初未之五。故未變常。又爻變震。兌爲羊。羊目大而視不精明。卦之震。戒動也。又能一作而。又幽人之貞。一本无之字。又辰在寅。尾旁魚一星。魚左右皆一目視。卦炁艮。艮爲鬼門。主幽。

六三。歸妹以須。反歸以娣。

象曰。歸妹以須。未當也。

須媵之妾也。九女進御之禮。望前先卑。望後先尊。姪娣六人。兩兩而御。當三夕。兩媵當一夕。夫人當一夕。五日而徧。天文星有須女。織女爲貴。須女爲賤。反歸反馬歸也。娣蒙初九文。謂初也。當如字讀。言未當夕也。或曰。楚人謂姊爲須。屈原之姊曰女嬃。姊歸縣。以原姊聞兄逐而歸之。故名。女弟爲娣。姊歸而娣從。禮也。姊反爲娣。貴反爲賤。故象傳曰。未當。亦通。此貴而自辱者。又須需也。初至五。體需象。震爲反。三失位。四反得正。兌進在四。見初進之。初在兌後。故反歸以娣。三未變之陽。故未當。又須。急求也。三爲說主。說而動于銳。所謂征凶也。不若反而守待年之道。又反歸者。歸而反出也。以娣者。五娣從君而行。三娣從君而出也。春秋曰來歸。自女家言之曰來。自夫家言之曰反。詩云。不思其反。此棄歸之詞。穀梁傳曰。禮婦人謂嫁曰歸。反曰來歸。又須者有才智之稱。又爻變乾。卦之大壯。過而銳于進也。又須。一作嬬。一作嬃。妾也。又當一讀去聲。又辰在亥。須女之宿位相近。卦體兌。兌爲少女。不中也。互離。離爲中女。得中也。

九四。歸妹愆期。遲歸有時。王念孫曰。時當讀爲待。

象曰。愆期之志。有待而行也。

愆過也。遲待也。摽梅之詩。所以作也。又愆過也。謂二變三動之正體大過象。坎月離日爲期。三變。日月不見。故愆期。坎爲曳。震爲行。行曳故遲也。歸謂反三。震春兌秋。坎冬離夏。四時體正。故歸有時。有待待男行也。詩云。女子有行。又愆期。謂期而不至。東門之楊之詩。箋云。女留他色。不肯時行。春秋莊公二十四年。夫人姜氏入。公羊言莊公先娶孟任。夫人有難詞。與公約。然後入。此爻之象也。又爻歸坤。動而順。女子待禮也。卦之臨。不行之謂臨。又象傳待一作時。又辰在午。禮仲春嫁娶。仲夏爲愆期也。月當姤卦。七星上有御女一星。故曰有時。

六五。帝乙歸妹。其君之袂。不如其娣之袂良。月幾望吉。

象曰。帝乙歸妹。不如其娣之袂良也。其位在中。以貴行也。

震主歸兌妹。故曰帝乙歸妹。袂衣袖口。所以爲禮容者也。衣錦褧衣。夫人之飾。祁祁如雲。則娣從之飾。其君妹也。夫人稱小君。如堯二女。一湘君。一湘夫人。嫡爲君。餘皆媵也。袂圓應規。月者謙而不盈。女君象。王姬下嫁爲諸侯夫人。不嫌降尊屈貴。而能不妒忌稱賢。故吉。又三四巳正。震爲帝。坤爲乙。帝乙。紂父也。三四復正。泰乾爲良。爲君。乾在下爲小君。則妹也。袂口衣之飾也。兌爲口。乾爲衣。謂三失位无應。娣袂謂二。得中應五。三動成乾爲良。故不如也。幾。其也。坎月離日。兌西震東。日月象對。故望。二之五。四復三。成既濟。得正故吉。與小畜中孚同義。五貴。故以貴行也。又爻變兌。柔說也。震正東。日所出。兌正西。月所生。月幾望也。又辰在卯。卯爲嫁娶之月。乙與卯同類。故稱乙。

上六。女承筐无實。士刲羊无血。无攸利。

象曰。上六无實。承虛筐也。

筐士昏禮所謂笲也。織竹爲之。實榛栗棗脩。以贄見舅姑者。震爲竹。象仰盂。筐也。刲刺也。刲羊者。合巹之牢鼎。士而用大夫之少牢。攝禮也。无血之羊。非特殺者。兌爲羊。離乾卦。坎血卦。血乾故无也。士女皆以吝而廢禮。故无利。此爻又似約昏而不終。又筐。奩具也。又古者房中之俎。葅歠之類。后夫人職之。諸侯之祭。親割牲取血以祭。禮云血祭盛氣也。又女謂應三兌也。自下受上稱承。震爲筐。以陰應陰。三四復位。泰坤爲虛。故无實。宗廟之禮。主婦奉筐米。士昏禮云。婦人三月。而後祭行。刲刺也。震爲士。兌爲羊。謂三。離爲刀。三四復位成泰。坎象不見。坎爲血。故无血。三柔乘剛。不能應上。故无利也。又詩鄭箋曰。筐以盛黍。又言士言女。未成夫婦之稱。有婚約不終象。又震體有虛筐之象。離亦虛中。下卦兌。兌爲羊。三上不應。又陰爲血。兌中陽。故无血。又血謂四。士刲三羊而无血也。又士。雍人也。諸侯釁廟。雍人刲羊。見大戴。又筐一作匡。又爻變離。中虛无實也。卦之睽。嗣續不紹。乖莫甚矣。又詩。摽有梅。傾筐塈之。求我庶士。迨其謂之。又辰在巳。有天廟十四星。宗廟之事。主婦奉筐。又春秋僖公十五年。左傳晉獻公筮嫁伯姬于秦。遇歸妹之睽。史蘇占之曰不吉。其繇曰。士刲羊。亦無衁也。女承筐。亦無貺也。西鄰責言。不可償也。歸妹之睽。猶無相也。震之離。亦離之震。爲雷爲火。爲嬴敗姬。車說其輹。火焚其旗。不利行師。敗于宗邱。歸妹睽孤。寇張之弧。姪其從姑。六年其逋。逃歸其國而弃其家。明年。其死于高梁之虛。

序卦傳曰。得其所歸者必大。故受之以豐。豐者大也。

雜卦傳曰。豐多故也。

䷶豐亨。王假之。勿憂。宜日中。

彖曰。豐大也。明以動。故豐。王假之。尚大也。勿憂宜日中。宜照天下也。日中則昃。月盈則食。天地盈虛。與時消息。

而況于人乎。況于鬼神乎。

象曰。雷電皆至豐。君子以折獄致刑。

豐豆之充滿者。从豆。象形。故又爲腆厚光大之義。卦泰二之四。又噬嗑上之三。震爲王。馬融曰。假大也。勿憂者。勸勉之言也。猶詩曰。上帝臨女。無貳爾心。離爲日。離南爲中。明則見微。動則成務。故大。尙上通。兌西昃也。兌缺食也。又此本泰二之四。而豐三从噬嗑上來之三。折四于坎獄中而成豐。噬嗑所謂利用獄者。此卦之謂也。陰陽交故通。乾爲王。假至也。謂四利于上之息。五爲陽。得正成乾也。五動之正。則四復變成離。離日中當五。在坎中。坎爲憂也。宜日中。體兩離象。照天下也。大陽也。五動成乾。乾爲天。四五正。成既濟。重明麗正。故照天下而化成。上變成家人。巽爲入。故日昃。月之行。生震見兌盈乾。五動成乾。故曰盈。四變體噬嗑食。故曰食。五息成乾爲盈。四消入坤爲虛。豐之既濟。四時象具。三乾爲人。乾由上之三爲神。上坤爲鬼。坤變之巽。鬼神與人。亦隨時消息謂人謀鬼謀。百姓與能。與時消息也。又日中爲市。盖取之噬嗑。又豐。坎宮陰。世在五。以其宜中而憂其側也。坎爲夜。離爲晝。以離變坎。至于天位。日中之象也。殷水德。坎象。盡敗而離居之。周伐殷。居王位之象也。聖人德大而心小。既居天位。而戒懼不怠。然勿憂也。周德當天人之心。宜居王位。故曰宜日中。又四體震王。四上之五。得其盛位。謂之大。日者君。中者五。君宜居五也。謂陰處五。日中之位。當傾昃矣。又乾之中爻。易而爲四。是離光射地之左隅。日仄也。上卦坎位。受光于日。乃光不能滿。而祇以下爻一陽。爲近離之照。缺蝕之月也。又豐者至盛。下居四。日昃象也。又家人九五。亦曰王假有家。勿恤吉。又此文王遷豐之卦也。又尙之爲言猶也。又昃。一作稷。古通字。〇又按豐卦有月蝕之象。月得日光。日在下。月在上。日月相配。故曰配主。曰往有尙。尙亦配也。合朔後十四日有奇而望。故往有尙。望則有食法。故曰過旬災也。勿憂宜日中。日中者。月與日相中。則衡而望。故曰宜照天下。日中則昃。月盈則食。天地盈虛。與時消息。言月日正中相對。不過瞬息間也。豐其蔀沛。以喻地球掩日也。見斗見沬。月無光則星爛也。往得者。入食限也。月有在疾歷在遲歷之分。今在疾歷則疾也。然勿疑也。日月之運有常。故孚。入食限疾。則發亦疾也。

月食如有物蒙之。故曰發。若順也。信以發志。言可不疑也。九三折其右肱。喻食象自西而交也。九四夷主。夷平也。日月衡度漸相離。故不曰配。而曰夷。人惟見日月相食。故知日月之有高下。而不平列。若錯行天上。自人目視之。不殊平列于一天也。六二初食。故見大星。九三食既。故見小星。九四復光。故又惟見大星。日吉行者。漸復也。六五來章有慶。則復圓矣。上六一爻。月落之象也。○月令。二月雷乃發聲。後五日始電。是雷電有不皆至者。皆至故豐。折者折衷于至當之理。豐之時。國家閒暇。明其政刑也。又君子謂三。噬嗑四失正。係在坎獄中。故上之三折四。入大過死象。故折獄致刑。兌毀折爲刑。賁三得正。故曰无敢折獄也。又豐者陰據不正。奪陽之位。而行以豐。故討除之也。

初九。遇其配主。雖旬无咎。往有尙。

象曰。雖旬无咎。過旬災也。

四在震爲主。初四敵應。故稱配。往有尙。謂朝聘也。旬日者。朝聘之禮。止于主國以爲限。聘禮畢。歸大禮曰旬而稍。旬之外爲非常。謂一旬之後。或逢凶變。不得時反。則有稍禮。曰稍者。留閒稍稍給之。故曰非常。所謂過旬災也。離爲火爲日。故稱旬。火性不留。亦其象也。初脩禮上朝四。四以匹敵恩厚待之。雖留十日。不爲咎耳。又嘉偶曰妃。妃嬪謂四也。四不變失位。在震爲主。五動體姤。故遇也。旬謂五未動時。四失位。變成坤。應初。坤數十。四上之五成離。離爲日。體大過。故曰過旬災。四上之五。坎爲災也。又離納已。震納庚。庚至已十日也。又敵應而遇。如趙之廉藺。漢之平勃。唐之房杜。又配主指二。二爲離主。納甲。離初已卯。離二已丑。卯至丑爲一旬。坤數十。故坤巽離兌納甲。中間皆十日。初二相合爲配。相比爲遇。不可以久。十日則无咎。過則有災。災謂生克。以生克定吉凶。又主卦主也。指四。凡卜筮者。吉凶以一旬之內爲斷。過旬則再筮矣。又天文志。有妖星曰旬始。如雄鷄。其怒。青黑色。象伏鱉。主兵爭。離爲鱉。又爻變艮。止不往也。卦之小過。小過爻詞曰。過其妣。曰遇其臣。又配一作妃。又旬一作均。一作鈞。又辰在子。河鼓在下。

織女在上。如初子在下。四午在上。火爲水妃也。旬謂日月起于牽牛。過旬則遇復月而有尙。尙配也。

六二。豐其蔀。日中見斗。往得疑疾。有孚發若吉。

象曰。有孚發若。信以發志也。

蔀當作部。从邑音聲。音掊。與斗協。天文地理皆有部名。分部也。術家推鬪法爲蔀首。亦當作部。譌蔀。斗分陰陽。建四時。均五行。移節度。定諸紀。皆繫于斗。分之建之均之移之定之。所謂天部也。故車蓋之部。一名蓋斗。日中見斗者。晝晦之象。北斗七星。離三震四爲七。震數又爲七。二五皆陰。君臣俱暗。積暗成疑。積疑成疾。故曰往得疑疾。陰稱疾。陽稱慶。然卦上動下明。暗而復明之象。孚者信其志。發者發其蔽。若者順其道。卽六五之來章有慶也。君子信而後諫。惟大人爲能格君心之非。亦其義也。又蔀者草覆暖也。茂盛周匝之義。又蔀者薜蔀。艸名。廣雅。魚薺也。巽爲艸。又部一作菩。小席也。又蔀與蒲同。籬也。草爲之。又蔀小也。又日蔽雲中稱蔀。蔀小謂四也。二利四之五。故豐其蔀。噬嗑離爲見。象在上爲日中。艮爲斗。斗七星也。噬嗑艮爲星爲止。坎爲北中。巽爲高舞。星止于中而舞者。北斗之象也。離上之三。隱坎雲下。艮爻見。故曰中見斗。四往之五。得正成坎。坎爲疑疾。故往得疑疾。坎爲孚。動而得位。故吉。坎爲志。又豐蔀。猶茅塞也。互大過之初白茅。又疑疾如樂廣所誤杯中蛇影。又發。猶發蒙也。又信著于五。然後可發其順志。未信而諫。則以爲謗己也。又豐中孚皆體巽兌震離。故稱孚。又爻變乾。日中也。上震爲車。斗爲帝車。卦之大壯。又斗一作主。又辰在酉。酉月昏牽牛中。則南斗之中在日未入時。不能見也。見則蔽之大者。猶晝而晦也。昴下有天陰。上有天讒卷舌。故得疑疾。

九三。豐其沛。日中見沬。折其右肱。无咎。

象曰。豐其沛。不可大事也。折其右肱。終不可用也。王念孫曰。用讀爲以。與剝同。

沛一作旆。幡幔也。大暗謂之沛。猶旆之蔽而不明也。沬。斗杓後小星也。星之小者如魚沫。故名。日食。食限多。則大星見。食限甚。則小星亦見矣。折其右肱。猶春秋昭公七年。左傳士文伯曰。魯衞惡之。衞大魯小。去衞地如魯地。於是有災。魯實受之。其大咎。其衞君乎。魯將上卿。故漢世日食。輒策罷三公。亦卽士文伯所云。擇人之意也。京氏謂夏至積陰生。豐爲亂世之始。六五君弱。九三臣强。故折之无咎。陽在三爲艮爻。艮爲手互巽。巽爲進退。手而便于進退。故曰右肱。譬用事之大臣。宜斥退也。故象傳曰。終不可用。又沛水草漸洳處。公羊傳艸蕀曰沛。左傳。齊侯田于沛。孟子。沛澤多。是也。兌爲澤。巽爲艸。又沛滂沛也。謂沛然下雨。又沛一作芾。小也。又沛一作韋。祭祀之蔽膝也。又日在雲下稱沛。謂四也。又沬一作昧。微昧之光。日中而昏也。又沬輔星也。斗槩謂之輔星。斗以象大臣。槩以象家臣。又沬一作魅。如揚子曰。高明之家。鬼瞰其室也。又沬細雨也。雨止尚有微沬。又噬嗑離爲日。艮爲沬。上之三。日入坎雲下。故見沬也。兌爲折。爲右。噬嗑艮爲肱。上來之三。折艮入兌。故折右肱。之三得正。故无咎。利四之陰。故不可大事。四不變。死大過。故雖有左在。終不可用也。又爻變震。卦之震。剛武折肱。又肱一作股。巽爲股。兌爲右。又君視臣如手足。則臣視君如腹心。肱折不可用矣。又辰在辰。右肱謂軫宿右轄也。見昧。質言之也。

九四。豐其蔀。日中見斗。遇其夷主吉。

象曰。豐其蔀。位不當也。日中見斗。幽不明也。遇其夷主。吉行也。

夷平等也。初四敵應。故曰夷主。二四同功。故豐部見斗同象。又蔀蔽也。噬嗑離日。在上爲中。上之三爲巽。巽爲入。日入坎雲下。坎爲幽。幽伏不明。故蔀蔽見斗也。震爲主。四行之正。成明夷。則三體震。震爲夷主。爲行。故曰吉行也。又震爲蕃鮮曰蔀。又爻變坤。卦之明夷。晦其明也。又豐與明夷皆坎世。故稱夷。又豐渙通。先成明夷。故渙亦曰匪夷所思。又夷主者。震東爲東夷。文王西伯。以紂爲東。紂无道。如夷狄之无君也。雖爲羣小所蔽。而蒙難之時。反得賜專征伐。是遇而吉也。又夷主謂平大難之主。卽謂文王也。又象傳吉行也。一作吉志行也。又辰在午。午月昏亢中。則斗本不中于晝時。臣之于君。妻道也。夷主指初爻。于月辟姤卦。

六五。來章。有慶譽。吉。

象曰。六五之吉。有慶也。

章顯也。明也。卽坤之含章。含章則隱。來章則顯。詩。維其有章矣。是以有慶矣。來與六二之往對言。二以明發志。五以動來章。來章者以羣賢之明。助一人之明。故明照天下也。兌爲口。故譽。有慶絕句。與章協。又在內稱來。

慶謂五。陽出成乾。乾爲慶也。譽謂二。二多譽。五發得正。則來應二也。又爻變兌。明動相資而和悅也。卦之革。去暗來明也。又豐五之渙二。豐成革。革治歷明時。故稱章蔀。豐與渙旁通。

上六。豐其屋。蔀其家。闚其戶。闃其无人。三歲不覿。凶。

象曰。豐其屋。天際翔也。闚其戶。闃其无人。自藏也。

蔀亦當作部。豐上處高而不明。故有豐屋蔀家之象。上明則賢人至。上暗則賢人藏。左傳師慧過宋朝。曰无人焉。此闚其戶。闃其无人之謂也。不信仁賢。則國空虛。淮南子曰。无人非无衆庶也。言无聖人以統理之也。天際翔者。賢人飛遁之象。自藏者。賢人螻伏之象。闚小視也。闃大張目也。从門內昊。昊犬視貌。上應三。三互離爲目。巽爲戶。目近戶。爲闚。震木數三。故曰三歲不覿。

又豐大蔀小也。三至上體大壯。屋象。謂四五已變。上動成家人。大屋見。則家人壞。故蔀其家。與泰二同義。闚從外闚。三應也。闃空也。四動時。坤爲闔戶。闔故闚也。坤爲空虛。三隱伏坎中。故闃其无人。四五易位。離目爲覿。今无人故不見。坎爲三歲。否坤冥在上。四巳變。五未變。離象不見。故凶。大壯乾爲天。震動爲䎃。又此爻莽在門。鬼闞室之象。又上六爲日全食之象。於斯時也。白日若冥。行人見星。獸歸于穴。鳥藏于林。葬者止柩俟眀。明反乃行。无人不覿。言暗之極也。又上高之象也。天文危爲蓋屋。虛爲哭泣。蓋屋之下。中无人。但虛空。似乎殯宮。故主哭泣。然則上六有似殯宮。其虛危之象乎。葬者藏也。故象傳曰。自藏。又在豐之家。居乾之位。乾爲屋宇。此蓋托紂之造璿室玉臺。蔀家者。紂多傾國之女也。社稷亡。宮室虛曠。故无人也。黍離之詩是也。三者天地人之數也。國于天地。有與立焉。將亡。天示其祥。地出其妖。人反其常。然則璿室之成。三年而後亡國矣。秦阿房成。而楚人一炬。亦其象也。又此言武王之革命。勝國之社屋之。不受天陽也。故豐其屋。蔀其家。又上處豐之極。亢然高大其居。距人于千里之外。故闃其无人。偶有至者。因鬼見帝。故三歲不覿。又上六積暗而動。凶之于上反下見陰之兆。又爻變。離中虛无人。卦之離。離爲飛鳥。故翔。又天際翔。一作天降祥。左傳。將有大祥。民震動。國幾亡。書序。亳有祥桑穀。五行傳。有青白之祥。祥者告徵也。楊子解嘲曰。炎炎者滅。隆隆者絕。觀雷觀火。爲盈爲實。天收其聲。地藏其熱。高明之家。鬼瞰其室。炎炎隆隆。電明雷動也。收聲藏熱。天降之祥也。此卦上六之象也。又震爲蕃鮮。巽爲艸木。故稱蔀。又艮爲門。變離陽畫爲戶。門陰戶陽也。又二至上體小過。小過有飛鳥之象焉。故曰翔。言屋之豐大如翬斯飛也。又豐一作寷。大屋也。又闃一作閴。一作窒。又覿俗字。說文所無。或曰當作儥。又際一作瘵。病也。又藏一作戕。殘也。傷也。紂戰敗。閨門自焚。朝歌故宮似之。　又春秋宣公六年。左傳。鄭公子曼滿與王子伯廖語。欲爲卿。伯廖告人曰。無德而貪。其在周易豐之離。弗過之矣。謂此爻也。

序卦傳曰。窮大者必失其居。故受之以旅。

雜卦傳曰。親寡旅也。

䷷ 旅小亨。旅貞吉。一本云下旅字衍。

彖曰。旅小亨。柔得中乎外而順乎剛。止而麗乎明。是以小亨。旅貞吉也。旅之時義大矣哉。

象曰。山上有火旅。君子以明慎用刑。而不留獄。

旅从㫃从从。衆也。軍旅也。五百人爲旅。或曰。衆出則旅寓。故轉訓在外爲旅也。故日之次于躔度。于象爲旅。柴之燔于祭山。于名亦爲旅。按借爲廬字。寄舍也。詩于時廬廬。下廬字亦借旅。小者柔也。明剛之不利于旅人也。文王拘羑里。亦旅也。孔子周流四方。亦旅也。卦否三之五。又賁初之四。乾鑿度。孔子筮其命得旅。請益于商瞿氏曰。子有聖知而無位。孔子泣曰。鳳鳥不至。河不出圖。吾已矣夫。乃作十翼。又賁初之四。若否三之五。非乾坤往來也。與噬嗑之豐同義。小謂五。柔得貴位而順乾剛。麗乎乾之大明。故旅小亨。旅貞吉再言旅者。謂四凶惡。進退无恆。无所容處。故再言旅。惡而愍之。賁震春坎冬。旅兌秋離夏。時也。以離日麗天。懸象著明。莫大乎日月。故義大也。又乾僑寄于坤。坤僑寄于乾。故爲旅。又否卦三五易。去其本體。故曰客旅。小亨者。謂陰升居五。與陽通者也。三升五。得中而上順剛。五降三。止正而麗乎明也。又敬仲奔齊辭卿。則小亨也。飲酒不卜夜。貞吉也。〇山附地而止不遷。火逐艸而行不留。火在山勢非長久。旅象也。董仲舒曰。留德而待春夏。留刑而待秋冬。此有順四時之名。而實逆于天地之經。愼而不明。未得物情。明而不愼。艸菅人命。不留獄者。猶子路之无宿諾也。又君子謂三。艮賢人也。離爲明。艮爲愼。兌爲刑。坎爲獄。賁初之四。獄象不見。故云不留。與豐折獄同義。

初六。旅瑣瑣。斯其所取災。

象曰。旅瑣瑣。志窮災也。

瑣瑣細小之皃。貪吝之象也。詩云。瑣瑣姻婭。斯廝𢓴通。𢓴賤之役也。言貪吝乃廝賤之所爲。君子如之。本非所宜。而況于旅乎。論語曰。放于利而行多怨。故以取災戒之。或曰。卽禮將適舍求無固之意。艮爲小石。小小象。艮爲少男。爲閽寺。又在下。故稱斯。艮爲門闕庭戶。故稱所。離爲火。故稱災。艮爲手。故稱取也。斯其所。當句。又瑣瑣最蔽之皃也。艮爲居。巽爲伏。爲艸莽。猥雜象。失位遠應。與四易位。則之正介坎。坎爲災眚。艮手爲取。謂三動則四在坎。體艮手。初往應之。故取災也。坎爲志。坤稱窮。又三爲聘客。初與二其介也。介當以篤實之人爲之。而用小人瑣瑣然。客主人爲言。不能辭曰非禮。不能對曰非禮。每者不能以禮行之。則其所以得罪也。履非其正。應離之妃。離爲火。艮爲山。以應火災。焚自取也。又瑣瑣疲弊皃。又斯分也。離析也。詩曰。斧以斯之。離爲分析。爲戈兵。又所容之寓也。如行所公所之所。艮傳曰。止其所。又艮爻變離不止。而炎上躁動。所以取災。卦之離。瑣尾流離。詩人所爲責衞伯也。又風俗通怪神篇引易曰。其亡斯自取災。以證變怪皆在于婦女下賤焉。

六二。旅卽次。懷其資。得童僕貞。

象曰。得童僕貞。終无尤也。

卽就也。次舍也。艮爲門庭。資齎也。聘禮問幾月之齎。巽爲近利市三倍。又爲伏。故稱懷。童幼弱者。僕壯健者。旅親寡。故惟童僕。艮爲少男。爲閽寺。此爻次于道路之象。又以陰居陰。卽就艮舍。承陽有實。五變亦應陽有實。故懷資。初者卑賤。二得履之。故得童僕。艮爲童僕。處和得位。故正居。又三艮爲童僕。三動。坎爲尤。二執三。得正承之。故无尤。又懷來也。又載贄。資也。先申。僕也。又爻變巽。入而安順也。卦之鼎。鼎受實者。又懷其資。一作懷其資斧。又辰在酉。胃主儲藏。故曰懷其資。

九三。旅焚其次。喪其童僕。貞厲。

象曰。旅焚其次。亦以傷矣。以旅與下。其義喪也。

卦四五易爲漸。漸九三曰。夫征不復。此爻似之。下者童僕也。旅人漸與骨肉遠。轉於童僕親。今以旅視之而不親。故喪。又離爲火。艮爲童僕。三動艮壞。故焚其次。坤爲喪。三動艮滅入坤。故喪其童僕。動失正。故寧正而危矣。三動體剝。故傷。三變成坤。坤爲下。又爻變坤。臣妾之道。卦之晉。又與一音預。參與也。侵干之意。又辰在辰。氐人所托宿。亢池所以禦火。互兌爲毀折。互巽爲進退。爲不果。喪其童僕之象。

九四。旅于處。得其資斧。我心不快。

象曰。旅于處。未得位也。得其資斧。心未快也。

巽近利市三倍。故稱資。離爲兵。巽爲木。兌爲金。木貫于金。有斧護衞之象。兌爲悅。兌象不正。故不快。外卦爲旅居之方。孟子于齊。中國授室。養弟子以萬鍾。而不受。餽兼金一百而不受。所謂心不快也。晉重耳安于齊。子犯謀遣之。亦旅處不快之義。又巽爲處。四焚弃惡人。失位遠應。故旅于處。言无所從也。離爲資斧。故得。三動。四坎爲心。爲加憂。其位未至。故不快。又心不快者。所謂但願在家相對貧。不願在外身纏金也。又爻變艮卦之艮。止于其處也。又資斧一作齊斧。黃鉞斧也。齊整齊也。利也。四失位而居艮上。艮爲山。非平坦之地。以齊斧斫除荆棘也。莊子。磨齊斧以伐朝菌。又齊斧一讀齋斧。齋戒入廟。而受斧也。又資斧之斧。一曰釜通字。又辰在午。外廚爲資斧地。

六五。射雉一矢亡。終以譽命。

象曰。終以譽命。上逮也。

離爲雉。爲矢。巽爲木。爲進退。艮爲手。兌爲決。有木在手。進退其體。矢決于外。射之象也。兌爲口。爲說。故譽命。逮及也。猶言中也。或曰。敦商之旅。曰克咸厥功。遏莒之旅。曰以篤周祜。此人君之旅。大德必受命也。楚養由基軍中以一矢復命。亦有此象。又惟五不言旅。天子无客禮。莫敢爲主焉。然巡狩田獵。亦人君之旅。又三變。坎爲弓。離爲雉。爲矢。五變體乾。矢動雉飛。雉象不見。故一矢亡。譽謂二。巽謂命。五終變成乾。則二來應己。故終以譽命也。逮及也。謂二上及也。又逮安也。一陰升乾。故曰一矢。履非其位。下又无應。雖復射雉。終亦失之。一矢亡者。喩有損而小也。此托祿父爲王者後。雖小叛擾。終逮安周室。故曰終以譽命。又亡者。射雉而中。雉亡其命也。又士執雉爲贄。信友則有譽。獲上則有命。又諸侯有功。天子賜之彤弓玈矢。以勞報宴。此其義也。又柔遠人。故有譽命也。又離變乾。健失所麗。矢亡之象。卦之遁。孔子雖不仕。天下文明。雉之象也。亂世不能害。故射之者徒矢亡而已。聖人終以譽命也。又射雉喻求賢士。一矢喻幣帛。故上逮。又辰在卯。雉謂初六値未。有雉一星。在軍市中。

上九。鳥焚其巢。旅人先笑後號咷。喪牛于易。凶。

象曰。以旅在上。其義焚也。喪牛于易。終莫之聞也。王念孫曰。聞讀爲問。

離爲鳥。中虛爲巢。離于木。科上槁。兌爲毀折。巽爲風。爲高。離爲火。故焚其巢。火聲無常。若號若笑。離畜牝牛。牽車牛遠服賈。旅人之事也。兌爲決。故喪。易疆埸也。睽喪馬。大壯喪羊。旅喪牛。其象略同。左傳。昭公出居乾侯。初鸜鵒來巢。童謠曰。往歌來哭。而昭公拒子家之言。所謂終莫之聞也。或曰。此周公居東作詩之時也。又巽爲木。離爲鳥。鳥居木上。四失位。變震爲筐。巢之象也。今巢象不見。離爲火。巽爲風。故焚。震爲笑。賁震象在前。故先笑。應在巽。巽爲號咷。旅巽象在後。故後號咷。三動時。坤爲牛。五動成乾。乾爲易。上失三。五動應二。故喪牛于易。失位无應。故凶。五動成遁。六二黃牛之革。則旅家所喪牛也。坎耳入兌。故莫聞。又聞。名聞聞于人也。又牛駕車者。坎爲車。離爲牛。又大壯喪羊失其很。旅喪牛失其順。又艮爲黔喙之屬。爲鳥。又爻震爲木。鳥巢象。離爲鳥。爲牛。動而失也。卦之小過。有飛鳥之象。又左傳曰。鳥焚其旗。又義宜也。一作宜其焚也。象傳喪牛于易。一作喪牛之凶。又易一讀去聲。又漢武河平二年。泰山山桑谷。有鳶焚其巢。說者以此爻占之。其後有趙后之禍。先笑後號咷兆也。又漢成帝報許后詔。解此爻曰。百姓喪其君。如羊亡其毛也。故稱凶焉。

六十四卦經解卷八

元和朱駿聲集注

說卦傳曰。旅而無所容。故受之以巽。巽者入也。

繫辭傳曰。巽德之制也。巽稱而隱。巽以行權。

說卦傳曰。齊乎巽。巽東南也。齊也者言萬物之潔齊也。巽入也。巽爲鷄。巽爲股。巽一索而得女。故謂之長女。巽爲木。爲風。爲長女。爲繩直。爲工。爲白。爲長。爲高。爲進退。爲不果。爲臭。其於人也爲寡髮。爲廣顙。爲多白眼。爲近利市三倍。其究爲躁卦。工一作墨。臭一作香臭。寡一作宣。廣一作黃。〇又爲楊。爲鸛。爲魚。爲命。爲牀。

雜卦傳曰。巽伏也。

䷸巽小亨。利有攸往。利見大人。

彖曰。重巽以申命。剛巽乎中正而志行。柔皆順乎剛。是以小亨。利有攸往。利見大人。

象曰。隨風巽。君子以申命行事。

巽从丌从二卩。古作顨。具也。二卩者。損之又損。順義也。陰爲小。卦主也。文王小心翼翼似之。卦本乾象。得坤初四。相盪成巽。又遯二之四。申命者臣。施命者后。臣道故小也。二得中。五得正。體兩巽。故象傳曰。剛巽乎中正。皆據陰。故志行也。又遁二之四。柔得位而順五剛。故小亨。大人謂五。離目爲見。初二失位。利正往應五也。剛中正謂五也。二失位。動成坎。坎爲志。終變成震。震爲行也。又巽爲命令。重命令者。欲丁寧也。〇風者天之號令。君子之德風。故象之。隨相從也。兩巽相隨。

故申命。申束也。按文从丨曰。法敎百端。令行爲上。貴其必從。故曰行事。盤庚遷殷。周公宅洛之命也。又君子謂遁乾。巽爲命。重象故申。變至三。坤爲事。震爲行。故行事也。又隨巽皆體兌。隨亦體巽。故稱隨。又巽二旁通震五。則震成隨。故稱隨。但隨象在震不在巽。

初六。進退。利武人之貞。

象曰進退志疑也利武人之貞志治也。

風性動。巽爲股。故爲進退。其究爲躁卦。故稱武人。陰柔善伏。此愼而无禮則葸者。沈潛剛克。利如武人之斷。如夫子論季文子三思。謂再斯可也。求也退。故進之。疑則志亂。果則志治。又乾爲武人。初失位。利之正爲乾也。動成乾。乾爲大明。故志治。所謂乾元用九。天下治也。坎爲疑爲志。在上變坎也。又進退。欲承五。爲二所據。故志疑也。又此爻言以柔克剛。如夫子曰。由也兼人。故退之。言利以進退之巽。正武人之用剛者也。又禮文秋賞軍帥武人于朝。武人謂環人之屬有勇力者。巽七月之卦。又爻變乾。利武人之貞也。卦之小畜。畜治其下也。又辰在未。弧九星。狼一星。主殺伐。武人也。

九二。巽在牀下。用史巫。紛若。吉。无咎。

象曰。紛若之吉。得中也。

巽兩木四足。牀象。詩。乃生男子。載寢之牀。乃生女子。載寢之地。牀者陽之資始處也。牀下地也。巽爲長女。下人而順乎人之象。史祭祀時作冊書以告神者。巫祓禳時爲歌舞以事神者。巽爲命令。兌爲口舌。爲巫。或曰。禮王前巫而後史。史掌文書。巫掌卜筮。前後記告。紛紛若若。言多也。史記。綬若若。史巫在前後。王中。故象傳曰。得中也。又巽爲木。遁乾人藉木。牀也。下謂初二。失位動而之初。故在牀下。兌爲書契。故稱史。二入坤用之。故用史巫。二以處中和。故能變。

又二陽在上。初陰在下。牀也。牀下以喻近也。二无應于上。退而據初。心在于下。故牀下也。又古禮尊者在牀。卑者拜于牀下。五尊二卑。又二者軍帥。三者號令。故言牀下。以明將之所專。不過軍中事也。史以書勳。巫以告廟。紛變也。若順也。謂二以陽應陽。君所不臣。軍帥之象。征伐旣畢。書勳告廟。當變而順五。解權歸君。則吉也。又此爻言恭而無禮則勞。如史巫之將順也。又爻變艮。艮山嶽。鬼之庭也。巽入之。用史巫象。卦之漸。

又辰在寅。卦炁艮。艮爲鬼門。用史巫之義。

九三。頻巽吝。

象曰。頻巽之吝。志窮也。

頻當作卑。與復卦卑復同義。又頻數也。又頻一作嚬。頻也。謂二巳變。三體坎艮。坎爲憂。艮爲鼻。故嚬巽。无應在險。故吝。坎爲志。不變故窮。又頻水涯也。涉水者頻蹙不前。故訓蹙。坎爲水。爲憂。又乘陽无據。爲陰所乘。號令不行。故窮也。又爻變坎。入險也。卦之渙散也。令出屢改。衆志必散。

六四。悔亡。田獲三品。

象曰。田獲三品。有功也。

春獵曰田。田者武人之貞也。三品者。上殺中心。乾之爲豆實。次殺中體。骼以供賓客。下殺中腹。充君之庖廚。離爲網罟。爲戈兵。故稱田。巽近利市三倍。故多獲。三品或謂下三爻也。初巽爲鷄。二兌爲羊。三離爲雉。解三狐。以喻去小人。此三品。以喻親君子。又田謂二也。地中稱田。初失位无應。悔也。欲二之初。已得應之。故悔亡。二動得正。處中應五。五多功。故有功也。二動艮爲手。故稱獲。謂艮爲狼。坎爲豕。艮二之初。離爲雉。故三品。又三品者。巽禽兌兔離雉。三離數也。又四者上卦之下地。道爲田。又爻變乾君也。卦之姤遇也。遇則獲。又辰在丑。斗旁狗二星。田具也。牛下有天田九坎。

九五。貞吉悔亡。无不利。无初有終。先庚三日。後庚三日吉。

象曰。九五之吉。位正中也。

按巽酉月之卦也。秋爲金。故以庚言。春分至秋分。兩氣相距百八十六日。減三旬週。餘六日。故先後三日。此从秋分逆溯至春分。庚日之前三日丁日春分。則庚日之後三日癸日秋分。故曰无初有終。終者癸也。初者甲也。巽此爻動。成蠱。于此言者。公宗文之旨也。蠱者。事之壞而當飭。巽者。事之順而當行。春分至秋分。萬物㠯遂收成之時。作事者于是終始。故與蠱同義。又震巽相薄。雷風无形。當變之震矣。巽究爲躁卦。躁卦震也。故无初有終。庚者震也。謂變初至二成離。至三成震。震主庚。離爲日。震三爻在前。故先庚三日。謂益時也。動四至五成離。終上成震。震三爻在後。故後庚三日也。震巽初失正。終變成震得位。故无初有終吉。震之究爲蕃鮮。蕃鮮白也。謂巽白。巽之究爲躁卦。謂震也。與蠱先後甲同義。五動成蠱。乾成于甲。震成于庚。陰陽天地之終始。故經舉甲庚于蠱彖巽五也。此卦變納甲之說。後儒更牽涉泰卦爲言。又先庚爲丁戊己。後庚爲辛壬癸。程子闡其義。此以始終爲解者。又丁取丁寧。癸取揆度。於巽言庚者。庚金主義。示其嚴令也。又庚之言更也。庚者時之變。重巽而居外卦之中。爲更改後圖之象。庚于時爲秋。寒暑生殺變易之機。此以命令爲解者。又先庚三日爲午辰寅。先陰後陽。後庚三日爲子戌申。先亂後治。所謂无初有終。此以旬甲爲解者。又巽體及互體皆女。純乎陰象。巽于羲圖起午半之丁。一陰生也。盡子半之癸。六陰具也。又庚更也。猶申重也。于文庚从貝爲續。賡古續字。庚者續其終也。又爻變艮。卦之蠱。甲者事之創。庚者事之繼也。又庚取中爻兌金。兌之說。日之庚。秋之中。巽者事之權。裁其過以歸于中也。此以互體爲解者。以上諸說辨正見蠱卦注。又辰在申。先庚爲丁巳。後庚爲癸亥。故有終。

上九。巽在牀下。喪其資斧。貞凶。王引之曰。貞當也。

象曰。巽在牀下。上窮也。喪其資斧。正乎凶也。王引之曰。正卽貞。亦當也。

巽近利市三倍爲資。離爲兵。巽木入兌金爲斧。至上而窮。失武人之貞。故喪也。剝卦五陰。亦取象于牀。此爻剝牀之時也。又牀下謂初。陽窮上反下而成震也。明當變窮上而復初者也。變至三時。離毀入坤。坤爲喪。離爲斧。上應于三。三變失位。然權變雖失位。惟變乃可貞。故貞凶。正乎凶也。坤爲凶。又上爲宗廟。禮封賞出軍。皆先告廟。然後受行。三軍之命將所專。故曰巽在牀下。軍罷師旋。亦告于廟。還斧于君。故喪資斧。正如其故。若不執臣節。則凶也。又資斧一作齊斧。齊利也。齊之言𪗉也。所以𪗉斷也。𪗉音咨。說文𪗉斷謂之釿。潘岳詩曰。身膏齊斧。古資齊通字。巽爲工。爲繩直。裁制萬事。斧齊之利在焉。說卦齊乎巽。漢書王莽傳曰。司徒王尋初發長安。宿霸昌廏。亡其黃戉。尋士房揚哭曰。此經所謂喪其齊斧者也。又爻變坎陷。卦之井。 又辰在戌。胃主儲藏。爲資斧。月辟剝。喪也。

序卦傳曰。入而後說之。故受之以兌。兌者說也。

說卦傳曰。兌以說之。 兌正秋也。萬物之所說也。故曰說言乎兌。 兌爲羊。 兌爲口。 兌三索而得女。故謂之少女。 兌爲澤。爲少女。爲巫。爲口舌。爲毀折。爲附決。其于地也爲剛鹵。爲妾。爲羊。羊一作陽。謂廝養之養。女僕也。又羊一作羔。○又爲常。爲輔頰。又爲友。爲朋。

䷹兌亨利貞。

彖曰。兌說也。剛中而柔外。說以利貞。是以順乎天而應乎人。說以先民。民忘其勞。說以犯難。民忘其死。說之大。民勸矣哉。

象曰。麗澤兌。君子以朋友講習。

兌从八从口从人。言說也。言曰從故轉訓悅。書說命。亦作兌命。乾三上變爲兌。又大壯五之三。巽與之言。能無說乎。故次巽。以佚道使故民忘勞。以生道殺。故民忘死。離爲甲胄戈兵。兌爲附決毀折。秋爲肅殺。故彖傳稱犯難。睢陽城破。民无一人降者。此之謂也。又大壯五之三。剛中而柔外。二失正。動應五承三。故亨利貞。兌口爲說。陰說陽也。剛中謂二五。柔外謂三上。二三四利之正。故利貞。大壯乾爲天。五也。人謂三。三正則君子。二變順五承三。坤爲順也。二四已變成屯。坎爲勞。震爲喜。兌爲說。坤爲民。坎爲心。民心喜說。有順比象。故忘勞。體屯。故難也。三至上體大過死。變成震。民說无疆。故忘死。坎心爲忘。或以坤爲死也。體比順象。故勞而不怨。震爲喜笑。故人勸也。又兌下六陰凝艮上于陽健。納兌爲妻。二氣合也。所謂說以先民也。又兌以無言而說也。又荀子兵以聚而名兌。蓋兌銳古通字也。　○麗兩也。連也。禮稱麗皮。言兩連也。兌者。坎水塞下流。故爲澤。毛晃曰。水所鍾聚曰兌也。同處師門曰朋。共執一志曰友。兩口故講習。論語。謂學之不講爲憂。學而時習爲說。朋自遠來爲樂。古者造士于澤宮。建學于泮水。則麗澤之誼焉。又君子。大壯乾。謂五也。陽息見兌。體乾二。學以聚之。問以辨之。兌二陽同類爲朋。伏艮爲友。坎爲習。震爲講。兌兩口相對。故朋友講習也。又樂躭于酒。則有沈酗之凶。志累于樂。則有傷性之患。所以君子樂之寔者。莫過于尚論詩書。敎習道義。敎之盛矣。樂斯在焉。又麗一作離。猶併也。

初九。和兌吉。

象曰。和兌之吉。行未疑也。

喜樂發而中節謂之和。初坎水塞其下。和而不流。故吉。和者天下之達道。故象傳稱行未疑。謂未變坎爲狐疑也。又得位。四變應已。故吉。震爲行。坎爲疑。又兌爲羊。其角濈濈不觸也。和象。又爻變坎爲通。卦之困。險以說。又卦炁。此爻當秋分。

九二。孚兌吉悔亡。

象曰。孚兌之吉。信志也。

此爻卽中孚鶴鳴子和之義。孟子所謂中心說而誠服。如七十子之于孔子也。又孚謂五。四巳變五。在坎中。稱孚。二動得位應之。故吉悔亡。二變應五。謂四巳變。坎爲志。故信志也。又兌與中孚皆自遯生。故稱孚。又三百維羣。羊之孚也。又信謂自信也。又爻變震。動也。卦之隨。說而隨也。又卦炁。此爻當寒露。

六三。來兌凶。

象曰。來兌之凶。位不當也。

說之以非道。來兌之象也。春秋莊公十七年。鄭詹自齊來。公羊曰書甚佞也。曰佞人來矣佞人來矣。其是之謂乎。又三從大壯來失位。故來兌凶。又三中虛无實。虛聲之來。以口舌致之。故凶。下卦之上。口象也。又來兌者。孟子蔽于物。樂記感于物之象也。兌爲少女。離爲黼飾。巽爲市門。此冶容誨淫。倚門招來者。故凶。三多凶。又麾之以肱。畢來旣升。羊來之象也。又爻變乾。健于求說。卦之夬。小人凶也。又春秋左氏傳。晉楚伐鄭。鄭陳玉帛于二竟。以待來者之象。三居上下重剛之間也。又卦炁。此爻當霜降。

九四。商兌未寧。介疾有喜。

象曰。九四之喜。有慶也。

商隱度也。書曰。我商賚汝。九章有商工。又協也。周禮司商協名姓。从內知外曰商。四內外之交。故稱商。商兌猶酌損。損當酌。兌當商。此講習之象也。介纖也。介疾喻小惡。巽爲不果。過而能改。善莫大焉。故有喜。子路人告之以有過則喜。亦其義也。陰位爲疾。陽爻爲喜。无妄曰。无妄之疾。勿藥有喜。又巽爲近利市三倍。故稱商。變之坎。水性流。震爲行。謂二巳變。體比象。故未寧。與比不寧方來同義。坎爲疾。體艮爲小。故介疾。得位承五。故有喜。陽爲慶。謂五。又兌正秋。其音商。商章也。又傷也。律中夷則。夷亦傷也。月令盲風至。疾風也。人臣承君出令。順時節宣。民无夭疾也。又寧。服虔注左傳。傷也。蓋古訓。又巽爲不果。未寧也。坎爲加憂。兩間謂之介。分限也。坎爲心病。兌爲喜悅。又兌羊爲少牢。商度祭品之時。惟有介疾得免也。又介大也。又相比曰介。相應曰仇。鼎。我仇有疾。又介隔也。疾謂三四。以剛德隔絕佞說之人于君所也。疾疾惡也。又疾速也。剛斷則速。介有分辨之意。築室道謀不可也。又四舍三比五。君臣相說之慶。又爻變坎爲加憂。卦之節。裁制而止之也。又卦炁。此爻當立冬。又辰在午。七星上有御女一星。午以子爲夫。介疾有喜。和悅則有身也。介猶屆也。似疾非疾。所以有喜。

九五。孚于剝。有厲。

象曰。孚于剝。位正當也。

以正當之尊位。乃信小人而疏君子。故厲。剝指上六小人。又孚謂五。二四變。體剝象。在坎未光。故厲也。又兌秋之終。九月爲剝。秋末物象剝落。天子說以先民。如月令施措之政。是則孚矣。然猶慄慄危懼也。又剝謂剝羊也。詩或剝或亨。又位正當者。兌九五正當剝六五之位。履曰夬履。亦言位正當者。下兌方以禮尊乾。此則上兌又以情悅也。又爻變震爲恐懼。故厲。卦之歸妹。動說于陰。小人也。又兌三息乾爲夬。與剝旁通。故稱剝有厲。卽夬孚號有厲。又卦炁。此爻當小雪。

上六。引兌。

象曰。上六引兌。未光也。

兌爲羊。五巽爲繩。柔道牽。故曰引。以柔揜剛。柔媚之人也。九五受離之光。而揜于上六。故象傳曰未光。又无應乘陽。動而之三。巽爲繩。艮爲手。應在三。三未之正。故引兌也。二四巳變而體屯。上三未爲離。故未光。又樂記。物至而人化物。孟子。物交物。所謂引也。又上徒爲仁言以引民之說。非能孚也。又民猶羊也。牽引而束縛之。故未光。又樂不可極。引長之則生悲矣。故未光也。又詳說在反約。引而伸之。徒滕口說。無當也。兌爲口說。又笑爲引。仰天開口。引笑之象。悅之極也。樂不可極。故未光。又爻變乾。引君當道也。卦之履。柔履剛也。

又卦炁此爻當大雪。

序卦傳曰。說而後散之。故受之以渙。渙者離也。

繫辭傳曰。刳木爲舟。剡木爲楫。舟楫之利。以濟不通。致遠以利天下。蓋取諸渙。

雜卦傳曰。渙離也。

䷺渙亨。王假有廟。利涉大川。利貞。

彖曰。渙亨。剛來而不窮。柔得位乎外而上同。王假有廟。王乃在中也。利涉大川。乘木有功也。

象曰。風行水上渙。先王以享于帝立廟。

渙流散也。又文兌風行水上而文成焉。太玄曰。陰斂其質。陽散其文。京傳曰。水上見風渙然而合。此渙字之義也。卦否四之二。又漸三之二。艮爲門闕。坎爲隱伏。巽亦爲伏。宗廟鬼神之象。古立廟于國東南。巽東南之卦也。震主匕鬯。巽爲潔齋。坎爲血卦。祭享必以血。故王假有廟。假至也。巽爲木本。坎爲水源。亦人本乎祖之義也。巽爲木。爲風。坎爲大川。舟楫之象。故利涉。又冬月水澤腹堅。巽風一行。而散。故爲渙。又否四之二。成坎震。天地交故亨。乾爲王。否體觀。艮爲宗廟。乾四之坤二。故王假有廟。在中也。二失正。變應五。故利貞。坎爲通。剛來成坎。水流不窮也。又假大也。言受命之王。居五大位。上體之中。上享天。下立廟也。又坎本窮冬。互震而陽亨。故不窮。又柔升得位。上承貴王與上同也。又禮曰。王中心無爲也。以守至正。故曰王乃在中也。○享帝于郊。象巽之高。神升于上。如天風也。立廟于宮。象坎之深。魄降于下。如地水也。又此立新廟也。象嗣君正位居體。享帝者。告于南郊而謚之。故曰先王。渙卦否泰之交也。又否乾爲先王。震爲帝。爲祭享。艮爲廟。四之二。殺坤大牲。故以享帝立廟。謂成既濟。有噬嗑食象故也。又受命之王。收集散民。享帝立廟也。陰上至四承五爲享帝。陽下至二在坤中爲立廟。離日。上爲宗廟。而謂天帝。宗廟之神所配食者。王者所奉。故繼于止。至于宗廟。其實在地。地者陰中之陽。有似廟中之神。

初六。用拯馬壯吉。愚按借拯爲拯。止馬也。

象曰。初六之吉。順也。

拯當作抍。取也。坎爲美脊之馬。故馬壯順馴也。謂調良也。又馬謂二。用拯馬者。附驥尾之義。又拯救也。濟也。拔也。舉也。初失正。動體大壯。得位故吉。初承二。故順也。又渙與大壯皆體震。故稱壯。又震爲車。爲馬。坎亦爲輪。爲馬。故言馬。又爻變兌。順而說。卦之中孚。又渙初之豐四。渙成中孚。豐成明夷。故明夷同詞。又壯吉下。一本有悔亡字。

九二。渙奔其机。悔亡。

象曰。渙奔其机。得願也。

古几以小棗木爲之。坎爲棘。爲矯輮。震爲足。輮棘有足。艮肱據之。憑机之象。渙宗廟中。故稱机。机與丌通。丌。說文。下基也。所以薦物。古凭尻処字皆从几。得几而止。丌象几形。實一物也。司几筵。五几者左右玉彫彤漆素也。畀古作丌。亦从丌。震爲奔。卦自否來。四奔二机者也。又二失位。變得正。故悔亡。又机承物者也。謂初。二奔初机也。又机謂四。二奔之。又机謂五。二奔之。又机卽謂二。不倚几而出。故奔焉。又机謂二。五奔之。又坎爲馬。故奔。又爻變坤。卦之觀。机尊者所憑。以肅觀瞻者也。又机木出蜀中。似榆。山海經。大堯之山多机。說文。單狐之山多机。又机一本作杌。槕杌也。又杌車軏也。震爲車。又杌者伐木不盡之基幹。礙人之行。險象也。坎木堅多心。否四之陽。越三而來二。故奔入坎險中。然所以消否。本無避難之情。故曰得願也。机非可安。故疑于悔。得願故悔亡。又机與機同。樞機也。又此爻。出奔之君。如少康之奔有虞。又得願者。孟子得其心斯得民之意。又此爻。南陽之巾扇。東山之屐似之。又辰在寅。卦炁艮。艮爲止。机以止物。

六三。渙其躬。无悔。

象曰。渙其躬。志在外也。

體中曰躬。事君能致其身。所謂渙也。與王臣蹇蹇匪躬之故。同義。又二已變。坤爲躬。坎爲悔。不變故无悔。外爲四。三變與四成坎。故志在外。又渙三使承上爲志在外。故无悔。又爻變巽。卦之巽。風以散之。又功成身退。此范蠡泛舟五湖之象。

六四。渙其羣。元吉。渙有丘。匪夷所思。

象曰。渙其羣。元吉。光大也。

人三爲衆。羊三爲羣。羣卽衆也。倒兌爲羊。故稱羣。君子羣而不黨。渙者散處于公卿大夫之列也。艮爲山。故稱丘。丘。土之聚而高者。有丘謂聚而皆仕于朝也。夷平等也。匪夷所思者。言非庸人所得思。廁其列也。故象傳稱光大。呂氏春秋曰。渙者賢也。羣者衆也。元者吉之始也。渙其羣元吉者。其佐多賢也。股肱喜而元首起象。又謂二已變成坤。坤三爻稱羣。得位順五。故元吉。位半艮山。故稱丘。匪非也。夷謂震。震大塗平也。四應在初。三變坎爲思。故匪夷所思。三已變成離。故四光大。又自二居四。離其羣侶。得位承尊。故元吉。又渙羣者。成功不居。推讓于羣之義。雖功如丘崇。皆歸于衆。非平等之人所敢料也。故曰光大。艮爲光明。陽爲大。又渙其羣者。小人散去其黨也。又渙與明夷。皆體坎震。故稱夷。又豐渙通。先成明夷。故豐亦曰遇其夷主。又爻變乾。風行天上。卦之訟。又丘一作近。近古迈字。詩往近王舅。音記。詞也。與丌通用。上卦巽。巽从丌。故曰渙有丌。又夷一作弟。

九五。渙汗其大號。渙王居。无咎。

象曰。王居无咎。正位也。

令出惟行。弗惟反。故曰渙汗。王者以天下爲一體。發號施令。罔有不臧。所謂大哉王言也。故曰大號。渙汗者。猶潰洫泮汗。風行水上之象。亦所以壯其大也。劉向傳曰。今出善政。未能踰時而反。是反汗也。渙王居。渙字當讀斷。觀象傳自見。王居云者。所謂一哉王心也。或曰。渙王居。亦猶詩泮渙爾游之意。坎水下流爲汗。陽稱大。倒兌爲號。艮止爲居。又臣庶从王助祭。至是扈從還宮。天子弛其禁衞之嚴。任从臣出入。所謂天門蕩蕩也。故渙王居。又巽爲號令。五乾稱大。否坤爲身。四之二。成坎爲水。水出于身。汗也。王者出令不可復返。如身中汗出。出不可反也。五爲王。正位居五。四陰順命。故正位也。又謂五建二爲諸侯。使下君國。故宣布號令。百姓被澤。若汗之流也。此本否卦。體乾爲首。來下處二成坎水。汗象。布其德教。王居其所。故无告矣。又散疾而愈者汗也。散患難而萃者號令也。又王位曰大寶。王之稱曰大號。王者天下所歸往。故道大天大地大王亦大。又居者王之居積如府藏。此武王大賚。景公大戒之象。又此爻大號。盤庚遷殷。周公營洛。可以當之。又謂將祭祀。先發大號。以夙戒王居于齋宮。乃假廟也。又爻變。艮爲門闕。王居也。卦之蒙。泉出山。汗出身。蒙童之主。周之成王也。又此爻如光武之立鄗南。肅宗之即位靈武。又易凡號字皆平聲。又辰在申日在申宮畢度爲立夏。渙汗之時也。觜爲虎口。能號。堯典厥民因。渙居也。畢上有諸王六星。

上九。渙其血。去逖出。无咎。

象曰。渙其血。遠害也。

坎爲血。汗散鬱滯。血散傷害。逖遠也。坎爲隱伏。竄遁遠方之象。又應在三。坎爲血。爲逖。逖憂也。二變爲觀。坎象不見。故其血去逖出无告。乾爲遠。坤爲害。體遁上。故遠害也。又爻變坎。卦之坎。爲血卦。又如范伯游五湖。留侯從赤松之象。又逖一作惕。又其血一讀絕句。

序卦傳曰。物不可以終離。故受之以節。

雜卦傳曰。節止也。

䷻節。亨。苦節不可貞。

彖曰。節亨。剛柔分而剛得中。苦節不可貞。其道窮也。說以行險。當位以節。中正以通。天地節而四時成。節以制度。不傷財。不害民。

象曰。澤上有水。節。君子以制數度。議德行。

節竹約也。卽筠言均匀也。故爲止義。苦節者。舍生以取義。殺身而成仁。龍比夷齊之忠。伯奇申生之孝。非忠孝之常也。不幸也。膽虀不可爲飮食。捐糜豈得爲常經。卦泰三之五。上水下澤。澤以止水。使不過。故爲節。凡剛柔分之卦二十。噬嗑電雷難分。節澤水難分。故象傳獨言之。剛柔分而五剛之卦十。漸進易急。節貞易苦。難于得中。故象傳亦獨言之。困亦澤水。而不言分者。以无水爲義也。豐亦雷電而不言分者。先雷而後電。地道之常。先電而後雷。則人耳力之不如目力也。以卦炁而論。此卦當六十三百六十爻。一歲之常數。故曰四時成。府藏空則傷財。力役繁則害民。二者奢泰之所致。東方未明之詩。刺无節也。亦非制度之道。又荀息忠。申生恭。尾生信。仲子廉。亦苦節不可貞也。又節符節也。周官有掌節。漢蘇武持之十九年。所謂苦節也。 又分乾剛升五。分坤柔處三。天地多而剛得中。故通。上應在三。三變成離。火炎上作苦。位在火上。故苦節。雖得位而乘陽。故不可貞。位極于上。故窮。震爲行。中正謂五。坎爲通。泰乾天坤地。震春兌秋坎冬。三動。離爲夏。故言天地四時。艮手稱制。坤數十爲度。坤又爲害爲民爲財。二動體剝。剝爲傷。三出復位。成既濟定。坤剝不見。故節以制度。不傷財害民。又苦節謂以儉約朴素。爲苦。文勝之世。目先進爲野人也。又坎水鹹鹵爲苦。兌口承之。○水溢當節。澤上有水。以提防爲節也。數一十百千萬也。度分寸尺丈引也。畜于內爲德。履于身爲行。議者論定然後官之。坎爲矯輮。制象。兌爲口舌。議象。又君子謂泰乾。艮止爲制。坤爲度。震爲議爲行。乾爲德。乾三之坤爲制數度。坤五之乾爲議德行。又尊賢之等。親親之殺。德行之節也。又坎變初爻。塞水爲澤。節象也。

初九。不出戶庭。无咎。

象曰。不出戶庭。知通塞也。

繫辭傳曰。不出戶庭无咎。子曰。亂之所生也。則言語以爲階。君不密則失臣。臣不密則失身。幾事不密則害成。是以君子愼密而不出也。

堂內爲室。室東南啓一戶以出曰戶。戶外曰堂。堂下階前庭直之路曰庭。其外闔雙扉爲門。奇爻象戶。偶爻象門。坎爲通。兌爲塞。初在下。當塞之時。兌爲口舌言所從出之戶。鬼谷子曰。口者心之門戶也。故闢之以捭闔。制之以出入。又泰坤爲戶。艮爲庭。震爲出。初得位應四。故不出无咎。坎爲通。二變坤土壅初爲塞。又初應四。四爲坎險不通。以節崇塞。雖不通可謂知通塞矣。戶庭室庭也。四互坎艮。艮爲門闕。四居艮中。是爲內戶。又戶在門側。謂九二也。又兌于時爲酉。闔戶象。又內言不出于梱。亦此義也。又爻變坎。卦之坎。爲通爲險。坎于人爲知。又辰在子。日在北陸。不出戶庭之時。虛圭邑居。危爲屋蓋形高危。下有蓋屋二星。又卦炁值坎。坎險也。陷也。

九二。不出門庭。凶。

象曰。不出門庭。凶。失時極也。

二偶爻。故曰門。震動爲足。當行之時也。極中也。時極卽中庸所謂時中。又變而之坤。艮爲門庭。二失位。不變而出門應五。則凶。又震于時爲卯。闢戶象。又門在戶外。謂六三也。又極至也。又爻變震爲行。男子志在四方也。卦之屯塞也。又辰在寅尾爲後宮。不出門內之庭。失引達于寅之義。又卦烝艮。艮爲鬼門。故凶。

六三。不節若。則嗟若。无咎。

象曰。不節之嗟。又誰咎也。

若辭也。水在澤上。氾濫不節之象。兌爲口。故嗟。嗟佐也。言之不足以盡意。故發此聲以自佐也。卦言无咎者。九十有九。皆補過之詞。嗟者。善補過者也。臨三失臨之道。而旣憂之。節三失節之道。而嗟若。皆得无咎。又三。節家君子也。失位故不節。若震爲音聲爲出。三動得正而體離坎。涕流出目。故嗟。得位乘二。故无咎。又誰咎。言時使然。不得咎三也。又爻變乾。健則不節。卦之需。待也。險在前也。

六四。安節。亨。

象曰。安節之亨。承上道也。

四得正奉五。上通于君。故亨。上謂五也。漢王尊叱馭。在險而安之象。北山之詩。我獨賢勞。則不安矣。又二巳變。艮止坤安。得正承五。有應于初。故安節亨。又爻變兌。卦之兌。以行險也。

九五。甘節。吉。往有尙。

象曰。甘節之吉。居位中也。

凡有所甘。皆宜知節。飲食男女是也。尙配也。位居中央。土爰稼穡。故稱甘。艮木多節。此食蔗之象。又水之流者甘。山泉是也。五坎在井爲冽。在節爲甘。艮爲山。坎爲泉。又得正居中。坎爲美。故甘。往謂二。二失正。變往應五。故往有尙也。

艮爲居。五爲中。又此爻如舜禹有天下而不與。又爻變坤爲土稼穡作甘。順而得中之象。卦之臨。知臨大君之宜也。又互艮爲土。故稱甘。又辰在申。有天節八星。參足有玉井。甘泉也。又三國孫氏聞關公敗。使虞翻筮之遇節之臨。曰不利于客。五爲主將。行師喪亡之象。

上六。苦節貞凶悔亡。

象曰。苦節貞凶。其道窮也。

義士烈女志貞遇窮。故悔亡。與大過上爻同義。水之止于上者味苦。積澤爲鹵是也。又二三變在兩離。火炎上作苦。乘陽故貞凶。得位故悔亡。又稟險伏之教。懷貪很之志。以苦節之性。而遇甘節之主。必受其誅。華士少正卯之爻也。苦節既凶。甘節志得。故曰悔亡。乘陽于上。无應于下。故道窮。又坎水漫溢。如人奢靡之後節之。束縛而苦。又發而皆中節。爲和。禮之用。和爲貴。又此爻儉不中禮者當之。又枯禪之學。亦節之苦者。又坎變巽入儉也。卦之中孚。守介節者。又辰在巳。軍門二星。苦節也。卦炁巽。巽究爲躁卦。躁屬火。

序卦傳曰。節而信之。故受之以中孚。

雜卦傳曰。中孚信也。

䷼中孚。豚魚吉。利涉大川。利貞。王引之曰。豚魚乃禮之薄者。士昏禮。特豚合升去蹄。魚十有四。士喪禮。奠用特豚魚腊。楚語。士有豚犬之奠。庶人有魚炙之薦。王制。麥以魚。黍以豚。然則士庶人之禮也。言苟有中信之德。則人感其誠。而神降之福也。

象曰。中孚。柔在內而剛得中。說而巽孚。乃化邦也。豚魚吉。信及豚魚也。利涉大川。乘木舟虛也。中孚以利貞。乃應乎天也。

象曰。澤上有風中孚。君子以議獄緩死。

孚卵孚也。从爪从子。鳥裒恒以爪反復其卵。鳥之孚卵。皆如其期而不失。故轉訓爲信。古文从系。孑卽保。故褓褓保抱从此。卵者柔在內。剛在外。且中有得中之陽。乃可嫗伏。卦亦象之。巽爲鷄。伏也。夏小正曰。鷄孚粥。卦巽三之初。又无妄四之二。又訟四之初。三四中虛爲孚。二五中實亦爲孚。豚魚以似豚得名。有風則出拜。浮水面。南風口向南。北風口向北。舟人稱爲風信。卽俗所云江豚者也。故以喻孚。巽爲木爲風。兌爲澤。木在水上。而風行之。卦外實內虛。亦舟象。故利涉大川。象傳。及猶如也。至聖人仁及艸木。誠動金石。推而言之。亦中孚之義也。又古以符節爲信。故中孚次節。又訟四之初。坎孚象在中。謂二也。此从四陽二陰之例。遁陰未及三。而大壯陽已至四。故从訟來。二在訟時。體離爲鶴。在坎陰中。故有鳴陰象也。三四在內。二五得中。兌說而巽順。故孚。二化應五成坤爲邦。巽爲魚。三至上體遯。故遯魚。遯弒父。大壯陽來止之。兌爲澤。遯魚得澤。故吉。坎爲大川。謂二已化邦。三利出涉。坎得正體渙。舟楫象。故利涉也。訟乾爲天。二動應乾。又魚陰物也。巽長女。兌少女。肖體大離爲中女。皆陰。故象之。又坎爲孚爲豕。訟四降初折坎稱豚。初陰升四。體巽爲魚。中二也。謂二變應五。化坤成邦。故信及豚魚。又兩陰在內。猶民于君。豚魚喻小民也。而爲明君賢臣恩意所供養。故吉。又互體震。震爲木。兌爲水。巽爲風。濟大川象。君能宏濟于艱難也。又豚魚謂三四。艮爲山陸。豚所處。三爲兌澤。魚所在。豚者卑賤。魚者幽隱。中信之道。皆及之矣。又孔子息駕于河梁。見丈夫厲水而出。問之曰。吾之入也以忠信。出也以忠信。所以能入而後出也。子曰。水且可以忠信親之。而況人乎。此其誼也。又舟謂集板。如今自空大木爲之。曰虛也。又豚一作遯。又中孚豚魚吉。五字爲句。又三辰在亥。亥爲豕爻。失正。故變而從小名。言豚耳。四辰在丑。丑爲鼈蟹。魚之微者。爻得正。故變而從大名。言魚耳。三體兌。兌爲澤。四上値天淵。二五皆坎爻。坎爲水。二浸澤。則豚利。五亦以水灌淵。則魚利也。又中孚爲陽。貞于子月。小過爲陰。貞于未月。法乎乾坤。故卦炁六日七分。起于中孚。而順布之。

○澤恩澤也。風號令也。流風令于上。布澤惠于下。議獄緩死之義。王聽之。司寇聽之。三公聽之。議獄也。旬而職聽。二旬而職聽。三旬而上之。緩死也。故獄成而孚。

輸而孚。兌口舌爲議。巽不果爲緩。又兌正秋刑官。曰獄曰死。巽申命行事。曰議曰緩。亦其誼也。又君子謂乾也。訟坎爲獄。震爲議爲緩。坤爲死。乾四之初。則二出坎獄。兌說震喜。坎獄不見。故議獄緩死也。

初九。虞吉。有它不燕。

象曰。初九虞吉。志未變也。

虞澤鳥也。一名鷟。一名媧澤鳥。一名護田鳥。似水鴞。蒼黑色。常在澤中。見人輒鳴喚不去。有似主守。故名虞。鳥之專一而无它者也。初如之則吉。若有它焉。則不安矣。燕安也。燕禮。正歌備。饗禮終。司正命卿大夫。君曰以我安。皆對曰諾敢不安。于是說屨升席坐。乃安。饗禮立。燕禮坐。安之義也。比初有它吉。下從上也。大過有它吝。上撓下也。此有它不燕。下援上也。初有應于四。宜從之。而誠信未通。未能及物。故自守則吉。象傳曰。志未變也。又虞宴安也。僞書。儆戒無虞。禮有虞祭。所以安神。此其義也。又虞亦訓守。虞人掌守山澤之官是也。又虞度也。萃象傳。戒不虞。周禮。山虞澤虞。謂主商度山川之事。屯爲山虞。此爲澤虞。又卦互艮。山虞也。下卦兌。澤虞也。震爲主。恩及禽獸。又虞度者。議獄之義。僞書曰。出入自爾師虞。又得位故吉。有它。謂應四也。初正比二。二化邦。坤爲安。四遯魚。上承五。不取相應。故戒以有它不燕。四馬匹亡。象曰。絕類上。謂初也。訟二在坎爲志。蓋初雖應四。宜自安虞。无意于四。則吉。四者承五。初有它意于四。則不安也。初位潛藏于澤。未得變而應四也。又爻變坎。爲加憂。卦之渙。內險也。又燕玄鳥也。不文从一。天也。象鳥飛上翔不下來之形。又他一作它。又辰在子。位値危危爲月宿。屬燕。

九二。鳴鶴在陰。其子和之。我有好爵。吾與爾靡之。王引之曰。荀九家。震爲鵠。鵠卽鶴之叚借字。

象曰。其子和之。中心願也。

繫辭傳曰。子曰。君子居其室。出其言善。則千里之外應之。況其邇者乎。居其室。出其言不善。則千里之外違之。

況其邇者乎。言出乎身。加乎民。行發乎邇。見乎遠。言行君子之樞機。樞機之發。榮辱之主也。言行君子之所以動天地也。可不愼乎。

鶴亦澤鳥。詩鶴鳴于九臯。臯古澤字。後人譌爲皋。澤陰也。水南曰陰。鶴陽鳥而游于陰。故鶴羽曰陰羽。行必依洲嶼。止不集林木。八月白露降。則鳴而相警。雄鳴上風。雌鳴下風。兌正秋也。又爲澤。又爲口。二以陽居陰。兌澤之中。艮山之下。故曰鳴鶴在陰。子謂三四也。陽大陰小。艮爲小子。故曰其子。鶴以聲交而有子。互震善鳴。兌西震東。兌鳴震鳴。如倡和然。故曰和。好爵猶好德。孟子謂之天爵。洪範曰。予攸好德。是也。靡當作劘。音磨。與和協。摩厲也。相觀而善之謂摩。荀子曰。不知其子視其友。不知其君視其左右。靡而已矣。史記蘇秦傳。揣摩。衡山王傳。漸摩。皆作靡。蓋通字也。我吾。二自謂也。爾。謂三四也。同聲相應。同氣相求。鶴鳴以相和成音。好爵以相劘成德。象傳言中心願者。所謂中心悅而誠服。如七十子之服孔子也。

又震爲鳴。訟離爲鶴。坎爲陰夜。鶴知夜半。故鳴在陰。二動成坤體益。五艮爲子。震巽同聲相應故和。坤爲身。故稱我吾謂五也。訟離爲爵。爵位也。坤爲邦國。五在艮。閽寺闕庭之象。故稱好爵。靡共也。五利二變之正應已。故吾與爾靡之。坎爲心。動得中應五。故中心願也。又巽爲股爲長爲高爲白。在兌澤上。鶴象。巽兌皆陰。兌巽兩口相對爲和。又好爵猶言尊爵。謂五爾謂三四。五居尊爲孚主。二以震公侯相應成孚。以五之所有所爲。故曰我有好爵。此勸三四同孚于五。巽爲繩。有靡繫象。故曰吾與爾靡。又鶴謂五也。鶴鳴若曰。吾有天祿。願與爾共。非徒從吾游而富貴之也。子謂二。又震艮爲男子。故曰子。又二變互坤。坤母象。初爲子也。又爾指初與五也。與二同德者。又爵者雀也。其鳴節節足足。故象形爲酌器。大夫以上與燕饗者。然後賜爵。爵所以行獻酬。好去聲。相好之爵也。燕禮請安于賓。徹俎而薦羞。無算爵以盡歡者也。靡留也。初二兩陽自相孚。而後以孚异類。如六三之陰者。猶酬爵之行至。自飮而後送于賓也。又好爵。旨酒也。靡謂醉也。又爻變震爲善鳴。卦之益。十朋弗克違。又好小也。又好一讀去聲。又靡一作縻。繫也。又靡一作糜。散也。一作靡。分也。又靡。共也。又靡留也。皆繫義。又辰在寅。艮爲鬼門。故曰陰。上值傅說一星。如說築傅岩。高宗靡以爵也。又卦炁爲子爲公。鶴鳴于子。北坎陰也。鶴又鳴于夜半子時。○按傅說星主章祝。巫官也。一名太祝。傅說于神宮者。非殷相也。或曰。女巫傅母喜悅之也。

六三。得敵。或鼓或罷。或泣或歌。

象曰。或鼓或罷。位不當也。

三四俱陰爲敵。四得位有實。故鼓而歌。三失位无實。故罷而泣。水在澤。風動若鼓。息若罷。狂若呼。徐若歌。震動爲鼓。艮止爲罷。震爲恐懼。離目爲泣。兌口爲歌。兌又爲巫。亦歌泣象。又三失位。不能自正。應在上。登天不下與三易位。敵謂三四也。上與四體震爲鼓。艮止爲罷。下乘二在訟坎爲泣。二變震爲歌。象曰。位不當也。又爻變乾。卦之小畜。又三與上爲亢。故曰敵。又罷。一音疲。一音擺。又叶音礬。見易林。又辰在亥。有壘壁羽林鈇鉞諸星。得敵之象。

六四。月幾望。馬匹亡。无咎。

象曰。馬匹亡。絶類上也。

兌西方。月生于西。兌上缺。半象也。以巽合之則圓。四爲合圓之交。故月幾望。幾近也。月精爲馬。馬十二月而生。古駕車四馬。不能純色。則兩服兩驂各一色。故曰匹。震爲馬。巽繩繫之。兌爲毀折。震驚而奔。故馬匹亡。得正。故无咎。又訟坎爲月。離爲日。兌西震東。月在兌二。日在震三。相對。故幾望。不在二五。故不正望曰幾。乾坎兩馬爲匹。匹配也。初四易位。震爲奔走。體遯山中。乾坎不見。故馬匹亡。初四易。故无咎。訟初之四。體與上絶也。又馬大小必相稱曰匹。陰爲小。陽爲大。六四與初九爲匹。亦敵也。四以不應初陽爲正。又爻變乾馬至健。卦之履不處也。又震爲馬。爻變離爲牛。是馬亡也。又幾一作既。望後也。又幾一作近。又幾一音祈。又辰在丑。女上有奚仲四星。月幾望。謂日月起于牽牛。六陰爻。四陰位。丑陰土。故言月也。

九五。有孚攣如。无咎。

象曰。有孚攣如。位正當也。

五爲孚之主。故獨著焉。巽爲繩。艮爲手。攣如之象。又孚謂二。在坎爲孚。五攣二使化爲邦。得正應己。故无咎。又爪子爲孚。五孚以手。二孚以口。又癵病也。郭作拘攣。謂手足曲病也。又爻變艮止也。卦之損。十朋弗違。又辰在申。與二應。寅次近貫索星。申之對衡也。攣如之象。

上九。翰音登于天。貞凶。

象曰。翰音登于天。何可長也。

鷄知旦。亦信物。鷄鳴腷腷膊膊。必振其羽。而後出聲。故曰翰音。巽爲鷄。上爲天。易無假象。曲禮鷄曰翰音。言祭祀薦牲之禮。翰一作鶾。鶾音雉肥。古用以郊天。故曰登于天。魯郊以丹鷄。祝曰。以斯鶾音赤羽。去魯侯之咎。是也。丹鷄。爾雅謂之天鷄。逸周書謂之文翰。一名鷐風。一名澤特。鷄斷尾憚爲犧。郊天之禽。衣以文繡。非鷄之幸也。故貞凶。人之華美外揚。中无實德者。終罹其咎。稽覽圖曰。有貌无實。此佞人也。孟子。聲聞過情。君子恥之。或曰。中孚旁通小過。小過飛鳥遺音。鳥之飛且鳴者。翬雉之屬。宜下不宜上。中孚初九。安于下而吉。小過初六。志在上而凶。其義同也。又上應在震。震爲音。翰。高也。巽爲高。乾爲天。失位故貞凶。又翰高飛也。飛音者。音飛而實不從之謂也。窮上失位。信不由中。以此申命。有聲无實。中實內喪。虛華外揚也。又翰長聲也。又此爻孤高絕物之象。又此爻爲不虞之譽。與初之虞吉相反。又翰隨風擧。音自口發。統言鳥屬。非專指鷄也。又爻變坎。卦之節。節而後信之。又辰在戌。翰音謂六四巽爻也。四辰在丑。丑次有天鷄二星。上爲天。又漢哀帝時。朱博趙元授官。延登受策。有大聲如鐘鳴。李尋謂洪範五行所謂鼓妖。說者謂易所云翰音也。

序卦傳曰。有其信者必行之。故受之以小過。

雜卦傳曰。小過過也。王引之曰。過差也。失也。謂二五皆陰。不相應也。

䷽小過亨利貞。可小事。不可大事。飛鳥遺之音。不宜上。宜下。大吉。

彖曰。小過。小者過而亨也。過以利貞。與時行也。柔得中。是以小事吉也。剛失位而不中。是以不可大事也。有飛鳥之象焉。飛鳥遺之音。不宜上。宜下。大吉。上逆而下順也。王念孫曰。小過。小者過而亨也。小過下當脫亨字。

象曰。山上有雷小過。君子以行過乎恭。喪過乎哀。用過乎儉。

陰稱小。過者不及之反。過乎中道也。大德不踰閑。小德則出入。純儉從而拜泰違。故可小事。不可大事。亦即小事鷸突大事不鷸突之謂。中孚柔在內而剛在外。鳥卵之象。小過二陽在內爲身。四陰在外爲羽。鳥飛舒翮之象。飛非古文通。卦橫成非字。䷽从飛下翄。象鳥飛下。故不宜上。遺存也。鳥過其處雖飛去。音猶遺存。且翬雉之屬。且飛且鳴。高不過丈。即中孚所謂翰音也。故宜下。巽爲風。飛也。震爲鳴。兌爲口。音也。艮爲止。遺也。卦震三之初。又蒙上之四。三之二。又臨初二之三四。又晉上之三。當從四陰二陽臨觀之例。臨陽未至三。而觀四已消也。且有飛鳥之象。故知從晉來。杵臼之利。蓋取之此。五柔得中而應乾剛。故亨。五失正。故利貞。過以利貞。與時行也。小謂五。晉坤爲事。大事謂四。剛失位也。離爲飛鳥。震爲音。艮爲止。飛而且鳴。鳥去而音止。晉上之三。離去震在也。止陰乘陽。故不宜上。下陰順陽。故宜下。艮爲時。震爲行。陰乘陽上爲逆。故五宜正。陰承陽下爲順。故二不變。又過以救時。如國奢則示之以儉。常人之小過。孟子所謂人恆過然後改。故亨。又陰稱小。謂四應初。過二而去。

三應上。過五而去五處中。見過不見應。故曰小者過而亨也。四五失位。故上逆。二三得正。故下順。又卦之示以兆。猶飛鳥遺音也。又下上其音者。鳥也。小故不宜上宜下。又鳶說文作蔦。鳥之鷙者。从屰。上爲屰。鳶飛戾天。故从屰。上逆而下順也。又小人之行。小有過差。君子爲過厚之行以矯之。如晏子一狐裘三十年。澣衣濯冠以朝。豚肩不揜豆。是也。上謂治民者。又鴻足可以傳書。亦飛鳥遺音之音。又過罪過也。又過一讀戈。

○雷行空中聲大。雷鳴山上聲小。詩。殷其雷。是也。行喪用。震之動也。恭哀儉艮之止也。莫敖舉趾高而萬石數馬。宰予欲短喪。而高柴泣血。管氏有三歸。而晏嬰敝裘。過者乃其所爲不及也。又山大而雷小。山上有雷。小過于大。又君子謂三也。上貴三賤。晉上之三。震爲行。故行過乎恭。謂三致恭以存其位。與謙三同義。晉坤爲喪。離爲目。艮爲鼻。坎爲涕洟出鼻目。體大過遭死。喪過乎哀也。坤爲財用。爲吝嗇。艮爲止。兌爲小。小用而止。密雲不雨。故用過乎儉也。又震爲足。足恭也。艮爲手。手容恭。

初六。飛鳥以凶。

象曰。飛鳥以凶。不可如何也。

四陰皆鳥翼。而初上爲翰。故獨著之。翰者翼之銳也。鳥之飛。身不得主。翼左右制之。故曰以。乾亢龍有悔。有不亢之龍。无不飛之鳥。故象傳曰。不可如何也。又初應四。離爲飛鳥。止之三。則四折入大過死。故凶。又爻變離爲鳥。卦之豐。又辰在未。鶉首爲朱鳥之首。飛以翼不以首。故凶。又月辟遯。不宜飛之時。又未次有雉與外廚諸星。雉近廚。凶矣。又洞林云。占得此爻者。或致羽蟲之孽。

六二。過其祖。遇其妣。不及其君。遇其臣。无咎。

象曰。不及其君。臣不可過也。王引之曰。過不及皆不遇也。二五相應則遇。五爲陽。則爲祖。爲君。今爲陰。則爲妣。爲臣。

此卦六爻皆不宜上宜下。三爲父。四爲祖。上爲妣。五爲君。初爲臣。自祖母以上通曰妣。如周祖后稷。以姜嫄爲妣。別立廟。詩云。自續妣祖。周禮大司樂。享先妣在享先祖之前。是也。春秋傳。我所欲曰及。不期而會曰遇。與四同功而异位。故曰過。上在卦外。故曰遇。與五剛柔不應。故不及。在過家不知退。與初雖比不比。故亦曰遇。二在艮當止。二體巽。巽爲進退。爲不果。故忽過忽不及忽遇也。能下順。則无咎。又祖始也。謂初。母死稱妣。謂三。坤爲喪爲母。折入大過死。故稱妣也。二過初。故過其祖。五變三體姤遇。故遇妣。五動爲君。晉坤爲臣。二之五隔三。艮爲止。故不及其君。止而承三得正。體姤遇。故遇其臣无咎。臣不可過。謂初體大過下。止舍巽下。與隨三同義也。震祖巽妣。艮者幼子童孫之屬。震君巽臣。二者小臣皆致恭之意。過猶過從也。遇謂先遇也。又初祖二妣。五君二臣。艮爲門闕。過祖之寢門。先致恭其妣。未及君之路門。先致恭其臣也。又古重昭穆。孫則祔于祖。孫婦則祔于祖姑。晉之王母。此爻之妣。皆謂祖姑也。又祖四父三君五。妣與臣皆初也。不上而下。故无咎。又過與不及對。非經過之過。遇則恰與之合也。臣非但功名權勢不可勝其君。即才亦不可過。薛道衡空梁落燕泥。可鑒矣。又爻變巽順。卦之恆久。又辰在酉。祖謂初六未爻。有老人一星。君謂六五卯爻。有日一星。妣與臣皆六二　爻有月一星也。

九三。弗過防之。從或戕之。凶。王引之曰。過失也。不相應也。防當也。言不相失而相當。謂三上應也。

象曰。從或戕之。凶如何也。

艮一奇橫亙于上。隄防象。巽爲入。從象。兌爲毀折。戕之象。君子能勤小物。故無大患。剛弗能過柔。故三四稱弗過。又防。防四也。失位從或而欲折之初。戕殺也。離爲戈兵。三从離上入坤。折四死大過中。故從或戕之凶也。之謂四也。又防者。防下二陰不使過也。又此言或從之或戕之。皆不可也。又爻變坤。卦之豫。鳴豫凶也。豫又待暴客之道也。

九四。无咎。弗過遇之。往厲必戒。勿用永貞。王引之曰。遇之謂初四相應也。

象曰。弗過遇之。位不當也。往厲必戒。終不可長也。

之指五。戒。戒心也。勿用當絕句。謂宜永貞也。又以陽居陰。行過乎恭。今雖失位。進則遇五。故无咎。四體震動。位既不正。當動上居五。不復過五。故弗過遇之。四往危五。戒備于三。故往厲必戒。勿長居四。當動上五。故勿用永貞。又坤爲用。體否上傾。故終不可長。又遇謂禮遇之也。巽順而兌說。又三四如兩山背連。內外向岐。四陰之所攢合。又此爻如韓魏之當秦。秦弗能過而與齊遇之之象。又爻變坤。卦之謙。不亢也。又履兌當位而不利。此不當位而利。

六五。密雲不雨。自我西郊。公弋取彼在穴。

象曰。密雲不雨。已上也。

坎爲雨。小過雖象大坎。而陰陽不和。故不雨。重陰在上。爲二陽所隔。不能達于下。故傳曰已上也。小畜陰倡陽不和。小過陰過陽不及。皆不雨也。卦名小過。不可以小斥君五。君位故隱而稱公。震竹爲矢。兌金爲鏃。弋象。艮手爲取。卦肖大坎爲穴。小過飛鳥。故稱弋。艮爲鼠。有鳥鼠同穴之象。又禮記。陰而不密。密之言閉也。又密小也。晉坎在天爲雲。墜地成雨。上來之三。折坎入兌。小爲密。坎爲自我。兌爲西。五動乾爲郊。公謂三也。弋繒繳射也。司弓矢。繒矢茀矢用諸弋射。結繳于矢謂之繒。繒高也。坎爲弓彈。離爲鳥矢。弋无矢也。巽繩連鳥。弋取鳥之象。艮爲手。二爲穴。手入穴中。故云。三坎水也。巳之上六。故曰巳上。又爻變兌澤。艮止于下。不雨也。卦之咸。又穴喩羑里。公指散宜生閎夭之屬。又此爻周公取武庚之象。密雲布散流言也。不雨不實也。自我西郊。離間我國家也。取之誅之也。又上一作尙。庶幾也。又巳上一作巳止。又辰在卯。日在卯次。爲寒露霜降節。烝少雨。故不雨。卯屬東方蒼龍之宿。恆星每歲東行五十一秒。自西之東。故曰自我西郊。卯爲闢戶。其衝酉爲闔戶。穴也。指二爻。酉次胃昴爲虎穴。畢又指弋獵。故有此象。

上六。弗遇過之。飛鳥離之。凶。是謂災眚。王引之曰。處過之極。故上與三雖相應。而曰過之也。句法與弗損益之同。

象曰。弗遇過之。已亢也。

弗遇。乘五也。過之。過五也。故亢。詩曰。鴻則離之。謂離于网也。禍自外至曰災。過自己作曰眚。大坎爲眚。又謂四巳變之坤。上得之三。故弗遇過之。離爲飛鳥。公弋得之。鳥下入艮手而死。故離之凶。晉坎爲災眚。飛而上曰頡。飛而下曰頏。亢頏同。晉上之三。故巳亢也。又離小過皆體兌巽。故稱離。又爻變離爲鳥。爲網罟。爲災。爲亢。卦之旅。親寡也。上六曰焚巢。又此爻有遂過之象。初爲過始中四爻則改過也。又離當讀如羅。叶韻。　又辰在巳。巳爲鶉尾。飛不以尾也。宿値翼。不得不飛。然張主天廚。凶同初象。

序卦傳曰。有過物者必濟。故受之以既濟。

雜卦傳曰。既濟定也。

䷾既濟亨小。利貞。初吉終亂。

彖曰。既濟亨。小者亨也。利貞。剛柔正而位當也。初吉。柔得中也。終止則亂。其道窮也。

象曰。水在火上既濟。君子以思患而豫防之。

既已也。盡也。濟度也。通也。成也。卦泰五之二。又豐四之五。天地既交。陽升陰降。故小者亨也。六爻得位有應。各正性命。保合太和。故利貞。初始也。終上也。終亂者。孟子所謂及是時。般樂怠敖。而自求禍也。故論語曰。居之無倦。又云。先之勞之。無倦。終止未有不亂者也。此殷亡周興之卦。成湯應天。初吉也。商辛毒痡。終止也。止故物亂而窮也。窮則復始。周受其未濟而興焉。故既未濟者。所以明戒愼。全王道也。又小謂二也。柔得中。故亨小。初始也。謂泰乾。乾知大始。故稱初。坤五之乾二。得正處中。故初吉。柔得中也。泰坤稱亂。坤爲終。二上之五。終于泰。則反成否。子弒父。臣弒君。天下无邦。終窮成坤。故亂而其道窮。又陽巳下陰。萬物皆成。故亨。又離坎分子午。水上火下。性相交敵。不間隔也。故亨。又一讀亨字絕句。又亨小下。

一本重小字。○思患。坎險也。豫防。離明也。古者天子卽位。上卿進曰。能除患則爲福。不能除患則爲賊。授天子一策。中卿進曰。先事慮事謂之接。先患慮患謂之豫。授天子二策。下卿進曰。敬戒无怠。豫哉豫哉。授天子三策。此之謂也。又六爻旣正。必當復亂。故君子治不忘亂。又豫旣濟皆體坎。故稱豫。又君子謂乾三。坤爲患。坎爲思。防。防否也。乾三曰惕若。

初九。曳其輪。濡其尾。无咎。

象曰。曳其輪。義无咎也。

二至四體坎爲輪。初在下曳之。初爲尾。坎水下濡。初爲濟之始。之前有險。衆皆競濟。初能曳而止之。所謂見險而能止。體離明故也。初與二近而相得。共濟之人。故其象如此。又尾微通字。易以下爲尾。上爲角。自微及著。故初爲尾。又離兩陽一陰。陰方陽圓。輿輪之象。其一在坎。以火入水必敗。故曰曳。初在後稱尾。尾濡輪曳。咎也。得正有應。于義可以危而无咎。又坎爲輪爲曳。泰初本否四。在艮爲狐爲尾。坎水爲濡。又離爲文雉。亦爲文狐。狐火畜也。又坎月離日。皆輪之象也。又爻變艮止也。卦之蹇匪躬。又无咎上一本似有厲字。又辰在子。子爲水。卦炁坎爲水。奚仲造父車府諸星。輪象。天津虛梁司危哭泣諸星。濡象。

六二。婦喪其茀。勿逐。七日得。

象曰。七日得。以中道也。

婦人翟茀以朝。茀蔽也。亦作第。輿革前謂之䩪。後謂之茀。竹前謂之潔。後謂之蔽。蓋蔽以鄣衣之。而茀以韋鞔之也。離爲中女。婦象。坎爲盜。喪象。睽初震二。皆勿逐自得。此車不行之象。自得者。有待而行也。又茀一作髴。首飾。所謂被也。又髴一作髮鬘髮也。坎爲元雲。故稱髴。詩鬒髮如雲。乾爲首。坎爲美也。又茀婦人之蔽膝也。又髴馬髴也。又茀一作髢。髢也。又茀一作紱。又茀一作笄。又離爲婦。泰坤爲喪。五取乾二之坤爲坎。坎爲盜。故喪。泰震爲七。故勿逐七日得。與睽喪馬同義。又體柔應五。履順乘剛。婦人之義也。喪茀鄰于盜也。勿逐自得。履中道也。二五相應。故七日得也。又爻變乾。明而乾覆冒之。茀象。互坎爲盜。乾與坎幷數也。卦之需。待也。又辰在酉。兌方。兌爲少女。互坎爲隱伏。婦茀也。于輿多眚喪也。留執于酉。得之義也。

九三。高宗伐鬼方。三年克之。小人勿用。

象曰。三年克之。憊也。

高宗殷中興之君武丁也。鬼方西北之戎。西落鬼方也。夏曰獯鬻。周曰玁狁。漢曰匈奴。魏曰突厥。成湯化异方而懷鬼方。復叛于中衰之日。高宗爲太子時。承小乙命而伐之。詩曰。自彼氐羌。莫敢不來享。莫敢不來王。是也。竹書紀年。武丁三十五年。周王季伐西落鬼戎。又一事也。　陸終娶鬼方氏所生第六子季連。爲芈姓。楚氏也。是亦鬼方遷楚之一證。逸周書云。武丁三十二年。伐鬼方。次于荊。三十四年。克鬼方。氏羌來賓。正與三年有賞。三年克之合。或與竹書所云一時事。荊楚與鬼方同叛。高宗伐之。又命方伯征之。在荊之西。故言西落。非西羌。　離爲戈兵。兵猶火也。故稱伐。坎爲隱伏。故稱鬼。離有武象。丁當離方。故稱高宗武丁。三爲離數。憊困劣而弱也。此爲勤遠略疲民力之師。小人勿用。與師上同義。又鬼方北方國名。坤爲鬼爲方。坎爲北方。乾二之坤五。故伐。乾爲高宗。坤爲年。位在三。故三年。坤爲小人。謂上也。二上克五。故三年克之。此乾戰賞功之象。坎爲勞。故憊。又鬼宿在南方。今南方猶稱鬼子國。高宗撻伐之功。詩詠南矣。離當南方故象之。又在既濟之家。而述殷先代之功。以明周因于殷。有所弗革也。又詩覃及鬼方。傳曰。遠方也。又上六闇極。九三征之。三舉方及。興役動衆。聖猶疲憊。則非小人能爲也。故勿用。又小人以武功啓人主。雖克而憊。不可用也。又既濟十月卦。陽德既衰。而九三得正。扶衰以接陽生之統。猶商中衰。高宗扶之也。又陸終氏娶于鬼方氏。鬼方氏之妹。謂之女隤。又爻變震爲威武爲殺。卦之屯。又憊一作備。　又辰在辰。五帝座在焉。故稱高宗。軍門星。伐象。鬼方西戎。師自東而西也。進賢一星。小人勿用之義。

六四。繻有衣袽。終日戒。襦說文𦃇衣也。𦃇安𦃇溫也。蓋冬衣絮縕也。絮訓敝絮。絮訓敝緜。繻爲采色繒。采繒而有絮見。敗衣之象。

象曰。終日戒。有所疑也。王引之曰。襦𦃇衣也。有之言或也。衣讀如衣敝縕袍之衣。袽弊衣也。四在兩坎之間。坎主冬至。故取象焉。

裂裳帛爲繻。繻者布帛端末之識。漢制裂之以爲門關符信。卽此繻也。袽殘幣帛可拂拭器物也。繻有爲衣爲袽之道。四處明闇之際。貴賤无恒。猶或爲衣或爲袽也。垂衣裳者乾坤。今相錯相間。有若裂帛之繻。然履多懼之地。上承帝主。故終日戒愼。有所疑懼也。離日已過。坎月方升。終日象。又繻音須。繒采也。離爲文明。又繻一作襦。一作需。義同。又一作濡。衣袽。衣中之絮。所以塞舟漏者。凡釁舟用臭絮。一釁再三。臭敗也。但卦無漏舟象。又袽一作絮。一作絮。縕也。敝緜也。兌爲毀折。又袽一作茹。又袽敗衣也。乾爲衣稱繻。乾二之五。衣象裂壞。故繻有衣袽。離爲日。坎爲盜。在兩坎間。故終日戒。謂伐鬼方。三年乃克。旅人勤勞。衣服皆敗。鬼方之民。猶或寇竊。故終日戒也。坎爲疑。又繻同襦。單夾之衣也。又爻變兌爲澤。下濡象。卦之革。二女相疑也。又辰在丑。天津天淵水濡象。女主布帛裁制。衣袽之象。

九五。東鄰殺牛。不如西鄰之禴祭。實受其福。

象曰。東鄰殺牛。不如西鄰之時也。實受其福。吉大來也。

繫辭云。易之興也。其當殷之末世。周之盛德耶。當文王與紂之事耶。五居中當位。于既濟之時。是周受命之日也。紂爲東鄰。謂上。文王爲西鄰。謂五。自上臨下。上者左而下者右。左東右西也。離爲畜牝牛。上坎水克離火。東鄰殺牛之象。謂天子郊祭也。郊以特牛。故稱殺牛。禴夏祭也。亦用太牢。而不如烝嘗之備物。于時祭禮最簡。紂天子。故郊天。上爲天位。故言郊。卦雖以九五尊位予文王。而但言禴者。諸侯禴祫。隱寓其分也。故象傳之時。時時祭也。鬼神無常享。享于克誠。享德不享味。故德厚者吉大來。國之大事。在祀與戎。故三言伐。五言祭。坊記云。敬則用祭器。故君子不以菲廢禮。不以美沒禮。故食禮。主人親饋。則客祭。主人不親饋。則客不祭。故君子苟無禮。雖美不食焉。易曰。東鄰殺牛。不如西鄰之禴祭。此夫子斷章取義。謂飲食之禮祭其饌也。禴薄也。或曰同瀹。瀹煮新菜也。非爻義。 又二離日出東方。東鄰象。五坎月生西方。西鄰象。禴殷之祭名。尙書克殷之歲。厥四月。哉生明。王來自商。至于豐。丁未。祀于周廟。四月殷之三月。春也。春祭曰禴。則明西鄰之禴祭。得其時而受祉禴也。又二至上象習坎。五與三對。上下兩坎。東西二鄰。言九五不如九三之得時也。三與五同功。亦鄰之象。三至五互離。離爲牛。禴祭殺牛。三五共之。祭同而受福不同者。以其時也。且既濟爲坎之三世。九三謂世爻。故象傳謂之時。彖言初吉終亂。則得時在內卦明矣。二爻稱父。不可謂象文王。三爻高宗伐鬼方。文王伐密伐崇。其事相類。又文王與紂不可稱鄰。以德則聖狂。以分則君臣。豈周公亢言之。反以掩文王之至德乎。且文王雖儉。非儉于事神。紂雖淫。非豐于祀也。故知上六爲東鄰。六四爲西鄰。上六已濟而驕。六四求濟而愼。故五之福獨施于四。又上六躋于高位。僭行郊禮。故神不享。又泰震爲東。兌爲西。坤爲牛。震動五殺坤。故東鄰殺牛。在坎多眚。爲陰所乘。故不如西鄰之禴。夏祭曰禴。離爲夏。兌動。二體離明。得正承五順三。故受福。受乾福也。陽爲大。又祭法王宮祭日夜明祭月。用騂特。埋少牢于泰昭。祭時也。祖迎于坎壇。祭寒暑也。坎離則日月寒暑之司也。故云。又禴。瀹煮薪蔌以祭。如蘋蘩之類也。又禴一作礿。又坎爲刑。變坤爲牛。卦之明夷。文王與紂之事。 又辰在申。二酉爲東鄰。位居申左也。酉爲金牛。日在申亥。値夏令。禴者夏祭之名。

上六。濡其首厲。

象曰。濡其首厲。何可久也。

上爲首。坎爲濡。處高居盛。必當復危。故不可久。此與大過之上。似同而异。一涉水。一狎水也。于國家則沈湎自甘。于謀道則有所陷溺。 又乾爲首。五從二上。在坎中。故濡其首厲。位極乘陽。居上濡五也。又離爲狐。狐濡首也。又離爲雉。雉每藏其首。自謂人不見之。又爻變巽入。卦之家人。又辰在巳。巳爲鶉尾。軫爲水宿。濡首故見尾不見首也。

序卦傳曰。物不可窮也。故受之以未濟終焉。

雜卦傳曰。未濟男之窮也。

䷿未濟亨。小狐汔濟。濡其尾。无攸利。

彖曰。未濟亨。柔得中也。小狐汔濟。未出中也。濡其尾。无攸利。不續終也。雖不當位。剛柔應也。

象曰。火在水上未濟。君子以愼辨物居方。

坎爲水。爲穴。爲隱伏。物之穴居隱伏。往來水間者。狐也。狐獸之長尾者也。汔幾也。狐濟幾渡而濡其尾。指二也。與井汔至同義。古語狐欲渡河。無如尾何。小狐渡水。未渡一步。下其尾。故曰濡。離爲文狐。初爻爲小。爲尾。濟以登岸爲終。詩曰。无然畔援。无然歆羨。誕先登于岸。濡尾故不續終。卦否二之五。否从不。不通也。未濟曰未。有待也。韓詩外傳曰。官怠于官成。病加于小愈。禍生于懈惰。孝衰于妻子。察此四者。愼終如始。易曰。小狐汔濟。濡其尾。又否二之五。柔得中。天地交。故亨。濟成也。六爻皆錯。剛柔失正。故未濟。否艮爲小狐。謂四也。尾謂二。未變未出坎中也。艮爲尾。否陰消陽。至剝終坤。終止則亂。其道窮也。乾五之二。坤殺不行。故不續終也。又坎爲狐。小狐力弱。汔乃可濟。汔涸也。水既未涸。而乃濟之。故无所利。又汔一云當爲仡。勇皃。又小狐指五。左傳筮詞。亦以雄狐當君。又柔上居正。與陽合同。故亨。狐野獸之妖者。以喻祿父。中謂二。困而猶處中故也。此以托紂雖亡國。祿父猶得封矣。言祿父不能敬奉天命。以續既終之禮。故叛而受誅。六爻皆相應。故微子更得爲客也。又此伊呂未出莘野渭濱之象。又此桓文之業。所謂管仲之器小也。又象辭史記引作狐涉水。濡其尾。又未濟三陽失位。故爲男之窮。然三陰亦失位。亦可爲女之竊乎。○物以羣分。方以類聚。水火者。异物异方。故君子以辨之。又君子謂否乾也。艮爲愼辨別也。物謂乾陽物也。坤。陰物也。艮爲居。坤爲方。乾別五以居坤二。故以愼辨物居方也。又辨一作辯。

初六。濡其尾。吝。

象曰。濡其尾。亦不知極也。

凡獸之大者。必揭其尾而後濟。亦必有力者能揭。小狐故濡。極中也。又應在四。故濡尾。失位故吝。四在五後。故稱尾。極中也。四居坎中。以濡其尾。是不知中也。又爻變兌川壅澤不通。卦之睽。又極或云當爲敬。協韻。或云當爲拯。甚有理。又辰在未。未爲鶉首。井上下有水府水位積水諸星。濡尾。故見首不見尾也。極如南極北極之極。

九二。曳其輪。貞吉。

象曰。九二貞吉。中以行正也。王引之曰。正字當作直。乃諧韻。與同人困同。

曳。臾曳也。坎爲輪。兩陰夾陽。輪象。二應五而隔于四。止而據初。故曳輪。處中而行。故貞吉。唐之郭汾陽李晟。當艱危未濟之時。能自恭順。所以正而吉也。又大車崇九尺駕牛。純離爲牛。又坎爲曳。初已正。二動成震爲行。故行正。又坎輪離牛。牛曳輪上。以承五命。猶東藩之諸侯。共攻三監。以康周道也。又爻變坤。坤爲大輿。卦之晉。行正而進也。

六三。未濟。征凶。利涉大川。

象曰。未濟征凶。位不當也。

三在兩坎中。故獨象未濟。如來之坎坎。歷于重險。然當此之時。如中流難退。惟可冒險而進。若回感無主。反欲舍舟而陸。思以足行。所謂征凶也。未登岸。故凶。在舟中。故利涉。又三變正。四在震爲征。謂伐鬼方也。初二未變入大過。

故凶。又濟成也。女外男內。婚姻未成。征上從四則凶。利下從坎。故利涉大川。又祿父反叛。管蔡與亂。兵連三年。誅及骨肉。故未濟征凶。平克四國。以濟大難。故曰利涉大川。以六居三。不當其位。猶周公以臣而君。故流言作也。又爻變巽。入險也。爲木爲風。舟行象。卦之鼎。又利涉上。一云疑脫不字。又征或云當作貞。又辰在亥。亥爲水。室宿名大水。爲水星。亥又號雙魚。故利涉。

九四。貞吉悔亡。震用伐鬼方。三年有賞于大國。

象曰。貞吉悔亡。志行也。

震。摯伯名。離爲戈兵。陽爲大。與既濟之三同象。惟此三年非事定而論賞。乃三年中賞勞于軍中也。又動正得位。故吉而悔亡。變之震體師。坤爲鬼方。又爲年。爲大邦。陽稱賞。四在坤中。體既濟離三。故三年賞也。坎爲志。震爲行。四坎變震。故志行。又震敬也。又震懼也。又震疊震動也。詩赫赫厥聲。濯濯厥靈。不僭不濫。命于下國。震字古與祗字通用。祗亦通振。蓋雙聲。又自四下初。三爻。故稱三年。又未濟與震皆體坎。故稱震。又震爲諸侯。故大國。又爻變艮山嶽。賞于大國之象。錫之山川也。卦之蒙。自晦也。又辰在午。既濟離之三動則爲震。以三十六宮言之。既濟之三反。則爲未濟之四。故又以震言之。

六五。貞吉无悔。君子之光。有孚吉。

象曰。君子之光。其暉吉也。

君子以位言。四武功成。五文德著。以本卦言之。其高宗嘉靖殷邦之時乎。凡及物爲光。斂光在體爲暉。故日中曰光。暉之散也。初日曰暉。光斂也。周禮。眡祲。以十暈爲十暉。詩庭燎有暉。蓋燎至向晨。則光漸斂也。大學曰。德潤身。孟子曰。充實而有光輝之謂大。此其誼也。故重言吉。又之正。則吉无悔。動之乾離爲光。孚謂二。二變應。已得有之。故吉。坎稱孚也。動之正。乾爲大明。故暉吉。又以六居五。周公攝政之象。制禮作樂。復子明辟。天下乃明其道。乃信其誠。故君子之光也。有孚吉。又光謂五。暉胃二。又中孚體大離。未濟有離。故稱孚。又爻變乾。君子之光也。大明中天也。卦之訟。又暉一作煇。又辰在卯。日一星爲君子之光。

上九。有孚于飲酒。无咎。濡其首。有孚失是。

象曰。飲酒濡首。亦不知節也。

水泉必香。火齊必得。酒必水火相濟也。鄉飲酒義曰。賓于西北。介于西南。主于東南。僎于東北。亦辨物居方之義也。上體爲首。或曰魏晉之際。天下多故。名士鮮有全者。阮籍輩不與世事。以飲酒免禍。然沈縱廢禮。亦害于名敎。此爻之象也。既濟爻詞少吉。死于安樂也。未濟爻詞多吉。生于憂患也。乾上坤下。離東坎西。先天之易。天地日月之四象。體也。上經以之。山澤通氣。雷風不相悖。水火相逮。後天之易。六子之用也。下經以之。終則有始。故以未濟繼焉。又下經始咸恒。終未既濟。亦飲食男女。人之大欲存焉意也。周以火德王。上經終離。下經未濟之外卦亦離。乾初第一爻。至三百八十四爻。未濟之上。皆陽。聖人亦有微旨在。又坎爲孚。謂四。上之三介四。故有孚。古者飲酒必有介。上之三。則四爲介紹。四變陰。不乘三也。坎酒流頤中。故孚于飲酒。終變之正。故无咎。否乾爲首。五動。首在酒中。失位故濡。孚信也。是正也。六位失正。故有孚失是。謂若殷紂沈湎于酒。以失天下也。節止也。艮爲節。又是指三。濡首。流連荒亡。將失臣民之孚也。不可後時而不勉于濟。又是嗜也。嗜樂之也。見釋名。又中孚有大離象。未濟體離。而未濟中孚兩卦。皆辟復。故稱孚。又未濟與節皆體坎。故偁節。又按下有孚。卽上文有孚字重出。失是卽上文无告字譌而重出。又爻變震動。卦之解悖。又既濟月在上。日在下。望之象也。未濟日在上。月在下。合朔象也。有日食之戒懼焉。又初而不知極。不知求濟之中道也。上而不知節。既濟而不知止也。易仍以既濟終篇。非未濟也。又辰在戌。離于人爲大腹。且爻變爲巳。故象爲飲酒濡首。

六十四卦經解跋

伏羲得河圖而重卦。重卦有四說。或言伏羲。或言神農。夏禹。文王。爲易之始。周禮太卜掌三易之法。夏曰連山。商曰歸藏。周曰周易。舊說。文王囚羑里。作卦辭。周公作爻辭。孔子作十翼。彖。象。繫辭。上下傳。文言。說卦。序卦。雜卦傳。而易始著。孔子傳易商瞿。瞿五傳至西漢田何益盛。立於學官者。有施讎。孟喜。梁丘賀。京房。漢傳易有二京房。一楊何弟子。齊郡太守。一字君明。魏郡太守。焦延壽弟子。長於言災異。此卽字君明者。四家皆易今文。而民間私傳。有費直高相二家。高兼今文。皆易古文。東漢馬融。荀爽。咸傳費易。鄭玄爲融弟子。亦由京易復習費易。於是今古文並重。又虞氏世傳孟易。至翻而盛。蓋漢初治易。專主義理。其後則參陰陽術數。孟喜以卦氣說易。轍按卦氣見易緯乾鑿度。亦古易說。漸趨陰陽災變。焦延壽。京房。承之。益重占驗。故清惠棟謂卦氣六日七分。七十二候。十二月消息。皆出於孟喜。張惠言則謂鄭玄之爻辰。荀爽之升降。虞翻之消息納甲。俱其一端。說易穿鑿之弊。至漢末已極。故魏王弼一掃而空之。以玄言說易。由是王學盛行。漢易衰落。至唐孔穎達注疏。以王注爲主。社會益厭漢而尊王。雖有李鼎祚集解。稍述漢遺緒。然不足以振之。至宋盛談象數。陳搏創太極河洛先天後天之說。易又一變。宋之言易者宗之。周敦頤爲太極圖說。邵雍精數學。著皇極經世。亦爲學者所宗。程頤著易傳。舍數言理。故亦推王弼。惟不參老氏之旨。比王爲精。朱子作本義。以補程傳言理不言數之缺。故篇首冠以九圖。又撰啓蒙。發明圖書之義。或疑九圖爲僞。其實易固重理。而亦不能略數。特不可以宋之太極圖書。遂爲易數耳。至清毛奇齡。黃宗羲。弟宗炎。胡渭。張惠言。於圖書皆有辨論。而以胡張爲精。又焦循以洞淵九容比例說易。王伯申謂其精銳鑿破渾沌。先大父豐芭博士。則謂其勞而寡功。蓋先大父深於經小學。兼通百氏。尤邃於易。且精天算。故能中其失。先大父著有易六種。易鄭氏爻辰廣義二卷。易互卦卮言一卷。易章句異同一卷。易消息升降圖二卷。學易劄記四卷。而以六十四卦經解八卷爲最要。一名周易匯通。綜核漢宋以來各家之易說。而詳論其短長。附見於注中。訓詁必窮其原。廣引古籍蘊義。歷史事實。以證明人事。又易之異同。咸爲臚列。而判其得失。其於之卦變化。互卦文義相通者。言之尤詳。非精孰深思。經數十年博覽攷證研究之功。不克臻此。蓋其用力於易。與說文通訓定聲相等。實易空前之書。最便讀者。又於鄭氏爻辰。古今占易徵驗。並附載焉。至於天文算術之實求。陰陽術數之隱賾。地理方域之攷證。卦辭古韵之增訂。固爲先大父之專擅。尤能貫通。非他家所可企及。又於本書。隨手記其心得卅餘條。多說易例。及評清代易家箸述。茲錄爲一卷。題曰易例發揮。附於卷首。可與學易劄記參觀。學者得此一編。可以無須旁求。已可得其奧要矣。余因略述易學歷代大家之派別。及先大父斯編之要旨。以告學子。俾便探研。或不無小補云爾。公元一九五三年二月十四日。舊曆癸巳元旦。孫師轍謹識於杭州岳王路卅號寄廬。時年七十有五。